新时代北外文库

外语教育新探

New Explorations in Foreign Language
Eudcation Research

韩宝成　著

人民出版社

作 者 简 介
ABOUT THE AUTHOR

韩宝成　1965 年生，河北沧州人。现任北京外国语大学研究生院常务副院长、外国语言研究所副所长、中国外语测评中心副主任，研究员、博士生导师，兼任全国高等教育自学考试外国语言文学类专业委员会秘书长、中国高等教育学会外语教学研究分会副秘书长。主要研究领域为外语教育、语言测试。先后主持多项教育部人文社科重点研究基地重大项目、全国教育科学"十一五"规划教育部重点课题和国家社科基金项目。发表论文 40 余篇，出版著作 3 部。现指导应用语言学方向硕士生和博士生。

内容提要
EXECUTIVE SUMMARY

　　本书从六个侧面对外语教育进行了探索。在外语教学理论研究方面，集中论述了作者提出的"整体外语教育"观，既包括该教育观核心理念的阐发，也涵盖整体外语教学实施路径及教学活动设计；在外语课程研究方面，主要对外语课程设置、教学目标及教材编制等问题进行了探讨，包括对中小学和大学英语课程的反思，语言能力量表的研制，以及中小学英语教科书的编制原则；在语言测试研究方面，集中论述了语言测试理论的新近发展，包括基于任务的测试、动态评价理论，以及效度验证模式的嬗变等，并从实践层面对我国外语考试改革进行了探讨，提出了高考英语考试测试目标和内容设置框架；在外语教师专业能力测评研究方面，通过考查分析中外英语教师资格证书考试，对如何评价我国英语教师专业能力进行了探究；在外语学习者研究方面，主要聚焦中学生英语学习态度动机研究；最后从一则书评出发，详细评述了如何撰写一篇好的学位论文。

　　本书对外语教育研究者、外语教育方向研究生及外语教师都有一定的参考价值。

出版说明

2021年是中国共产党成立100周年,也是北京外国语大学建校80周年。作为中国共产党创办的第一所外国语高等学校,北外紧密结合国家战略发展需要,秉承"外、特、精、通"的办学理念和"兼容并蓄、博学笃行"的校训精神,培养了一大批外交、翻译、教育、经贸、新闻、法律、金融等涉外高素质人才,也涌现了一批学术名家与精品力作。王佐良、许国璋、纳忠等学术大师,为学人所熟知,奠定了北外的学术传统。他们的经典作品被收录到2011年北外70年校庆期间出版的《北外学者选集》,代表了北外自建校以来在外国语言文学研究领域的杰出成果。

进入21世纪尤其是新时代以来,北外主动响应国家号召,加大非通用语建设力度,现获批开设101种外国语言,致力复合型人才培养,优化学科布局,逐步形成了以外国语言文学学科为主体,多学科协调发展的格局。植根在外国语言文学的肥沃土地上,徜徉在开放多元的学术氛围里,一大批北外学者追随先辈脚步,着眼中外比较,潜心学术研究,在国家语言政策、经济社会发展、中华文化传播、国别区域研究等领域颇有建树。这些思想观点往往以论文散见于期刊,而汇编为文集,整理成文库,更能相得益彰,蔚为大观,既便于研读查考,又利于学术传承。"新时代北外文库"之编纂,其意正在于此,冀切磋琢磨,交锋碰撞,助力培育北外学派,形成新时代北外发展的新气象。

"新时代北外文库"共收录32本,每本选编一位北外教授的论文,均系进入21世纪以来在重要刊物上发表的高质量学术论文。既展现北外学者在外国文学、外国语言学及应用语言学、翻译学、比较文学与跨文化研究、国别与区域研究等外国语言文学研究最新进展,也涵盖北外学者在政治学、经济学、教育学、新闻传播学、法学、哲学等领域发挥外语优势,开展比较研究的创新成果。希望能为校内外、国内外的同行和师生提供学术借鉴。

北京外国语大学将以此次文库出版为新的起点,进一步贯彻落实习近平新时代中国特色社会主义思想和党中央关于教育的重要部署,秉承传统,追求卓越,精益求精,促进学校平稳较快发展,致力于培养国家急需,富有社会责任感、创新精神和实践能力,具有中国情怀、国际视野、思辨能力和跨文化能力的复合型、复语型、高层次国际化人才,加快中国特色、世界一流外国语大学的建设步伐。

谨以此书,
献给中国共产党成立 100 周年。
献给北京外国语大学建校 80 周年。

文库编委会
庚子年秋于北外

目　录

语言测试研究

外语教师专业能力测评研究

外语学习者研究

学位论文撰写

自　序

　　我国外语教育的普及与发展主要得益于改革开放，这是"有关国家利益的大事"。进入全球化时代，外语教育更为重要。外语教育研究亦然。

　　外语教育究竟定位工具性还是人文性，抑或是两者并重？外语课程立足通识还是学科导向？如何看待外语能力？等等。这些问题不仅是外语教育的根本问题，而且还影响教学内容的编制、测评方案的设计、教师专业能力的评估和学生的发展。学者因视角站位不同，结论亦多差异。

　　外语教学研究通常离不开授课教师、教学内容和教学方法，有关教学方法的研究尤受关注。语法—翻译法、听说法、交际法、任务法等都曾对我国外语教学产生过较大影响，还没有人指出这些方法多聚焦语言功能的某一方面，并不关注学生全面发展。近些年来，有学者说外语教学已进入"后方法"时代。教虽无定法，但要有法，且要得法，故仍有必要进行方法论的研究和创新。若不考虑外语教育的定位，不讲清所提方法背后的语言观、学习观，这种创新也实效有限。

　　外语教育属于交叉学科，既是科学，又是艺术。因此，从"整体"视角考量，对外语教育诸问题的回答也许会更加全面、准确、深刻。新世纪以来，笔者就此进行了一些探索，现辑为一集。有的论及外语教育教学的理念，有的探析外语教学的不同方面，部分论文与他人合作完成。

　　笔者才疏学浅，所提理念、假说和方案为一己之见，尚有待于实证检验。若青年学子愿致力于外语教育教学研究，本书所论问题可为导引。若实证求解，尾篇实证研究报告的撰写可资参阅。

韩宝成

2020 年秋

外语教学理论研究

整体外语教育及其核心理念

一、引言

如何开展外语教育,根本上取决于采用何种思考方式看待外语教育。整体外语教育采用整体教育哲学观看待外语教育,包括外语教育的目的、课程的编制和教学的实施。为了便于阐述清楚,本文将首先回顾并检讨我国外语教育中的"不整"现象,然后从外语教育的目的、课程的编制以及教学实施三个层面阐释整体外语教育的理念,为推动我国外语教育改革提供参考。考虑到基础外语教育在整个外语教育体系中的重要性,本文重点关注基础外语教育,也涉及高校外语专业教育。

二、外语教育中的"不整"现象

长期以来,我们外语教育的"不整",主要体现在三个方面。首先,对外语教育目标的认识"不整"。我们更为看重外语的工具属性,尤其是交际属性,没有充分认识到、甚至有时回避外语课程的人文性,这是一种实用主义或功利主义教育观。1963 年,新中国成立后颁布的第一份英语教学计划,对中学外语教学目的是这样规定的:"使学生初步掌握外语工具,具有初步阅读外文书籍的能力"。改革开放以前,高校外语教学的主要任务是"宣传新中国的伟大成就""通过外语与各国人民进行联系""把外语作为工具,对帝国主义进行斗争"。① 这种实用性定位一直持续到改革开放以后。通过外语学习外国先进科学技术、培养复合型外语人才也是这种认识的延续。2001 年起,我国开展新一轮基础教育课程改革,颁布了新的外语课程标准;与此同时,修订后的高校外语专业教学大纲也发布实施。但是,无论基础外语教育还是高校外语专业教育,对外语教育目标的定位仍未摆脱"工具性"取向,没有真正关心"人"的成长和发展,对外语课程的人文性认识不足。对此,国内学者不断呼吁正视这一问题。② 近年来,外语课程兼具工具性和人文性的观念得到认可,并被写入修订后的课程标准、教学大纲或教学指南。然而,从整体上落实这种观念尚需时日。

由于对外语教育目标的定位存在偏差,外语课程的编制和设置难免"不整"。这主要体现在外语课程目标的描述和课程内容的选择及组织缺乏"整体性"认识,没有充分顾及学生的全面发展。在基础教育阶段,传统的外语课程目标是在教学大纲里以教学目标的形式呈现的,主要描写不同学段应掌握的语言知识和语言技能,即所谓的"双基";课程内容的设计和编排主要采用结构或"结构+功能"的路子,教学主要围绕"双基"进行。新课标在此基础上增加了情感态度、学习策略和文化意识三个维度,但未明确阐明这五个目标维度间的内在关系,仅在"双基"基础上增加了对这三个维度的描述。这种"累加"或"拼盘"式描述课程目标的做法缺乏逻辑性和系统性,不能体现外语教育的真正价值。新课标倡导任务型教学,课程内容以话题驱动,试图围绕任务进行设计和编排,但任务多以"做事"为取向,"做事"又多以实用为主,这体现的依然是"工具性"思维,从而削弱了外语教育的人文价值。再看高校外语专业的课程目标和内容,它包括专业技能和专业知识两个维度,而且要求四年"自始至终"注意打好语言基本功;课程(教学)目标对语言知识和技能按学期分别提出要求,课程内容中语言技能的安排约占总学时 70%,这也充分反映

---

① 许国璋:《论外语教学的方针与任务》,《外语教学与研究》1978 年第 2 期。
② 张正东:《探讨我国英语课程的目标》,《课程·教材·教法》2005 年第 9 期;韩宝成、刘润清:《我国基础教育阶段英语教育回眸与思考(一)——政策与目的》,《外语教学与研究》2008 年第 2 期;胡壮麟:《中国外语教育六十年有感》,《中国外语》2009 年第 5 期;韩宝成:《从一项调查看中小学英语教科书存在的问题及编制原则》,《外语教学理论与实践》2014 年第 2 期;蒋洪新:《人文教育与高校英语专业建设》,《中国外语》2010 年第 3 期。

了外语专业教育重实用、重技能的倾向。此外,纵观基础外语教育和高校外语专业教育,课程内容的设计与组织,除语言知识之外,其他方面的知识似乎处于次要、从属的地位,或无体系,或不成体系,这也显示出我们对外语以及外语专业教育本质的认识"不整"。

在教学层面,外语教育的"不整"现象也十分明显。最为突出的是外语学习语料输入"不整",输入量不足,营养成分也不高。在基础外语教育阶段,"工具性"取向的"做事"外语,包括基于"功能""交际"和"任务"设计的语料,短、碎、杂,总体容量小。为追求所谓"真实",这类外语多为市井语言,规范性不高,生成力不强。由于语言"刺激贫乏",学生难以养成正确的语言运用习惯,久"习"不得,加之非目的语环境,久"学"不得。语料输入不整、不足,也无"味道",不仅造成学生认知动力不足,文化养分也先天缺失。高校外语专业教育问题亦然。学生入学后已有一定外语基础,从事外语专业学习更应"原生态"、"多模态"、大体量地整体输入,泛读远重于精读;泛读应以"本"为单位,而非"篇";应"泛中有精""精融于泛"。实际情况恰恰相反,"精读"有余,"泛读"不足,"精读"几乎成为外语专业的代名词。教学层面另一个"不整"现象是,教学活动多为脱离语境或不符合语境的碎片式训练,测试与评价也多为分离式题目,整体性产出活动严重不足,致使学生语言运用能力差。造成这种现象的原因是,多年来,我们的外语教改盲目效仿西方,忽视了中西外语教育目的之不同。直接法、听说法、交际法等源自西方,这些方法、流派的兴起有其自身需求:或为贸易、或为战需、或为跨国流动。我们忙于引进,疏于消化。此外,缺乏扎实的、长期的、根植于本土的外语学习基础研究,引介效仿多于验证改进,急功近利,效果不佳。应试教育的巨大惯性和大一统的管理体制,也妨碍了外语教育教学创造性的积极发挥。

三、整体外语教育的核心理念

(一) 目标观:学生整体发展

教育的目的是为了培养人,从本质上来说,是促进人的自我建构与完善。

但人又为社会之中的人,教育同时具有社会属性和社会功能。因此,教育既要重视人的价值又要重视社会价值,应该塑造完整的人,是全人教育。这是一种整体教育哲学观。

整体外语教育秉持整体教育哲学观,以学生整体发展为目标。培养"全面发展的人"也是国家深化课程改革,落实立德树人这一根本任务的目标。开展整体外语教育,实现学生整体发展,本质上就是要坚持外语课程工具性和人文性的统一。

外语课程的工具性主要体现的是语言的工具属性,即语言作为交流工具、思维工具和文化载体的属性,承担培养学生学会使用外语进行交流、发展思维、学习和传播文化的任务。外语课程的人文性主要体现的是教育的主体"人"的本质属性,即人之所以为人的特质,承担着培养学生如何做人,即如何通过外语学习、理解并践行人类共同的、最基本的、最优美的价值观念,发展学生人文思想、培育人文精神和提升人文素养的任务,即我们常说的"育人"作用,这是语言教育的根本特征。① 坚持外语课程工具性和人文性的统一,是实施外语素质教育的前提,是促进学生全面发展的重要保障,不仅适用于基础外语教育,也适用于高等外语教育。

促进学生整体发展是整体外语教育的出发点和最终归宿。结合外语课程的工具性和人文性特点,学生整体发展这一目标可从以下三个方面来理解。

1. 学文化。外语教育首先是一种文化教育,因为语言和文化不可分割,而且语言本身也是一种文化。对学生而言,通过外语"学文化",很重要的一个方面是培养自身的外国语言文化素养。简单来讲,就是能够掌握外语,运用外语实现理解、表达与交流;能够做到言语得当,文从字顺。但是,一个人外国语言文化素养的高低不仅体现在他运用语言文字的水平上,也体现在他的文化修养上,这就需要在外语教育过程中加强学生人文知识和文化修养的培养,尤其是通过文化对比的方式,以批判的眼光,帮助学生形成正确的世界观、人生观和价值观。外语教育除应加强学生语言技能培养之外,还需关注语言承载的社会文化功能,强化学生语言文化意识的培养,培养其

---

① 但武刚:《英语课程人文性内涵的探析》,《教育研究与实验》2016 年第 3 期。

文化自觉。① 因此,外语教育目标的确定要"取法乎上",不能仅有语言知识,也不能仅仅介绍外国文化知识,更不能停留在"语言技能"和"语言运用"这一类行为目标层面,要提升到培养学生文化修养的高度上来。

2. 启心智。承认语言是思维的工具,认可外语教育是一种文化教育,就应该认可外语教育也是一种智能教育,能够促进学生的心智发展。②③ "启心智"可从三个方面来理解。第一,从心理学角度看,绝大多数思维活动赖以存在的基本单位是存在于人们大脑里的概念,概念以词语为中介,不同语言间的概念并不完全对等。学习一门外语,需要在大脑里建立一套外语概念系统,因母语先得,它与母语的概念系统可能重合,也可能不重合。通过学习外语,学生的概念系统得到了丰富,心理空间得到了扩展,心智也就随之得到发展。如果学生能够在大脑里建立起一套"正确的"外语概念系统,自动、自如地理解与表达信息,无须经由母语转换,说明他具备了用外语思维的能力。当然,培养这种能力是一个长期的过程,而且不易。第二,把心智发展作为外语教育的重要目标,意味着在外语教学活动中融入对学生思维能力的培养。培养思维能力是任何一门课程必备的目标,这是培养学生创新能力的重要保证,对中小学生尤为重要,因为他们的思维能力还处在发展阶段。思维能力指个体运用已有概念进行观察、想象、分析、判断、归纳、综合、推理、探究、创造和评价的能力,不能因为学生的语言水平低而忽视对这些能力的培养。相反,思维能力的发展反过来也会促进语言水平的提高。对于年龄稍大的学生,尤其是高校学生,批判思维能力和创新思维能力则是重点培养的目标。第三,语言和文化不同,人们的思维方式也会有差异,外语教育还应关注语言、文化对学生思维方式的形成和发展所起的导向作用。中国人多讲究辩证思维,西方人多讲究逻辑思维,通过外语教育,丰富学生的思维方式,也是促进学生心智健全发展的重要手段。

3. 达至善。"善"有多层含义,包括以人为本、乐观向上、善思博识、包容

---

① 袁小陆、赵娟:《"一带一路"背景下外语教育中文化自觉培养的诉求与应对》,《西安外国语大学学报》2017 年第 3 期。

② 龚亚夫:《重构基础教育英语教学目标》,《课程·教材·教法》2010 年第 12 期。

③ 程晓堂、岳颖:《语言作为心智发展的工具》,《中国外语》2011 年第 1 期。

豁达、崇真尚美、勇于担当、家国情怀、国际理解等,是一个人的学识、情感态度、价值观念、文化品格、思维品质和行为习惯的综合体现。作为人文素养的具体表现,这些品质和习惯的养成以"学文化""启心智"为基础,反过来也会促进这两个目标的达成。"达至善"是学生整体发展的终极目标,也是全人教育的目标。

(二) 课程观:课程整体设计

任何教育目的都要以课程为中介才能实现。从课程设计的角度来讲,这意味着课程目标的描述要从学科教育所设定的目标出发,课程内容的选择和组织也应体现课程的目标。

上一节中,我们从"学文化""启心智""达至善"三个方面阐述了学生整体发展的内涵,体现了外语学科的核心素养,课程设计者可基于此提出更为清晰的课程目标。但是,这三个目标相互关联、相互影响、融合共生、互为一体。作为外语课程设计的内容之一,描述课程目标可以分别进行,但始终应把外语学习视为一个整体,并将这些目标在教学中"整体"落实。

除了从整体上对待课程目标之外,整体外语教育认为,外语课程的设计要以内容为纲,以语言为介质,语言和思维并重。这种融合型课程设计旨在让学生在学习内容的同时,掌握语言、获得知识、发展思维、达到至善。

这里所说的"内容",是指适合不同教育阶段学生心智发展特点的人文通识内容。外语课程之所以选择这样的内容,原因有三:1)它以"人"为本,包含知识、思想和智慧,处处闪烁着人文精神,有利于培养学生的人文素养;2)这类材料语言规范、地道、真实,是有头脑、有思想、有智慧的人"创作"出来的。它有简有繁,有易有难,适合"语言学习",不是为了"语言教学"刻意"编造"出来的,这类材料的语言具有典范性和代表性,适合模仿和学习;①这样的材料"情景"真实,"话题"广泛,也有"结构"、"功能"和"意念",适合"交际"与"做事",更适合理解、思辨与表达。

---

① 韩宝成:《从一项调查看中小学英语教科书存在的问题及编制原则》,《外语教学理论与实践》2014 年第 2 期。

对于基础外语教育而言,课程内容的设计可从"人""事""物""地""天"入手;对高校外语专业教育而言,应以文(文学)、史(历史)、哲(哲学)、社(社会学)、科(科学)为主导,尤以文、史为重,哲、社次之,辅以有关科学的内容。"内容"的确定、选取、组织和编排应照顾到不同教育阶段学生的认知特点,以实现"语言和思维并重"的目标。

"以内容为纲"的整体外语课程设计与20世纪90年代以来流行于欧洲和北美的基于内容的语言教学模式(CLIL:Content and Language Integrated Learning;CBI:Content-based Instruction)在理念上有相通之处,都认可语言须伴随内容学习而学习,不提倡把语言作为一种独立的系统来教授;都坚持语言和内容的比重要依据学习者的认知水平确定。二者的主要区别是,整体外语教育以人文通识内容为核心,以提升学生外国语言文化素养、思维能力和人文素养为目标;CLIL和CBI通常基于学科内容,教学目标或聚焦学科内容,或聚焦语言。

(三) 教学观:教学整体实施

整体外语教育认为,教和学是一体的概念,教意味着学,教是为了学,是为了帮助学生学会如何学习,最终成为独立的、自律的学习者。学会学习也是学生整体发展的重要目标之一。"教师""学生""教""学"四个要素要在整体上发挥各自的作用,最后促使有效学习的发生。这是教学整体实施的第一层含义。

关于如何学好第二语言,较有影响的假说包括克拉申(Krashen)①的输入假说、斯温纳(Swain)②的输出假说和朗(Long)③的互动假说。克拉申(Krash-

---

① KRASHEN S D., *The input hypothesis:Issues and implications*, New York:Longman,1985.

② SWAIN M.,"Three functions of output in second language learning"//. COOK G, SEIDL-HOFER B. *Principles and practice in applied linguistics*. Oxford:Oxford University Press, 1995, pp.125-144.

③ Long M H.,"Native speaker / non-native speaker conversation and the negotiation of comprehensible input".*Applied linguistics*,1983,No.2;Long M H.,"The role of the linguistic environment in second language acquisition"//. RITCHIE W C, BAHTIA T K. *Handbook of second language acquisition*. New York:Academic Press,1996,pp.413-468.

en)认为输入是二语习得的先决条件,斯温纳(Swain)提出输出也不可或缺,朗(Long)则认为互动,尤其是意义协商中的纠错反馈有利于学习者习得正确的语言形式。我国学者王初明提出了"续论",认为语言是通过"续"学会的。① 这些假说互为补充和完善,丰富了人们对二语习得和外语学习的认识。虽然各假说都有道理,但均不能完全解释二语习得现象,也不能彻底解决外语教学和学习问题。在充分吸收上述假说合理成分的基础上,笔者提出外语教学和外语学习应坚持"整进整出"的理念,即"整体输入"、"整体互动"和"整体输出",并认为要整体对待输入、互动和输出,不能将三者割裂开来。它们相互关联、相互影响、相互促进,输入中有互动、互动中有输出、输出又依赖输入。这是外语教学整体实施的第二层含义。

1. 整体输入。输入是学好一门外语的先决条件,没有足够的高质量的语言输入,就不能很好地掌握一门外语,但输入必须是整体的。整体输入有多层含义:第一,语言是个有意义的整体,单位是语篇,语篇里才有完整的意义。学习者感兴趣的是语篇的意义,不是语言的形式。因此,语篇是语言输入的基本单位。第二,语篇可大可小,独词句可以构成一个语篇,三五句话也可成为一个语篇,一部长篇小说也是一个语篇。但语篇无论大小,都应完整。完整的语篇提供了完整的语境,"语境出意义",容易引起学习者对意义进行加工,也有助于他们在无意识中掌握语言,习得语言形式,这也符合"学伴用随"的原则。② 因此,外语学习要基于完整的语篇。语篇学习的数量和规模要根据学生的认知水平和教学目标确定,循序渐进。第三,输入的语篇要满足克拉申(Krashen)提出的三个条件:可理解性、包含已知语言成分和包含略高于已知语言水平的成分($i+1$)。我们把这里所说的"语言成分"视为"自足的语言运用构件",而不是传统意义上的单词、短语或词组,它们是分析语言结构使用的单位,不是实际语言运用单位。"自足的语言运用构件"类似构式,但与之不同,它是绑定了语境信息的形义结合体,意思完整,可独立运用。第四,为保证语言输入的质量,须选用所学语言国家环境里的材料作为学习材料,而且确

---

① 王初明:《以"续"促学》,《现代外语》2016 年第 6 期。
② 王初明:《学相伴　用相随——外语学习的学伴用随原则》,《中国外语》2009 年第 5 期。

保输入的量一定要足够大,以保证"自足的语言运用构件"的出现频率和复现率,增强学习者的语感。以学英语为例,初期可采用英语国家的儿童读本,然后逐步过渡到原著。关于输入量的一个基本原则是:儿童每节课完成一个简单的绘本故事,青少年每周完成一本几十页至上百页的故事,外语专业的学生每周至少完成一部小说。没有语言的"海洋",不亲身"下海"体验,就不可能获得真正意义上的"游泳本领",①这也是被无数"外语学习成功者"证明了的经验。仅仅依赖教材、课本或课堂的话语输入远远不够。第五,语言输入应该多模态,以便学习者利用多种感官和丰富的语境学习语言。在外语学习初期,声音、文本、绘画乃至视频并用效果最佳,有利于"注意"(noticing)和理解。随着外语水平的提高,与之配套的情境、语境知识逐步丰富并被掌握,文本逐渐变得最为重要。

2. 整体互动。有了足够的语言输入,并不能保证学习者顺利地将其消化和吸收。就像食物需要通过肠胃蠕动才能吸收一样,语言输入也需要互动才能得以吸收。互动能够促学,这在二语习得研究领域可以说是定论。广义的互动有多种形式,如交谈、会话、提问、表演、讨论、辩论等。本文所说的整体互动尤其强调学习者要从"心"出发,从所学内容出发,从意义的理解和表达出发,用"心"参与课堂内外的言语互动活动,"心生则言立,言立则文明"。唯有"心动",学习才可能发生。需要指出的是,二语习得研究中所说的互动,主要指会话互动,尤其是学习者与外语本族人之间的互动。这种互动当然会使学习者最为受益,就像儿童与成人互动一样自然地习得语言。但是,在外语学习环境下,这样的互动条件往往并不具备,学习者很难找到高水平的互动者,甚至很多外语教师在和学生互动时语言质量也不理想,这也是外语久学不得的原因之一。解决的办法是,课外加大弱互动的质和量。所谓弱互动,指倾听、模仿、朗读和看书这类被视为纯输入类学习活动。这些活动中也包含互动,它是听者和说者、读者和作者的"隐性"互动。虽然是弱互动,但由于整体输入,材料本身有意义,语境丰富,学习者只要认真地用"心"去听、读、看或模仿,就可以增强自己和说者或作者的互动,进而从整体上体验和感受语言及其所表

---

① 邹为诚:《语言输入的机会和条件》,《外语界》2000 年第 1 期。

达的意义。当然,随着学习者语言水平的提高,课堂应以强互动为主,如师生问答,学生讨论、辩论等。因为毕竟强互动是理解与产出的结合,更利于语言输入的消化和吸收,也有利于促进学生思维能力的发展。教学中具体采取何种形式的互动,取决于学习者的语言水平、教学目标和教学内容,教师要充分发挥设计、指导和帮扶的作用,善于发现和创造机会,促使输入转化为吸收。

3.整体输出。从上述讨论可以看出,输入中有互动,互动中有输出。输出可以有效促进语言知识的内化,进而促进语言运用的自动化,这早已被二语习得研究所证实。可以说,没有输出,就没有语言运用,也就没有交际。但是,如果输出的质和量不够,也形不成良好的语言素养。因此,输出在外语学习中的作用怎么强调都不为过。但是,整体外语教育强调整体输出。所谓整体输出是指,第一,反对脱离语境的单纯语言操练。传统的、机械式的语言操练,即使可以做到自动化,因其脱离语境,到交际时,仍有可能用不出来,或者用出来也不地道。第二,强调意义优先。整体输出是为了意义的表达而输出,是创造完整内容的输出,不是为了掌握某种语言形式而进行的"强制性语言表达"。强调意义优先,并不意味着牺牲语言的准确性,而是通过加强"注意"意义来引导学习者"注意"形式,从而提高语言运用的准确性和流利度。第三,除一来一往的会话互动外,也强调其他类型的输出,比如讲个小故事,或做个简短发言。但不管是口头的还是书面的输出,应根据输出的对象,要有完整的语篇。要求学习者根据表达的对象输出完整语篇,可以培养其听者意识和读者意识,这是实现有效交际的前提。对输出语篇大小的要求,可根据学习者的外语水平、教学目标和学习内容确定。第四,倡导基于输入的输出,而不是把输出和输入割裂开来。例如,在外语学习初期,可采用整体模仿输出,如听后仿说、读后仿写。王初明①提出的"续作"类活动,如听后续说、视听续说、读后续说、听读续写、读后续写等也符合整体输出原则,这类互动式输出语境互参,有助于启动语言使用。随着学习者语言知识的丰富,更提倡基于"内生表达动力"的输出,②以鼓励和培养学生的创造能力。

---

① 王初明:《以"续"促学》,《现代外语》2016 年第 6 期。
② 王初明:《内容要创造　语言要模仿——有效外语教学和学习的基本思路》,《外语界》2014 年第 2 期。

论述至此,还需要特别指出,考试、评价是教学活动的重要组成部分,我们强调教学整体实施,也意味着测评需要整体设计,否则会拖教学的后腿,影响或者误导教学。考试与评价,不管是形成性的、终结性的,还是大规模、高风险的,只要属于教育类,均应从促学出发(assessment for learning),整体设计,综合考查,做到语言与内容结合,理解与产出结合,表达与情境结合,整体测评。分离式、勾选式的考试方法是商业考试机构的"最爱",效率高,成本低,但反拨效应差,用在教学上有百害而无一利。

四、结语

外语教育改革的核心在于外语教育理念的转变,它涉及如何看待外语教育的目标,外语课程的编制和外语教学的实施三个核心问题。在这三个问题上,如果理念没有突破,仅在方法层面进行探讨,外语教育改革难以真正取得成效。

通过回顾外语教育的发展历程发现,我们的理念"不整",走了不少弯路,这里当然有时代的原因。本文从教育的本质出发,提出了整体外语教育观,认为外语教育的根本目标是促进学生整体发展,即通过外语教育使学生在语言能力、心智能力和人文素养三个方面得到全面提升与发展,这也是由外语课程的本质属性——工具性和人文性决定的。为实现这一目标,无论基础教育阶段的外语课程,还是高校外语专业课程,都应该整体设计,以人文通识内容为依托,融合语言与思维,让学生在学习内容、获得知识、掌握语言的同时,提升思维能力和人文素养。在实践层面,应该坚持"整进整出"的理念,即外语教学要整体输入、整体互动、整体输出,既学又问,思辨与表达并举,全面提升学生的外国语言文化素养。总而言之,就是要把外语教育提升到文化教育层面,使学生做到"学文化""启心智""达至善"。

本文提出的整体外语教育观为我国外语教育改革与发展提供了新的思路。然而,真正的改革是一个系统工程。考虑到中国国情,改革的实际决策者其实是外语课程编制者、外语教材编订者和高利害外语考试设计者。只有这些掌握"实权"的人真正回归外语教育的本质,或者说回到常识,改变自身"不整"的理念,摈弃门户之见,以国家发展为重,通力合作,外语教育改革才能真正落到实处。这也是整体外语教育的应有之义。

(本文原载《外语教学》2018 年第 2 期)

整体外语教学的理念

一、引言

改革开放以来,我国外语教学取得的成绩有目共睹,尤其是随着新课改的推进,外语教学得以普及,国民外语素质整体得到提高。但也应看到,多年来,我国外语教学主要是在引进国外语言教学理论的基础上加以消化和应用,①这在基础外语教育阶段尤为明显,如功能意念法、交际法、任务法的引进和广泛应用。考虑到我国外语教学的目的、对象、环境以及教育体制的特殊性,外语界学者不断"呼唤"构建中国特色外语教学理论,完善外语教育教学体系,提高我国外语教学质量。② 其实,改革开放伊始,许国璋先生就已为此身体力行,著述引领。③ 其后一批学者不懈努力,产出了不少独具特色的成果:如针对中小学外语教学的"外语立体化教学法"④和"集中教学、自主学习"模式;⑤针对大学外语教学的"产出导向法"⑥;针对英语专业教学的"人文英语教育论";⑦

① 束定芳:《呼唤具有中国特色的外语教学理论》,《外语界》2005 年第 6 期。
② 戴炜栋:《构建具有中国特色的英语教学"一条龙"体系》,《外语教学与研究》2001 年第 5 期;许余龙:《构建我国外语教学理论的一点思考》,《外语电化教学》2011 年第 6 期。
③ 许国璋:《谈谈新形势下外语教学的任务》,《人民教育》1978 年第 10 期。
④ 张正东、杜培俸:《外语立体化教学法的原理与模式》,重庆出版社 1995 年版。
⑤ 束定芳:《中国特色外语教学模式的探索——基础阶段外语教学改革实验的一次尝试》,《外语与外语教学》2012 年第 5 期。
⑥ 文秋芳:《构建"产出导向法"理论体系》,《外语教学与研究》2015 年第 4 期。
⑦ 孙有中:《人文英语教育论》,《外语教学与研究》2017 年第 6 期。

针对外语学习机理的"续理论",①等等。遗憾的是,这些成果尚未得到广泛而有效地推广和应用。

针对我国基础外语教育,经过多年探索,笔者提出了"整体外语教育"方案。它由"综合感知法"发展而来,其内涵是"以学生为中心,让学生综合、多维感知所学语言,进而习得语言"。为实现这一目标,外语教学应选用学生感兴趣的、能够促进其心智发展的原汁原味的语言材料作为学习内容,通过系统、有指导地学用这些材料,触发他们对语言的多维感知和体验,获得语感,掌握语言,同时增进对所学外国语言文化的了解,提升人文素养。②"综合感知法"倡导"以读为本,读听结合、读说结合、读写结合"的整体外语学习理念,在全国数百所中小学开展了多轮次实验,并得以应用和拓展。历经十余年的凝练与完善,在此基础上形成了"整体外语教育"方案。

概括来讲,"整体外语教育"是指在"落实立德树人根本任务"的总目标下,立足学生全面发展,通过开展外语教育使学生在语言能力、心智水平和人文素养等方面得到整合性发展与提升,培养新时代思考型、创新型人才。为实现这一目标,外语课程应该整体设计,以人文通识内容为依托,使学生在掌握语言、获得知识的同时,其思维能力和人文素养也得以协同发展。在教学层面,提出"整进整出"原则,即"整体输入、整体互动、整体输出"。"整体外语教育"是一个从学生整体发展到课程整体设计和教学整体实施三位一体的完整体系,试图从"整体"视角构建新的外语教学体系,为提高我国基础外语教育教学质量提供总体解决方案。本文在这一方案基础上,进一步阐述整体外语教学所秉持的教育观,并从学科教学论视角分三个方面讨论整体外语教学的核心理念,这些观念和理念对整个外语教学的实施将会起到统领作用。

---

① 王初明:《以"续"促学》,《现代外语》2016 年第 6 期。
② 韩宝成:《中国基础英语素质教育的途径与方法:全国教育科学"十一五"规划教育部重点课题申请报告》,2007 年。

二、整体外语教学的教育观

任何一种教学理论或模式,都体现了某种教育哲学观。整体外语教学体现的是整体教育观。支撑整体教育观的是一个从 20 世纪后半叶开始在哲学和科学领域广为流行的概念——整体论(holism),它在根本上对立于还原主义或原子论的世界解释模式。整体论创始人斯姆茨(Smuts)认为,"整体是经过创造性进化而形成的大于部分之和的实在"。[①] 他指出,小的单元倾向于发展成大的整体,这些大的整体进而又会不停地变成更大的构造,但整体不可能完全分解或还原为部分,因为整体中有部分里所没有的东西,整体远大于部分之和。整体论者主张,整体作用于部分,部分离不开整体。世界及宇宙是一个整合的机制。在这个机制里,任何事物或系统都以某种方式同其他事物相互关联、相互影响。这种从普遍关联的视角认知世界的方式与中国传统文化中和合共生的整体论思想具有相通之处。

整体论出现以后,广泛应用于生态学、人类学、社会学、身心医学乃至工程技术等领域。20 世纪 70 年代,它影响到教育领域,在北美出现了整体教育思潮。经过多年发展,一种新型教育观走进了 21 世纪。[②] 整体主义教育的主要观点是:1)教育最根本的目的是培养人与生俱来的成长的可能性,促进人的全面发展,包括智力、情感、身体、社会、审美和精神等各个侧面,是以人为本的全人教育。[③] 2)重视体验性学习,整合多种方法。教育旨在通过经验促进学生健全地、自然地成长,反对把限定的、片段的、预先嚼烂的"经验"作为课程强塞给学生。学习是学生自身生成的,是全脑、全身参与的加工过程,教师应该在这一过程中发挥促进者作用,整合多种方法,创造富有个性的教育风格,

---

① 高新民、张钰:《整体论及其在哲学中的发展》,《世界哲学》2014 年第 3 期。

② 钟启泉:《"整体教育"思潮的基本观点》,《全球教育展望》2001 年第 9 期。

③ MILLER J P.Introduction:Holistic learning //.MILLER J,KARSTEN S,DENTON D,et al. *Holistic learning and spirituality in education.* New York:State University of New York Press,2005, pp.1-6.

而非孤立运用某种方法。3) 求得与地球共生。整体教育认为,我们赖以生存的星球是个复杂的生命系统,系统中一切生灵都处于关联状态,彼此支撑,教育必须扎根地球的生命生态,与之共生,并哺育对自己、对他人以及对地球的责任感。

基于整体教育观开展外语教育,就是要树立全人发展的理念,而不是像传统教育那样仅仅强调人的局部发展,还要认识到外语教育处于一个整体生态环境中,认识到各种环境要素与外语教育之间的关联,以及外语教育内部诸要素之间的关联。因此,外语教育教学要从整体着眼,以人为本,重视教育教学过程的整体性,统筹发展学生的外语学科核心素养,促进学生全面发展、健康成长。

三、核心理念

根据整体教育观,外语教育的根本问题是如何通过教育和教学从整体上培养"人"。这属于学科教学论研究的范畴,涉及教什么、如何教和为什么教,以及学生的学习与智力发展、情感发展、道德发展和社会性发展等方面,[①]也是外语课程论(研究教什么,即教学内容或课程内容)、外语学习理论(研究如何学)和外语教学理论(研究如何教)需要回答的问题。以下本文将针对这三个方面分别讨论整体外语教学的理念。

(一) 整体内容观

课程与教学内容是实现外语教育目标或课程目标的基础,也是课程设计最根本的问题。纵观现代外语教学的发展,课程与教学内容的选择与组织大体经历了基于"结构"、基于"功能意念"和基于"任务"几个主要阶段,也反映了不同时期课程设计者的语言观和语言教育观。事实上,这几类教学内容背后的语言观和语言教育观并不全面,只是凸显了其中的某些方面。整体外语

---

① 丁邦平:《"教学论"与"教学理论"概念之辩》,《比较教育研究》2011 年第 7 期。

教学坚持全人发展理念,强调完整地看待语言以及语言教育的特性、功能和价值,并以此作为选择和组织外语教学内容的基础。

许国璋①指出,"语言是人类特有的一种符号系统,当它作用于人与人的关系的时候,它是表达相互反应的中介;当它作用于人和客观世界的时候,它是认知事物的工具;当它作用于文化的时候,它是文化信息的载体和容器"。语言作为人类特有的一种符号系统,具有特定的表现形式、运作方式和使用规则,俗称语言知识。它存在于语言运用之中,体现在字里行间、话里话外。这些知识当然属于外语教学的内容,外语教学要教会学生掌握并运用这些知识。但外语教学绝不能囿于这些知识,因为根据社会语言学家的观点,语言也是人在社会里的行为,行为有多少种,语言就有多少种功能。从人与自我、人与社会和人与自然的关系来讲,语言的功能远远超出人们常说的"最重要的交际工具"这一功能。它既有"认知性"(cognitive),又有"实效性"(performative);既用于"表事",又用于"表情"(同上)。外语教学的内容需要充分涵盖这些功能。人们通常把这些功能视为语言的工具属性,因此说外语课程具有很强的工具性。②

然而,各种语言功能的实现离不开具体情境下的语言运用。语言运用是"言语思维"的过程,是在具体情境中运用语言理解和表达意义,即"以言构意"的过程,③涉及听、说、读、写、看等多种途径、方式和技巧,本质上是一人或多人参与的具体语言实践活动。语言运用的结果是一个个完整的语篇。语篇有长有短,有口头的也有书面的。它不仅实现了语言的各种功能,也承载了语言所表达的各种感情、信息、文化等广义上被称为"意义"的东西,凝聚着人类已获得的各种知识,这一切均为"人类经验的积聚"。从理解、传承和发展的角度来讲,这些"意义"或"积聚"才是外语教学的根本内容,因为它们往往包含"观念、信念、态度、责任"等有"价值"的东西,是"育人"之"食粮"、素质教

---

① 许国璋:《语言的定义、功能、起源》,《外语教学与研究》1986 年第 2 期。

② 中华人民共和国教育部:《全日制义务教育普通高级中学英语课程标准(实验稿)》,北京师范大学出版社 2001 年版;中华人民共和国教育部:《义务教育英语课程标准(2011 年版)》,北京师范大学出版社 2012 年版;中华人民共和国教育部:《普通高中英语课程标准(2017 年版)》,人民教育出版社 2018 年版。

③ BACHMAN L F, PALMER A S., *Language assessment in practice: Developing language assessmentand justifying their use in the real world. Oxford: OUP, 2010.*

育之"抓手",是发展学生核心素养的基础。

选择包含何种"意义"的语言材料作为外语教学的内容属于价值判断问题,反映了外语课程设计者的语言教育观。从全人教育视角来看,外语教育应该起到帮助学生了解世界文化、开阔视野、发展个性、提高人文素养、培养人文精神的作用,这属于人文教育的范畴,是语言教育的本质属性,也是基础外语教育的落脚点。① 人们常说外语课程具有人文性,指的就是这一点。认可这一点,就应该"取法乎上",选择具有人文性、体现人文价值的高质量语言材料作为外语教学的内容。

概言之,外语教学内容的选择和安排要立足全人教育,整体考量,即全面、正确看待语言的本质、功能和价值,仅从"结构""功能"或"任务"角度考虑是片面的。要完整把握语言与人、社会和自然的关系,从"立德树人"课程总目标出发,根据学生的兴趣、认知特点和语言学习规律,选择"有意义"的东西、"真正好的东西"作为外语教学的内容,为学生全面发展提供平台和支撑,使学生接受到真正"有意义人生"的教育。

（二）整体学习观

高质量的教学内容只是学生的身外之物,不会自动进入学生的大脑,变成可用的知识,也不会自动形成课程目标设定的能力或素养,唯有经过有效的学习才能获得。学习通常被定义为经验导致的个体改变。② 对于何种经验导致外语学习的发生,相关解释主要来自二语习得研究,但研究者的看法并不相同,形成了不同流派。

结构行为派把语言学习视为习惯的养成,强调模仿,忽视内在的心理过程,其影响已告式微。占主流地位的心理认知派聚焦二语习得的认知机制与认知过程,所提假说众多,如克拉申（Krashen）③的输入假说、斯温纳（Swain）④

---

① 韩宝成:《整体外语教育及其核心理念》,《外语教学》2018 年第 2 期。

② SCHUNK D H. *Learning theories: An educational perspective*. 4th ed. Columbus, OH: Merrill/Prentice-Hall, 2004.

③ KRASHEN S D. *The input hypothesis: Issues and implications*. New York: Longman, 1985.

④ SWAIN M. Three functions of output in second language learning//. COOK G, SEIDLHOFER B. *Principles and practice in applied linguistics*. Oxford: OUP, 1995, pp.125-144.

的输出假说以及朗(Long)①的互动假说,这些假说在外语教学界曾轰动一时。输入假说把可理解的输入视为二语习得的先决条件,但不认可输出的作用。输出假说补缺了输出的重要功能。互动假说认为经调整的输入和输出对习得均有重要作用。这三大假说透过语言加工的不同过程,试图揭示二语习得的本质。它们互为补充,解释力强,但稍显粗糙。"注意假说"②和"输入加工模型"③认为关注形式和形意结合可以强化二语习得。盖斯(Gass)④又进了一步,细化了从输入到输出的加工环节,并提出输出对吸收(intake)具有促进作用。需要指出的是,所有这些假说关注的都是学习者的认知过程,承认但并不看重外在环境因素的影响。诚然,动态复杂理论⑤承认二语发展受包括环境在内的一系列因素交互影响,但仍主要从认知层面做出解释,与其密切相关的涌现论则倾向认为语言的行为通过主体与环境间的交互而显现。

近十几年来,从属于社会认知主义的二语习得理论,如社会文化理论、活动理论和对话理论等,大都认为二语习得本质上是一个社会文化建构过程,⑥认为语言是在服务参与性思维和社会行为中历史地发展起来的形式与意义统一的社会共享的符号系统,是在交互中习得的,脱离社会环境就不能正确地理解语言和习得语言。该派研究者提出的"内化""互动"与"协同"等观点打破了心理认知与社会环境的对立,架构起了"内外"联通的桥梁,成为解释语言发展的重要因素。目前,基于使用的语言习得理论⑦也认为语言是在交际使用过程中习得的,语言知识源于语言使用体验,并认可认知、社会、心理等"内

---

① LONG M H.Native speaker/non-native speaker conversation and the negotiation of compre-hensible input.*Applied linguistics*,1983,No.2.

② SCHMIDT R.The role of consciousness in second language learning.*Applied linguistics*,1990,No.2.

③ VNPATTEN B.*Input processing and grammar instruction*.Norwood,N.J:Ablex,1996.

④ GASS S M.*Input*,*interaction*,*and the second language learner*.Mahwah,N.J.:Lawrence Erl-baum,1997.

⑤ LARSEN-FREEMAN D.On the roles of repetition in language teaching and learning.*Applied linguistics review*,2012,No.3.

⑥ BLOCK D.,The social turn in second language acquisition.Edinburgh,UK:Edinburgh Univer-sity Press,2003.

⑦ TYLER A."Usage-based linguistics and its implications for second language acquisition".*An-nual review of applied linguistics*,2010,No.1.

外"因素交互影响,同时发生作用,为解开语言学习之谜指出了新方向。

然而,占主流地位的心理认知派主要关注二语习得的本质过程及其影响因素,尤重二语知识的习得,且仅限于学习结果的"认知"维度。事实上,有价值的语言学习不仅涉及"认知",还关涉情感态度、价值观念等,是多层次、多功能、多维度的过程。Halliday① 指出,语言学习有三个方面的改变。首先是学习语言(learning language),即获得语言技能,包括口头技能和书面技能;其次是通过语言来学习(learning through language),获得各种知识和技能;再次是关于语言的学习(learning about language),即掌握一门语言的相关知识。他认为这三个方面同时存在、共同作用、同时发生。但我们还应看到外语学习给学习者思维方式和思维能力带来的改变,以及学习者情感态度和价值观念等的变化,因为外语学习的过程也是学习者再次社会化的过程。这几点与上文提到的外语教育全人发展目标相辅相成。因此,需要从整体上看待外语学习的过程与结果,不能忽视、弱化任一方面。认可这一点,就会发现当前任何一种二语习得理论都无法解决外语学习面临的所有任务,因为它还关涉语言本身之外的学习,这就需要一种整体性的学习理论指导外语的教与学。

受整体主义思潮影响,在学习研究领域出现了一些带有整体趋向的学习理论,如贾维斯(Jarvis)② 的存在主义学习理论和伊列雷斯(Illeris)③ 的三维谱系学习理论。这些理论有助于我们从整体视角看待外语学习,突破单纯聚焦"二语知识"习得相关理论的藩篱。Jarvis 指出,了解学习必须从了解人本身出发,人是整体的人(whole person),其身、心和自我都受社会情境影响;人存在于世(being-in-the-world),也经历改变、发展、成长和成熟的过程,这是一种社会性建构过程。在这个过程中,学习就是建构一种经验,然后经过认知、情感和行为层面的转化整合成为个体的经历(biography)。在他看来,学习不

---

① HALLIDAY M A K."The notion of 'context' in language education"//.WEBSTER J. *Language and education：The collected works of M. A. K. Halliday (Vol. 9)*. London：Continuum, 2007a, pp.269–290.

② JARVIS P."Towards a philosophy of human learning：An existentialist perspective"//.JARVIS P.PARKER S. *Human learning：A holistic approach*.New York：Roultege, 2005, pp.1–15.

③ ILLERIS K."A comprehensive understanding of human learning"//.JARVIS P, PARKER S. *Human learning：A holistic approach*.New York：Roultege, 2005, pp.87–100.

仅意味着人学到了什么,还意味着人将成为怎样的人。伊列雷斯(Illeris)也认为,学习在"认知""情感"和"社会"的三维张力场中展开,人类历史上有代表性的学习理论都能纳入该整体性框架,并在这个三维张力场中形成一个具有内在一致性的结构谱系。整体趋向的学习理论突破了行为主义、认知主义和建构主义等的壁垒,走向多维视野的融合,它强调思、情、行在社会情境下的综合作用,加深了人们对于学习的整体认识,也启发我们从认知、情感、行为、社会情境等多方面整体思考外语学习的本质。

结合二语习得研究的成果和整体趋向的学习理论,我们可以得出这样一个结论:外语学习其实是"学养"形成的过程,是多种知识、能力和素养融合发展、"动态涌现"的过程,是各种内在的学习者因素和外在的社会环境因素合力作用的结果。基于此,我们不妨提出这样的整体外语学习观:外语学习始于使用体验,这种体验是个体以及个体与他人主动建构意义的过程,它总是发生在一定的语境里,并有一定的交际意图。交际意图和由学习内容等引发的各种情感因素共同作用,驱动并影响外语学习者的使用体验。这种体验既是理解性意义建构的过程,也是创造性意义表达的过程。意义建构的方式或口头、或书面、或口头兼书面,或基于特定语篇、或形成特定语篇。语言使用体验过程也是积极、主动、学用合一的整合性语言实践活动过程。在这些活动中,学习者充分接触、运用语篇中一个个相互关联、长短适宜的语句,经由心智操作,抽绎出有规律的语言型式,获得抽象的语言知识,形成运用语言的技能,其知识结构随之丰富,思维能力随之提高,思维方式也会随之变化,价值观念和精神面貌得以拓展。这是一个以意义建构为核心的整合性语言发展过程,也是一个新生命诞生、成长和发展的过程。

(三) 整体教学观

全人发展既是外语教学的目标,也是外语教学的理想结果。"有意义"的教学内容为学生全面发展提供了平台,整体外语学习观指出了学生全面发展的路径。而教学目标的达成需要以此为基础,在师生共同参与、合作的教学活动中实现,更为重要的是要坚持"整进整出"原则,开展整体教学。

前文指出,"整进整出"是指外语教学要坚持"整体输入""整体互动"和

"整体输出"。"输入""互动"和"输出"源自二语习得研究三大假说,是解释二语习得的三大因素,属于二语习得研究范畴。近年来,这些研究与课堂教学的联系越来越密切。从本质上来说,教是为了学,教也意味着学。因此,"输入""互动"和"输出"也属于教学研究的范畴。关于"整体输入""整体互动"和"整体输出"的基本含义,笔者已有比较详细的论述,①本文不再赘述,这里补充并强调以下三点:

1. 就"整体输入"而言,要确保语言输入材料的质和量。这是由外语教育的目标和语言学习的特点决定的。传统输入(包括口头和书面输入)研究很少关注输入材料的内容。本文强调,针对外语学习,语言输入材料要符合学生心智特点、文质优美、"有意义",这类材料"营养价值"高,尤其是高质量的文学作品,对奠定学生文化底蕴、构筑学生"内在精神"具有潜移默化的作用。不同于母语教育注重文化传承,外语教育是对另一种文化理解、消化和吸收的过程。从"树立人类命运共同体和多元文化意识"②的角度来讲,这类作品对拓宽学生视野、理解人类多元思维模式、形成正确的价值观念乃至发展学生的全球胜任力均有重要作用。此外,"整体输入"倡导"整本书"阅读理念。整本书(包括儿童绘本读物)的优点是语境宏大详尽,内容丰富连贯,表达方式多样,输入量大,且为"正面语料"(positive evidence)。阅读整本书体现了自然阅读的状态,有利于发展语言、获取知识、锻炼思维、丰富情感体验、培养审美能力,也有利于学生养成良好的阅读习惯。但外语整本书阅读需要成系统、有指导,课堂教学内容最好来自所读材料,从而形成课内外输入的有机结合,而非 Krashen 提出的"撒网式"输入。在外语学习环境中,强调整本书阅读(也包括听),是因为一门语言绝不会仅凭几本教材、几十篇单篇课文在封闭的教室里靠教师"精心调教"就能学好,必须基于大量"正面语料"的输入,依靠大量言语实例在学生头脑中反复撞击、刺激和积累,透过"频率效应",③使学生学

---

① 韩宝成:《整体外语教育及其核心理念》,《外语教学》2018 年第 2 期。

② 中华人民共和国教育部:《普通高中英语课程标准(2017 年版)》,人民教育出版社 2018 年版。

③ GRIES S., DIVJAK D., *Frequency effects in language learning and processing*. Berlin: Mouton de Gruyter, 2012.

会"举三反一",逐步摆脱母语干扰,获得外语语感。外语教学虽不排除"刻意指导"式的"举一反三"型语言教授活动,但应该是辅助性的,且主要针对中国学生学习外语的难点,否则"教、练"多了,会引发学生过度"注意",反而不利于正确语言习惯的养成。

2. 就"整体输出"而言,强调基于输入、以意义表达为导向的整体输出。输出是语言运用的具体化,没有输出,就没有语言运用,也就没有交际,①当然也不会有真正意义上的语言习得。从真实交际的角度来讲,输出通常建立在输入基础之上,如口头交际中人与人之间的对话,书面交际中的书信往来等,许多创作性任务也要基于大量的输入。整体教学之所以倡导基于输入的输出(如听说结合、视听说结合、听写结合、读说结合、读写结合、听读说结合、听读写结合),还在于它具有补缺语境、提供支架以支撑语言运用、缓解语言产出压力、提供语言样本等功效。② 然而,真正基于输入的输出并不是简单的续编、模仿、机械的形式产出,而是创造性意义建构的过程,是以意义表达为导向的"言语思维"活动,涉及运用外语的形式和概念进行概括、分析、判断、抽象、推理、想象、评价和创造等各种认知活动。我们必须认识到,外语教学的最终目的是帮助学生学会用外语进行思维,表达意义和情感。语言输出,也包括输入,如果不把外语的形式、概念与这些认知活动相结合,用于建构意义,外语对他们来说可能永远是"外"语。③ 以意义表达为目的的输出,其产物往往是完整的连续性语篇,包括口头和书面语篇。"整体输出"强调输出完整的语篇,因为它涉及培养学生谋篇布局的能力,整体调用微观和宏观层面的语言知识以及整合语境知识和涉世知识的能力,也最能反映学生的思维是否清晰、连贯、符合逻辑。从"语言即语篇"④这一语言观来讲,外语教学也应强调输出完整语篇,尽管语篇有长有短。

3. 欲使"整体输入"和"整体输出"取得理想效果,须借助"整体互动"这

---

① 韩宝成:《整体外语教育及其核心理念》,《外语教学》2018 年第 2 期。

② 王初明:《以"续"促学》,《现代外语》2016 年第 6 期。

③ 邹为诚:《语言输入的机会和条件》,《外语界》2000 年第 1 期。

④ MCCARTHY M, CARTER R. *Language as discourse*: *Perspectives for language teaching*. London: Longman, 1994.

座桥梁。语言的产生和习得与人的互动本能密切相关,是互动的产物。[①] 儿童就是在与成人互动中学会母语的。这种互动总是发生在一定的语境里,源于真实交际意图,双方"对话"有来有往,输入与输出并存。他们彼此适应、相互协同,进行"意义协商",也有"形式协商",互动过程"情深意切"。从本质上讲,这是一种心理认知和社会认知共同作用的"整体性"意义互动。母语习得如此,外语教学亦应循此路径。

但是,外语教学毕竟有其特殊性,外语环境往往缺乏此类互动的某些条件或要素,加之学习者已习得母语,这就需要教师基于前文提到的教学内容精心创设有效的"互动性学习活动"。为了做到这一点,首先需要准确把握互动的内涵。互动有强弱之分。[②] "强互动"主要指面对面的言语交流和沟通,也叫人际互动,本文主要指发生在外语课堂里师生之间以及学生之间的"对话",也包括讨论、辩论、演讲等活动,不是交际教学法中常用的模拟性"交际会话"练习。"弱互动"指学生与文本的"对话"以及学生作为写作者与心目中读者的"对话",主要以内部语言的方式进行,又称"隐性互动"。这类互动主要在课堂以外完成。从互动内涵来看,既包括浅层的语言"对话",也包括深层的情感交流和生命层次的"对话"。朗(Long)提出的互动主要指语言能力较强的说话人在意义协商过程中根据学习者要表达的意义,频繁调整自己的话语形式或结构,以吸引其注意力,助其理解,促其吸收语言,属于"刻意调整型互动",这类互动主要适用于外语学习的初期。本文所说的互动,包括但不限于课堂里师生间开展的这种"刻意型"浅层"对话",强调随着学生语言水平的提高,开展并加强师生间或生生间深层次的"对话"。

开展深层次"对话",意味着师生共同围绕语言材料的主题和内容进行分析与探究。它是学生在教师指导和启发下"建构意义"的过程,是语言学习与意义探究和情感体验融为一体的"整体学习"过程。它基于"有意义"的语篇,深入并超越语篇的"意义"。它从语篇的主题出发,从问题出发,合作探究,关注生成,引发"整体互动",利于整体理解,益于整体表达,这种"强互动"是开

---

① LEE N,MIKESEL L,JOAQUIN A D L,et al..*The interactional instinct*.Oxford:OUP,2009.

② 韩宝成:《整体外语教育及其核心理念》,《外语教学》2018年第2期。

展有效课堂教学的重要活动形式,也是课外"弱互动"学习活动的增效器。

四、结语

针对我国基础外语教育,本文在简要概述"整体外语教育"方案及其嬗变基础上,结合整体教育观,进一步阐述了整体外语教育的内涵,指出外语教育的根本目的是培养全面而又充分发展的人。为此,外语教育要从整体着眼,真正以人文本,开展整体教学。

本文从学科论视角详细阐述了整体外语教学的核心理念:整体内容观、整体学习观和整体教学观,也反映了整体外语教学所秉持的语言观、语言教育观和语言学习观,它意味着外语教学诸方面应采取"完整""系统""整合"和"融合"的视角,服务学生全面发展。需要指出的是,外语教学的真正变革始于理念的转变,整体外语教学理念反映了对外语学习和外语教学规律的新认识,至于这些认识如何在教学中具体落实,我们另文再谈。

(本文原载《外语教学与研究》2018 年第 4 期)

外语学习的语句习得假说

一、引言

在外语环境下,年少的外语学习者,尤其是小学生和中学生学习外语的"基点"是什么? 这个问题十分重要,因为它决定外语学习从什么语言单位入手。对于这么重要的问题,除对外汉语教学界争论过究竟应是字本位还是词本位外,[①]其他语种外语教学研究领域相关讨论甚少。二语习得是一门对外语教学产生直接影响的重要学科,所提假说众多,实证研究不计其数,却也鲜见对这一问题的探讨。难道是因为该问题没有探讨的必要,还是已有答案? 原因可能是后者。但是,如果答案并不十分正确,那么就极有必要重新审视该问题,给出正确答案或者提出新的假说。

二、传统外语教学的本位观及其局限

关于外语学习的"基点",很多外语教师会本能地认为是词汇和语法。词汇就像造房子用的砖瓦,没有它,房子造不起来;当然语法也要学好,这是钢筋水泥,缺了它房子根基不牢。我们把这种以词汇和语法为"基点",或者从词汇和语法切入的外语学习观称为词汇语法本位观。

---

① 施春宏:《对外汉语教学本位观的理论蕴涵及其现实问题》,《世界汉语教学》2012 年第 3 期;史有为:《汉语的双元机制——对汉语教学单位的思考》,《国际汉语教学研究》2017 年第 2 期。

我国外语教学的现实状况基本反映了这种认识。比如,在外语课程标准或教学大纲中,词汇表、语法项目表不可或缺,对小学、初中、高中甚至大学学习多少词汇和掌握哪些语法项目,规定得清清楚楚。这些既是教材编写的重要"抓手",也是教学的核心内容。中小学外语教学中,很多教师把单词听写作为一项常规课堂教学活动,课后布置的"硬作业"则往往会有单词抄写和语法练习。教师们认为,这是为了让学生"打好语言基础",也是让家长知晓孩子完成"有形作业"的重要手段。评价和考试项目亦少不了词汇和语法。中考、高考外语试题中长期有完形填空和语法单选,考查词汇、语法两项内容,以凸显其重要性。二语习得研究者也认为词汇知识和语法知识十分重要,提出了各种假说,致力于探索高效的词汇和语法习得方法。凡此种种,无不体现词汇和语法的受重视程度。

传统语言学理论认为,语言知识由语音、词汇、语法构成。学习一门语言,理所当然要分门别类地学习、掌握这些知识。况且,传统的、"基于规则"的语言学理论自有一套描写和分析这些知识的成熟、可操作的方法和程序。外语教学专家基于这套理论编制教学大纲,词汇、语法顺理成章地成为教学的核心内容,教师习惯了教授(包括考查)这些语言知识,学习者对此也习以为常。

然而,令人困惑的是,依循上述理念,很多人学习外语多年,并没有学好。不少学生想尽办法背记单词,做了无数语法练习,一到用时仍旧错误不断。这种"单词背了不少","语法练了又练",却"一用就错"的现象在外语教学中持续存在,其主要根源在于教学采用传统的词汇语法本位观,把孤立、脱离语境的词汇和抽象的语法知识作为学习的"基点"与重点,并采取分离的方式单个教、分别学、单独练,不是从交际、使用和意义出发,而是认为掌握词汇和语法知识就能顺利地进行言语交际。事实证明,这种观念并不正确,由这种观念指导的外语教学效率低、效果差。

三、语句习得假说及其理据

为了解决外语教学的效率和效果问题,我们不妨把研究视角转向儿童母语习得。儿童习得母语过程中，最初并没有人专门教他们词汇和语法，更没有做各种词汇和语法练习，但他们很快就学会了说话。为什么儿童可以"轻松"学会母语，外语就这么难学？显而易见的原因是，母语和外语的学习环境不同，学习动机和需求也不同。但是除此之外，笔者认为，另一个关键原因是外语学习的"基点"设定出了问题。从词汇、语法入手，掌握了词汇、学会了语法就能组词造句，这种传统的外语教学理念实际上并不符合语言学习规律。外语学习的"基点"不是"词汇和语法"，而应是"语句"：

外语学习和母语学习的规律一样，应从交际意图出发，以语句（utterance）为单位一句句学习。语句有长有短，其意义与前后的语句以及说话的情境互相关联。和学习母语一样，外语学习者通过充分接触不同语境下具体的语句实例，从这些语句的运用体验中抽绎出有规律的语言型式（pattern），逐步获得抽象的语言知识，进而产出新创的语句。

我们把上述内容称为外语学习的"语句习得假说"。

（一）儿童语言习得的机理和特点

为了更好地理解语句习得假说，我们可以考察一下儿童学会说话的机理和特点，以此寻找支持这一假说的依据。心理学家和语言学家普遍认为，儿童的语言习得建立在大脑生理基础之上，离不开与环境的交互作用。脑神经科学研究表明，婴儿天生具有自动区分人类语言所有语音单位的神经机制，出生前就已开始感知语言的特征，[1]第33—41周已能分辨妈妈的声音。[2] 婴儿出生后，开始和妈妈学说话，通过观察、模仿等方式尝试与妈妈交流，从第五个月开始进入咿呀学语阶段。这一阶段，婴儿完善了先前建立的母语语音知觉，听觉也开始语言化。从第八个月到第十个月，婴儿便能理解和识别某些象征性的手势、语调和词语，开始用语言与人交流，语言发展进入新的阶段。儿童一开始说的话非常简单，通常只有一个词，但这是一个绑定语境信息、具有"整

---

① GERVAIN J, WERKER J F. How infants speech perception contributes to language acquisition. *Language & linguistics compass*, 2008, No.6.

② KISILEVSKY B S, HAINS S M J, BROWN C A, et al.. Fetal sensitivity to properties of maternal speech and language. *Infant behavior & development*, 2009, No.1.

体"性质的独词句(holophrastic utterance)。儿童说出的这类话语一般都是意义具体的词,而且指向熟悉的人、物或事。一岁半到两岁之间,儿童能听懂的话语越来越多,词汇出现"暴增",进入早期多词句阶段(early multi-word stage),此时的话语以双词句(two-word utterance)最为典型,如"Doggy bite"、"Car going?"、"我鞋"和"吃鱼"等。这些语句看上去十分简单,但因绑定了语境信息,所以能够表达丰富的内容。双词句有些从独词句发展而来,大多是新造的。随着年龄增长,儿童说出的话语也会有新的变化。两岁到两岁半之间,儿童说出的话语很像电报,被称作电报句(telegraphic speech)。① 电报式语句有时有两个词,有时有三个词,虽然缺乏功能范畴,但丝毫不影响儿童和妈妈的交流。两岁半以后,儿童的语言产出逐渐过渡到简单句阶段,说出的话语与成人越来越像。三岁时,儿童初步具备了与人交流的能力。五岁左右,儿童语言发展基本成熟,接近成人的表达水平。

　　以上考察揭示,儿童的语言习得与大脑、发音器官的成熟度有关,但也离不开儿童的交际意愿,更离不开环境因素,其中最重要的是语言环境,即儿童听到或者看到的语言素材,有时也称作语言输入或语言证据。这类语言素材包括以儿童为交际对象的直接话语,也包括儿童在场但不以儿童为交际对象的间接话语,如成人之间的话语、电视或广播中的话语等,它们共同构成儿童接收的语言输入。需要特别指出的是,所有这些话语都由具体的单个语句组成。即便在儿童语言发展的早期阶段,妈妈使用的"儿向语言"(又称"妈妈语")仍属于和儿童正常交际的语句。正是这些"正面的"(positive)、充足的、绑定语境信息的具体语句"整体地"输入,促成儿童基于这些循环出现的范例(recurring exemplars)学会产出一句句从简单到复杂的话语。② 当然,这是一个动态、渐进的学习过程,儿童在特定语境下出于交际需要,不断与成人互动,在"续"仿成人话语的基础上逐步学会创造性使用语言。③

---

① BROWN R. *A first language*: *The early stages*. Cambridge, MA: Harvard University Press, 1973.

② TOMASELLO M. *First verbs*: *A case study of early grammatical development*. Cambridge: CUP, 1992.

③ 王初明:《以"续"促学》,《现代外语》2016 年第 6 期。

（二）儿童输入和产出的语言单位的性质

儿童的语言发展一般都会经历独词句、双词句、电报句、简单句和复杂句等阶段,而我们需要探讨和明确的是,儿童和妈妈学习说话时,妈妈发出一串串声音,儿童也跟着学会发出一串串声音,在儿童和妈妈(及其他人)一来一往的"对话"中,这个声音单位或者说话语片段确切地讲应该叫什么? 托马塞洛(Tomasello)①称之为"话语/语句"(utterance),是"在单个语调升降变化单位内,向对方传递信息的语言行为(a linguistic act in which one person expresses towards another, within a single intonation contour)"。哈里斯(Harris)②也指出:"一个人从说到停之间任何长度的话就叫话语/语句(An utterance is any stretch of talk, by one person, before and after which there is silence on the part of that person)。"赵(Chao)③则把"前后两端均有停顿的言语片段(a segment of speech bounded at both ends by pauses)"视为"句子"(sentence)。丁声树等④认为:"句子是说话的单位。只要站得住,能够向对方传达一定意思的话,不论长短,都是一个句子。"赵(Chao)还指出:"句子有一个开头和结尾。要是只有一个词,开头和结尾的词都一样。"吕叔湘⑤也认为:"即使只有一个短语或一个词,只要用某种语调说出来,就是句子,听的人知道这句话说完了。"

由此看来,人们说话(包括儿童和妈妈学习说话这种形式的"对话")时一来一往的"声音串"或者说"话语片段"在英语里有"utterance, sentence"两种叫法,在汉语里就叫"句子"。相关研究均从语言运用或语言使用单位的角度来界定话语片段。在这一语境下,汉语的"句子"和英语的"utterance, sentence"三者同义。依据以上几个研究的界定,我们可以肯定地说,儿童在母语习得过程中听到和说出的话语都是"句子",尽管初期说出的话语是独词

---

① TOMASELLO M."First steps toward a usage-based theory of language acquisition".*Cognitive linguistics*,2000,No.1-2.

② HARRIS Z S.*Methods in structural linguistics*.Chicago:The University of Chicago Press,1951.

③ CHAO Y R.*A grammar of spoken Chinese*.Berkeley:University of California Press,1968.

④ 丁声树、吕叔湘、李荣等:《现代汉语语法讲话》,商务印书馆 1961 年版。

⑤ 吕叔湘:《汉语语法分析问题》,商务印书馆 1979 年版。

句、双词句或电报句,但它们都是具有句子身份的话语。①

　　然而,"句子"(sentence)毕竟是个由来已久、用以分析语言结构的语法概念,在语言单位讨论中也往往带有这种特定含义。譬如,赵(Chao)指出:"按结构来说,句子可以分为整句(full sentence)和零句(minor sentence)('零'是畸零、零碎之意)。整句含有主语和谓语两部分,是连续话语中最常见的一类,是汉语和其他很多语言里最常用的句式。零句不使用'主—谓'形式,常常出现在两人对话或附带动作的话中。"和整句一样,零句也是"自足的",可以独立使用,如汉语的"来!",或英语的"Go!"。赵(Chao)还指出,整句由零句组成,只在构想好、有连贯性的话语里才常见。在日常生活中,零句占优势,零句是根本。不难看出,赵(Chao)的"整句、零句"说把具体的语言"使用单位"(utterance)做了进一步抽象,把"sentence"作为"类型"(type)对待,把"utterance"作为"实例"(token)对待。姜望琪②指出,在以英语为代表的西方语言研究中,"sentence"逐渐和"utterance"分离,成了一个抽象单位,但在日常生活中这两个词的界限并不明显,均指人说出来或听到的话语,而汉语的"句子"不是抽象单位,更像英语的"utterance"。

　　语言是个音义结合的符号系统。语言的分析单位除句子外,还有语素、词、短语,以及介乎于词和短语之间的短语词。吕叔湘认为,这些属于语言的静态单位,语言的动态单位是小句和句子(一个或几个小句),还可以包括句群、语段和篇章。陆俭明③指出,句子从语法的角度来说是最大的语法单位,从表达的角度来说是最基本的表述单位,前一个意义上的句子是"语言的句子"或"抽象的句子",后一个意义上的句子是"言语的句子"或"具体的句子"。这种区分与赵(Chao)关于句子的"type"和"token"之分一致。因此,按照吕叔湘、陆俭明的说法,句子(包括赵(Chao)所说的"零句"和吕叔湘所说的"小句")是最小的语言动态单位。这再次说明,一个个具体的句子是儿童语言习得的基本单位,其中"句子"就是英语的"utterance",即语句。这也是外语

---

①　周国光:《儿童语言习得理论的若干问题》,《世界汉语教学》1999 年第 3 期。

②　姜望琪:《汉语的"句子"与英语的 sentence》,《解放军外国语学院学报》2005 年第 1 期。

③　陆俭明:《试说语言信息结构》,《学术交流》2014 年第 6 期。

学习语句习得假说中"语句"的含义。

（三） 语句习得假说的理论依据——基于使用的语言习得理论

儿童出于交际的需要，在充分接触一个个具体话语实例的过程中学习母语，不仅学得快，而且不费力，用起来也得体达意。关于认知能力十分有限的儿童如何做到这一点，不同心理学家和语言学家的看法并不一致。近年来，随着认知语言学、构式语法等功能主义语言学的发展，语言的认识与研究转向语言使用，基于使用的语言理论（usage-based theory）①逐渐兴起发展。这派理论持有的观点是：(1)语言存在的根本目的是为了交际，交际使用促成语言；(2)任何自然语言都在语境中使用，受一系列语境因素影响；(3)语言是后天学会的，不存在先天的语言习得机制；(4)语言的意义不仅来自词项，语法结构本身也有意义；(5)句法、词法等语言层次和范畴无须严格划分，每个结构都有其独特的意义。② 基于使用的语言理论给语言习得研究带来极大启示，以托马塞洛(Tomasello)为代表的心理学家提出了基于使用的语言习得理论（usage-based language acquisition theory），为解释儿童语言习得提供了新的视角。

托马塞洛③认为，儿童是通过语言体验学会语言的，除此别无他法。具体而言，儿童"通过一个个实际语言使用事件(usage events)，即某一特定语境下的特定语句(utterance)学会语言，并在此基础上逐步形成复杂、抽象的语言表征"。④ 托马塞洛指出，从人类认知和交际的基本过程来看，"语句"(utterance)是语言运用的基本单位，也是表达一个完整交际意图的最小单位。在语言发展的最初阶段，儿童说出的话语在形式上是一个"词"，但它绝不是语言学意

① BYBEE J L, BECKNER C. "Usage-based theory"//. HEINE B, NARROG H. *The oxford handbook of linguistics analysis*. Oxford: OUP, 2010, pp.827-855.

② TYLER A. "Usage-based approaches to language and their applications to second language learning". *Annual review of applied linguistics*, 2010, No.1.

③ TOMASELLO M. "First steps toward a usage-based theory of language acquisition". *Cognitive linguistics*, 2000, No.1-2.

④ TOMASELLO M, FARRAR M J. "Joint attention and early language". *Child development*, 2008, No.6.

义上的"词",而是与特定情境结合、表达一个完整交际功能的"独词句"(holophrase),是一个形式简单但功能完备的集成结构(composite structure),具有"整体性"。在"独词句"基础上,儿童逐渐产出多词语句("双词句"和"电报句"),这些语句还只是一些表示具体事物和行为的"语项"(item),没有抽象的功能范畴,属于以"语项"为基础的构式(item-based construction)。但是,随着生活日趋丰富和交际需求增加,儿童对反复感知到的不同语句中的相同之处(包括形式和意义)进行抽象、概括和类推,不断建构含有一定功能意义、具有"创造性"的复杂构式,并在反复使用体验的基础上概括总结,最终发展出抽象的语言符号系统,习得母语。

为什么儿童能够做到这一点? 根据基于使用的语言习得理论,儿童的语言习得依赖于人类个体建立在生物遗传基础上的一般认知技能,具体包括社会认知技能和一般的信息加工认知技能,即"意图解读"(intention-reading)和"型式发现"(pattern-finding)两方面的能力。托马塞洛(Tomasello)指出,意图解读是一种文化(模仿)学习,在语言发展的初期必不可少。研究发现,儿童在一周岁左右开始密切关注他人指向外部客体的主观意图,并与其建立共同注意框架(joint attentional frames),参与共同注意活动。儿童通过观察和模仿成人的行为及话语,理解特定情境下他人的交际意图和心理状态,并懂得使用相同的言语行为达到交际目的。但是,儿童的语言学习不会停留在模仿阶段,他们会观察成人话语中的变异情况,理解交际意图之后,结合情境对话语中的成分进行分析和归类,基于已掌握的"语句图式"(utterance schema),运用类似"剪切和粘贴"的方式进行句法操作,建构新的表达式。① 这一过程也叫图式化(schematization),属于"型式发现"认知技能。此外,儿童还会通过一般的范畴化和文化学习,把新习得的表达式类推到相似的交际情境中。虽然儿童的语言使用有时会出现错误,但研究发现语言使用频率对儿童正确习得某一语言现象具有重要影响。② 语言使用频率有两类,一类叫实例频率(token

---

① TOMASELLO M. "First steps toward a usage-based theory of language acquisition". *Cognitive linguistics*, 2000, No.1-2.

② ELLIS N C. "Frequency effects in language processing: A review with implications for theories of implicit and explicit language acquisition". *Studies in second language acquisition*, 2002, No.2.

frequency），另一类叫类型频率（type frequency），均会对语言能力发展产生影响。[1] 前者指一个表达式在语言使用体验中出现的次数，表达式出现次数越多，越容易被记住，固化（entrenchment）程度和被提取使用的流利程度就越高。后者指某一类型的语言型式在语言使用中出现的频次，有的类型频率高，有的频率低。与实例频率相比，类型频率高更有助于生成新的语言表达式。

四、语句习得假说的理论意义和应用价值

通过对儿童母语习得机理的考察与分析，我们总结得出：（1）对话交流中的语句是儿童接触语言的起点，是说话的基本单位，是语言运用的基本单位，也是儿童习得语言的基本单位。（2）话是一句句学会的，语句有长有短，但都是意义完整的语言运用单位。（3）儿童学说话是为了交流，表达意义。在互动交流中，儿童依照他人的方式，通过学用各种各样的句子学会说话，但这种学用一体的语言使用方式总是发生在一定的语境中，无论理解与表达都遵循一定的社会文化规则。基于使用的语言习得理论揭示，儿童通过逐个接触具体的语句，通过体验发生类化，逐步掌握自然"涌现"的语言规律，形成语感，进而获得母语语言知识。这是一种"整体"习得语言的方式。在考察儿童母语习得机理的基础上，本文通过归纳基于使用的语言习得观，提出了外语学习的语句习得假说，为外语教学与研究打开了一扇新的窗户，对外语教学理论发展和实践研究均有重要意义。

一方面，语句习得假说促使我们进一步思考如何建立外语学习者的语言知识体系。艾里斯（Ellis）[2]认为，外语（课堂）教学研究主要有两大块，一是考察课堂环境下学习者的语言知识体系如何建立与发展，二是研究教学如何提升学习者的语言运用水平，即语言技能（如阅读、写作）如何提高与发展。就

---

[1]　王初明：《基于使用的语言习得观》，《中国外语》2011 年第 5 期。

[2]　ELLIS R.*Language teaching research and language pedagogy*.Malden，MA：Wiley-Blackwell，2012.

前者而言,传统语言学理论指导下的外语教学注重词汇和语法,目的也是使学生获得语言知识,但从静态的语言单位和抽象的规则出发,花费大量时间讲解和训练,学生获得的往往是显性、被动的陈述性语言知识,这些知识难以被转化和有效运用。掌握陈述性语言知识显然不是外语教学的目的,外语教学应着力培养和发展学生的隐性语言知识,即关于语言自动化使用的程序性知识。① 儿童在语境中整体学用语句进而获得各种程序性语言知识的"成功经验",为研究外语学习者尤其是非成年外语学习者如何获得程序性语言知识提供了可资借鉴的路径。从词汇和语法入手是一种显性的学习方式,儿童则是从语句层面(当然也包括相关语境和情境)入手,运用归纳的方式获得隐性语言知识。我们需要深入调查和研究的是:从教学程序上来讲,针对非成年外语学习者,哪些地道的语句可以作为范例、在什么语境中以何种频率和方式出现以及如何使用最利于外语学习者内化获得外语语言知识,获得什么样的语言知识? 这样的研究对进一步检验和完善二语习得顺序假说具有重要启示。

另一方面,语句习得假说为促进外语学习者语言运用水平提高、表达流利度提升及解决"哑巴英语""一用就错"等问题提供了新思路。依据基于使用的语言习得理论,正确流利的语言运用不是源于语法条规,而是受大脑中相关范例和具体频率驱动。范例和频率这两个因素至关重要,抓住了这两点,就等于牵住了语言运用的"牛鼻子"。我们一再指出,语句是语言运用的基本单位,是形意紧密结合、表达交际意图的完整部件,是语言养成的起点。范例是语言交流中运用的具体语句,频率越高越容易学,处理速度也越快,语言流利度也就越强。② 因此,外语教学应根据学习者的认知发展特征,采用人性化方法,尽可能地从真实、地道、自然的语句切入,尤其在初期阶段要利用好偏态频率效应。我国传统的汉语启蒙教材《三字经》《笠翁对韵》等便是很好的例证。这些教材语句短小精悍,合辙押韵,朗朗上口,尤其是类型频率突出,又充分体现了汉语的特点,语句生成性较强。外语教学循此路径,学生也会逐步形成语

---

① ELLIS R."Current issues in the teaching of grammar:An SLA perspective".*TESOL Quarterly*,2006,No.1.

② GRIES S T, DIVJAK D. *Frequency effects in language learning and processing*. Berlin:De Gruyter Mouton,2012.

感,从而做到学过能用、心到言随。

五、结语

我国外语教学在过去几十年中已有一定发展,但在基础教育阶段,以词汇和语法为本位的理念与做法仍像两只"无形的手"牢牢地抓住教师和学生,影响了学习的成效。本文指出了这一传统外语教学本位观的理论渊源和局限,在考察儿童母语习得机理的基础上,提出了外语学习的语句习得假说,认为外语是通过大量、充分的语句使用体验学会的。在这个语言学用体验过程中,外语语言知识可以从学习者身上"自然地生长出来"。但是,外语语句需出现在特定的、能够激发学习者交际意愿和兴趣的语篇中,而不是从语篇中剥离出来的孤立、零散的句子。外语学习的语篇要出自外语母语者的行家里手,语句真实、地道。其次,语句的实例类型和型式类型出现频次要合理,循序渐进,既便于学生"续"仿,易于"续"用,利于促学,①也有助于抑制母语"负迁移"。语句习得有点像吃饭,一碗饭相当于语言学习的单位——语篇,而饭是一口口吃下去的,其基本单位是"口",并非一颗颗单独的米粒。同理,外语学习也要在语篇中一句句习得语言,而非孤立学习词汇和语法。外语学习的语句习得假说不是主张回到传统、机械的"句型操练"时代,也不是说完全不顾及引导学生"发现语言规律"和"运用语言规律",而是反对进行大量、机械的语言形式训练。当然,外语教学实践中如何有效落实语句习得理念,仍需开展更多的实验和研究。

(本文原载《外语界》2018 年第 4 期)

---

① 王初明:《以"续"促学》,《现代外语》2016 年第 6 期。

整体外语教学的实施路径

一、引言

针对外语教学中长期存在的"不整"现象,韩宝成①提出了整体外语教学的三条理念:一是"整体内容观",指外语教学内容的选择与安排应根据学生兴趣、认知特点和语言学习规律,选择"有意义"的东西,进行整体考量。二是"整体学习观",认为外语学习是学生"学养"形成的过程,是以意义建构为核心的整合性语言发展过程,也是学生全人发展的过程。三是"整体教学观",指外语教学应坚持1)"整体输入",让学生尽可能接触完整的语篇,且量要足够大;2)"整体互动",依据教学内容精心设计有效的互动性学习活动,以便教师与学生、学生与学生之间积极"对话",进行有内容、有意义的"协商";3)"整体输出",在输入和互动基础上,以表达意义为目的,产出完整语篇。

整体外语教学旨在使学生在语言能力、心智水平和人文素养等方面得到整合性发展,体现的是全人教育观。它强调基于完整语篇开展教学,通过互动体验和"整进整出"习得语言。那么,如何落实这些理念不仅是外语课程设计者需要解决的问题,也是一线教师面临的实际问题。这里将基于上述理念,进一步结合语言学和心理学相关理论,借鉴以往行之有效的教学方法,提出整体外语教学的实施方案。

---

① 韩宝成:《整体外语教育及其核心理念》,《外语教学》2018年第2期;韩宝成:《整体外语教学的理念》,《外语教学与研究》2018年第4期。

二、理论基础

（一）语言运用的本质

外语教学的一个重要目标是教会学生运用语言。要实现这一目标,就要充分了解语言运用的本质,以便更好地指导教学。

系统功能语言学认为,语言的基本特性是它的功能性。语言可以用来识解人类经验,建构人际关系,并通过组织成篇的形式体现出来。① 语言作为人类参与社会活动的重要工具,为人们在社会活动中表达意义提供了无限可能,因而被看作是意义潜势(meaning potential)。② 语言的运用过程就是根据语言要实现的功能从意义潜势中做出选择。这一过程首先是运用语言将识解的经验和建构的人际关系转化成意义,而后转化为措辞,再经由语音和书写形式表现出来。这种运用语言建构意义的过程发生在一定的语境中。如果我们了解语言运用的情景语境和社会语境,就能在很大程度上预测语言运用的具体形式,③选择适合特定语境的语言结构,表达得体、适切的意义。因此,语言运用具有动态性、语境依赖性和意义驱动性。

巴克曼和帕尔默(Bachman & Palmer)④对语言运用做了更为清晰的界定。他们认为,语言运用是个体在具体情境中对话语意义的理解与表达,或在某一特定情境中两人或多人对意义的动态协商,前者为非往复型(non-recip-rocal)语言运用,后者为往复型(reciprocal)语言运用。传统上,人们往往把语言运用等同于听说读写四项语言技能。巴克曼和帕尔默(Bachman & Palmer)

---

① HALLIDAY M A K,HASAN R.*Language,context and text:Aspects of language in a social-se-miotic perspective*.Victoria:Deakin University Press,1985.

② HALLIDAY M A K."Language in a social perspective"//. WEBSTER J.*Language and society:The collected works of M.A.K Halliday*(Vol.10).London:Continuum,2007,pp.43-64.

③ HALLIDAY M A K."Language and social man"//.WEBSTER J.*Language and society:The collected works of M.A.K Halliday*(Vol.10).London:Continuum,2007,pp.65-130.

④ BACHMAN L F,PALMER A S.*Language assessment in practice*.Oxford:OUP,2010.

认为该观点过于简单,忽视了语言运用的多样性,尤其忽视了语言运用总会涉及具体的交际对象、目的和情境等因素,因而建议把听说读写视作具体情境中的语言运用活动,而非"抽象的技能"。

概言之,在巴克曼和帕尔默(Bachman & Palmer)看来,语言运用其实就是"以言构意"的过程,即在某一情境中理解、表达和协商意义的过程,涉及听、说、读、写等多种方式,本质上是一人或多人参与的具体语言实践活动。对于整体外语教学而言,这里关于语言运用阐释的意义在于:意义的理解、协商与表达可总括为三大类语言运用活动,并据此设计具体教学活动。

(二) 语类理论

整体外语教学的一个核心思想,是教学活动从传统的词汇和语句层面提升到语篇层面,依据完整的语篇开展输入、互动和输出活动,围绕语篇主题和内容进行意义探究与建构。但是,单纯从语篇角度实施整体外语教学仍然不够完善,因为基于语篇的语言教学往往仅关注单个语篇的意义建构,对语篇与语篇之间的互文关系以及相似语篇组成的语篇类型与社会文化语境之间的关系重视不够,而这正是语类(genre)理论研究的内容。

系统功能语言学认为语言使用是对意义潜势做出的选择,其成品(artefact)是语篇。语篇是语言在实际语境中的应用,是语言作为意义潜势系统的具体体现形式(realization)。韩礼德和麦迪逊(Halliday & Matthiessen)[1]将系统与语篇之间的关系阐释为实例化过程(instantiation),认为语篇是系统或意义潜势的实例化体现。马丁(Martin)[2]又细化了这一过程,在语篇与系统之间增加了语篇类型、语域和语类三个细分层次。在语篇之上,语篇与语篇间会产生互文性,具有相似意义建构特征的语篇构成语篇类型,语篇类型体现了语域的构成特点,包括话语范围(语场)、话语基调(语旨)和话语方式(语式)三个变

---

① HALLIDAY M A K,MATTHIESSEN C.*Construing experience through meaning*.London:Continuum,1999.

② MARTIN J R."Metadiscourse:Designing interaction in genre-based literacy programs"//.WHITTAKE R,O'DONNELL M,MCCABE A. *Language and literacy:Functional approaches*.London:Cassell,2006,pp.34-64.

量,而语域又是语类的体现方式,语类之上则是更高级、更抽象的层面——思想意识。语类由此将宏观社会文化语境通过语域与语言嫁接起来(见图1)。语类不仅能够进一步解释社会文化语境与语言之间的关系,也有助于从整体上了解不同语类在意义建构上的差异及其不同社会功能。

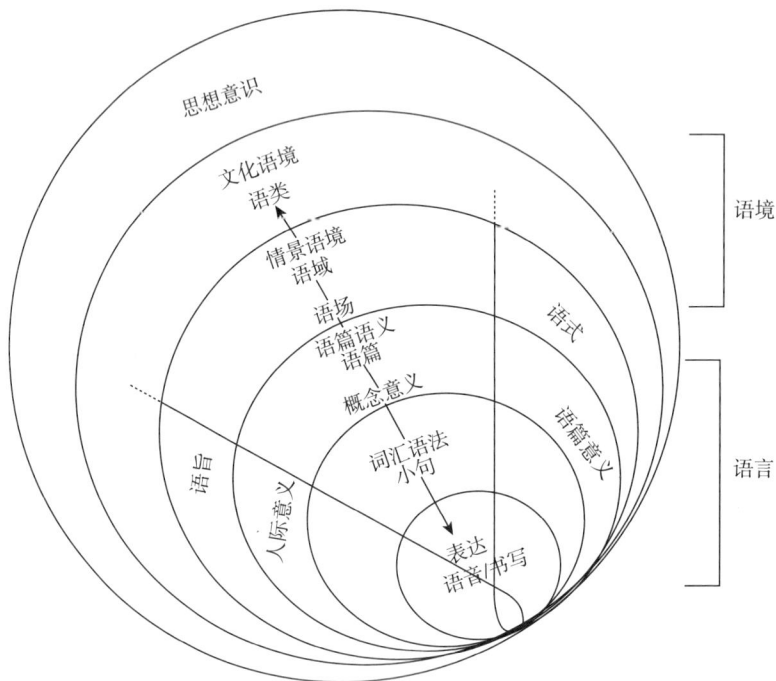

图1　语境和语言的层级及其相互关系(MARTIN J R.*English text*:*System and structure*. Amsterdam:John Benjamins Publishing Company,1992:249,略有改动)

马丁(Martin)从社会语境与语言的互生关系入手对语类进行了系统研究。他认为,语言产生于社会语境,也体现社会语境,不同社会语境所产生的语类也不同。他把语类视为"经由语域实现的,有步骤、有目的的社会过程"。① 之所以是有步骤的,是因为完成社会活动不可能一步到位,需经过多个阶段才能实现;之所以是有目的的,是因为完成社会活动旨在实现交际目

① MARTIN J R.*English text*:*System and structure*.Amsterdam:John Benjamins Publishing Company,1992.

的,活动未完成或不达目的会有挫败感;之所以是社会过程,是因为语篇是在言者与听者、作者与读者之间的互动协商过程中完成的。在马丁(Martin)看来,语类实质上是为了完成某一社会活动而选择的意义建构形式,该意义建构形式会重复出现,形成特定模式,进而产生特定语类。

语类理论采取自上而下的模式,从社会语境与语篇的"体现"关系入手,强调某种特定文化如何将意义潜势复现在语言结构中,以及如何在语类产生的不同阶段因功能差异而调整意义,并通过语场、语旨和语式三要素加以体现。而这些要素是通过语篇的语义结构体现的,语义结构又通过词汇语法体系以及语音和书写形式加以体现。语类理论深化了我们对语篇的认识以及对语言运用的理解,因而语类被视作实施整体外语教学的出发点和立足点。

（三）活动理论

语言运用是人们在特定情境中运用语言理解、协商和表达意义的过程,是一种社会活动。语言习得研究表明,人们是在这种活动中学会语言的。认可这一点,就要研究教学的活动设计,使其能够引发语言的习得与发展,这就需要充分了解活动的内涵。维果斯基(Vygotsky)等人提出的活动理论为整体外语教学活动的设计提供了重要支撑。

活动理论由维果斯基、列昂季耶夫(Leont'ev)和鲁利亚(Luria)创立,[1]强调文化历史环境下社会实践活动在个体技能、品质和意识发展中的重要作用。活动理论中的"活动"是指有目的的人类社会行为,是主体与客观世界交互作用的过程。活动理论最初源自维果斯基[2]的"中介"概念,指主体拥有的先验知识、工具或制品。维果斯基认为人们不能直接与社会环境进行互动,需要通过中介工具介入,并据此建立了由主体、客体(活动目标)和中介工具构成的活动三角模型。该模型通过中介把个体与社会关联起来,但它关注的是个体

---

[1]　ENGESTRÖM Y, MIETTIEN R, PUNAMAKI R. *Perspectives on activity theory*. Cambridge: CUP, 1999.

[2]　VYGOTSKY L. *Mind in society: The development of higher psychological processes*. Cambridge, MA: Harvard University Press, 1978.

行为的中介作用,不能解释人类活动的集体性特征。列昂季耶夫(Leont'ev)①
对此进行了完善,引入了社会层面的中介体——规则、共同体和劳动分工。
恩格斯托姆(Engeström)②继而提出了活动系统理论,将活动体系置于整个
社会情境中,强调多个活动系统之间可能发生的互动。活动系统的基本框
架由7个要素组成(见图2)。其中,主体、客体和中介工具位于三角模型的
三个顶点,构成活动的基本要素,表明主体在自身动机和目标客体驱动下,
借助一定的中介工具,作用于客体,将其转化为结果。作为集体性社会实践
活动,主体开展活动时亦需借助规则、共同体和劳动分工等社会文化环境中
的其他中介。在完成活动的过程中,主体的认知水平、个人品质等得以改变
和提升。

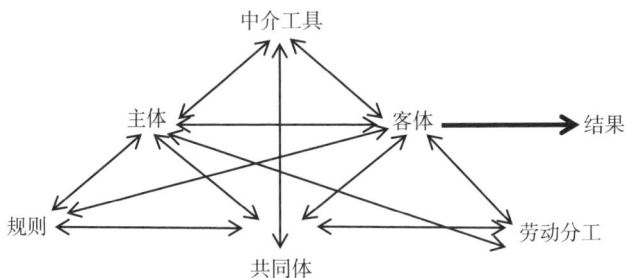

图2 活动系统的基本框架(参阅 ENGESTRÖM Y.*Learning by expanding*:
An activity-theoretical approach to developmental research.Helsinki:Orienta-Konsultit,1987:78)

　　活动理论用"活动"解析人类的行为、意识和人格发展,从社会、历史和文
化的高度把握人类的心理过程。倘若从"活动"的角度去理解教学,教学就是
一种特殊的社会实践活动。但在课堂教学环境下,学生并非直接参加现实的
社会活动本身,而是学习从事社会实践活动的模式、图式、原理与规范。从这
个意义上来讲,教学活动就是学习活动,是学习主体通过中介达成目标的,是
学生与学习共同体(如教师、同学),内在心理活动与外在现实世界、制品、语

----

① LEONT'EV A N. *Problems of the development of the mind.* Moscow:Progress,1981.

② ENGESTRÖM Y.*Learning by expanding*:*An activity-theoretical approach to developmental research*.Helsinki:Orienta-Konsultit,1987.

言等构成的文化工具之间的互动。① 通过互动,学生将活动中的知识、技能、理论等内化为自身的知识与技能,并"由内而外"地改变自己的行为。②

活动理论及其对学习活动的阐释为开展整体外语教学提供了理论支撑和方法指导。例如,在设计教学(学习)活动时,要注重活动的集体性特征,注重学生与学习环境各要素之间的互动,设计有利于学生整体互动的活动。此外,还应注重学习活动结构、过程和客体的整体性。学习活动结构的整体性体现在学习主体内部活动和外部活动的完整性上,既包括外在物质的、实践性的操作活动,也包括内部认知、情感和意志等心理活动,学习活动过程的整体性体现在学习过程是学习主体外部活动与内部活动的双向转化过程,是内化和外化的统一。③ 学习活动客体的整体性体现为学习活动目标的完整性。对整体外语教学而言,就是促进学生的全面发展。

三、语类教学法

长期以来,外语教学深受方法支配。受语言学、心理学等学科影响,产生了一些有影响的教学方法,如语法—翻译法、听说法、交际法、任务法等。对于这些方法,人们耳熟能详。但总体来讲,这些方法教学目标"不整",往往聚焦语言学习的某一方面,教学的具体做法基本是"自下而上",输入和输出的"整体性"不强。④

20 世纪 80 年代,在澳大利亚,针对因文化因素造成的教育不平等和中小学生读写能力亟待提高这一社会现象,以马丁(Martin)为代表的一批系统功能语言学研究者开展了一系列语言教育研究项目,持续三十余年,不但提出了

---

① GEDERA D S P, WILLIAMS P J. "*Activity theory in education: Research and practice*". Rotterdam: Sense Publishers, 2016.

② SWAIN M, KINNEAR P, STEINMAN L. *Sociocultural theory in second language education*. Bristol: Multilingual Matters, 2010.

③ ENGESTRÖM Y, MIETTIEN R, PUNAMAKI R. *Perspectives on activity theory*. Cambridge: CUP, 1999.

④ 韩宝成:《整体外语教育及其核心理念》,《外语教学》2018 年第 2 期。

一种新的教学法——语类教学法（genre-based literacy pedagogy），而且推动了系统功能语言学的发展。该方法因其理论源于悉尼大学，又称悉尼学派（the Sydney School）。起初，马丁（Martin）等人针对小学语文写作进行研究。① 而后，又针对中学各科课程及工作场所所需的写作能力开展教学研究。②③ 结果表明，教师明示地、系统地提供语类知识对提高学生写作能力具有重要作用。他们设计了相应的写作教学法，历经两次演变，最终形成了由"解构范文—合作写作—独立写作"构成的教学流程。

语类教学法的第一步是解构范文（deconstruction），引导学生了解该语篇的社会目的、推进步骤以及相关语言特征。具体活动包括讨论语篇的语类功能、纲要式结构（schematic structure）以及体现语类特征的意义建构方式。第二步是合作写作（joint construction），教师带领学生摹仿范文，共同撰写话题、结构和表达方式与范文类似的语篇。合作过程中，教师主要起"脚手架"作用，包括营造语境、帮助学生激活或扩展知识结构。第三步是独立写作（independent construction），学生独立撰写相同语类的文章。上述环节中，还有两项重要活动由师生共同完成：一是建立语场（building field），二是设定语境（setting context）。这两项活动旨在帮助学生熟悉目标语类及其语境，积累与话题相关的知识，以便学生有话可写；熟悉并确定目标语类的社会目的，因为它决定了学生以何种角色何种表达方式完成写作任务。以上活动的最终目的是让学生掌握某一语类，并培养其对该语类的批判意识。

除开展语类写作教学之外，悉尼学派的罗斯和格雷（Rose & Gray）也关注语类阅读教学，④重点解决学生在解构语篇时的阅读困难问题，这大大提高了语文教学效率。实践证明，语类教学法能够大幅提高学生的读写学习效率，超

① MARTIN J R, ROTHERY J. *Writing project*: *Report* 2. Sydney: University of Sydney, 1981.

② MARTIN J R. ROSE D. "Designing literacy pedagogy: Scaffolding asymmetries"//. HASAN R, MATTHIESSEN C I, WEBSTER J. *Continuing discourse on language*: *A functional perspective*. London: Equinox, 2005, pp.251-280.

③ VEEL R. "The write it right project—linguistic modelling of secondary school and the workplace"//. WHITTAKER R, O'DONNELL M, MCCABE A. *Language and literacy*: *Functional approaches*. London: Continuum, 2006, pp.66-92.

④ ROSE D. "Reading genre: A new wave of analysis". *Linguistics and the human sciences*, 2006, No.2.

出预期 2 至 4 倍。① 该方法也被称作"语篇教学法"（text-based approach）。②
它使学生认识到写作是一种有规律可循的社会交往活动，而且掌握语篇模式
不仅有利于理解语篇，也能增强学生创作语篇的信心。该方法对整体外语教
学实施方案具有重要借鉴意义。

四、整体外语教学流程

以上有关语言运用和语类的论述表明，人们运用语言的过程实质上是建
构意义的过程，包括理解意义、协商意义和表达意义。这一过程也是有目的的
社会实践活动过程，是理解和建构具有不同语类特征的语篇意义的过程。从
语言发展的角度来讲，这是一个从稚嫩走向成熟、从模仿走向创新的过程。因
而从语言运用的本质出发开展整体外语教学，就是教会学生结合特定语境运
用语言进行意义建构，即开展意义理解活动、意义协商活动和意义表达活动，
实现语言的功能。这三类活动概括了往复型和非往复型语言运用的所有活动
类型。因此，开展整体外语教学，就是要依据具有特定语类特征的语篇，依托
意义理解活动、意义协商活动和意义表达活动，通过师生和生生互动，进行意
义建构，让学生理解所学语篇的内容，掌握抽象的语言知识，创作富有新意的
语篇。这一语言学习过程是一个动态的、师生协同建构意义的过程，也是学生
内化知识与技能、发展语言能力、提升心智水平进而全面成长与发展的过程
（见图 3）。它体现了活动理论的学习观，也体现了整体输入、整体互动和整体
输出的外语教学理念。

图 3 大体显示了整体外语教学的内涵与流程。最外围的粗线条圆圈代表
整体输入的内容，即具有特定语类特征的完整语篇。它表示整体外语教学始
于接触不同语类，通过接触和学习叙事、描述、说明、论说等语类，帮助学生了

---

① CULICAN S."*Learning to read：Reading to learn，a middle years literacy intervention research project，final report* 2003-2004".Melbourne：Catholic Education Office，2006.

② FEEZ S."Text-based syllabus design".*TESOL in context*，1999，No.1.

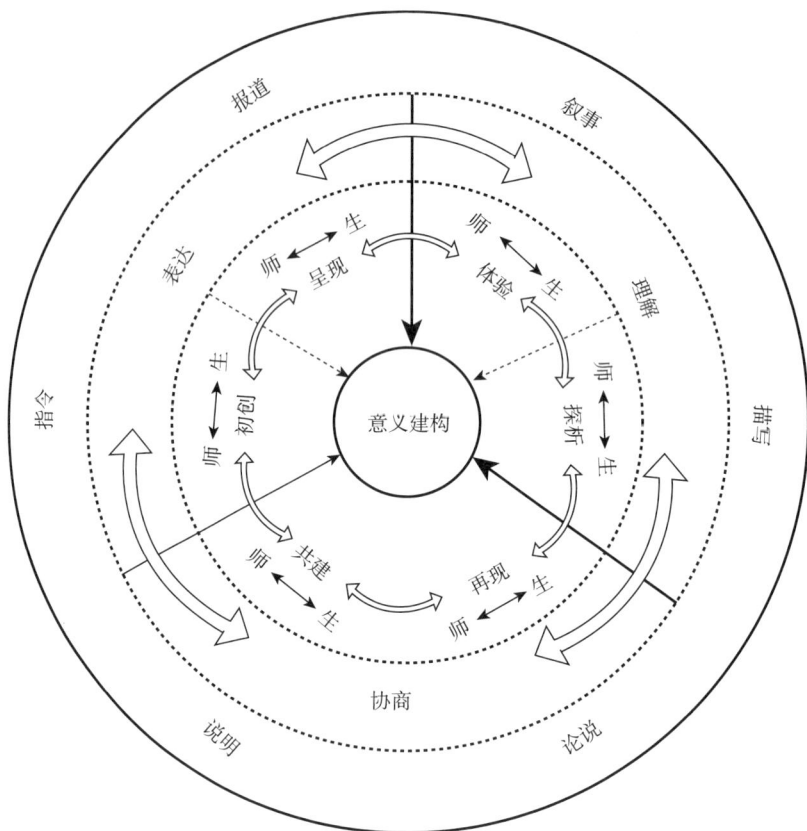

图 3　整体外语教学流程

解不同语类的社会目的,促进学生的再社会化过程。[①] 由外向内的第二个虚
线条圆圈包含三类意义建构活动——意义理解活动、意义协商活动和意义表
达活动,每类活动又包括两个次类,如意义理解活动包括"体验活动"和"探析
活动",意义协商活动包括"再现活动"和"共建活动",意义表达活动包括"初
创活动"和"呈现活动"。虚线圆圈内的双线箭头表示这三大活动及其次类活
动构成了整体外语教学的流程,具有循环性、动态性和渐进性,单线箭头表示

---

①　HALLIDAY M A K."Literacy and linguistics:A functional perspective"//.WEBSTER J.*Language and education:The collected works of M. A. K Halliday*(Vol. 9). London:Continuum, 2007, pp.97-129.

这些活动由师生、生生共同参与完成。它们既有先后顺序又相互影响,共同实现整体外语教学的目标——运用语言建构意义,掌握特定语类。

(一)理解活动

整体外语教学流程的第一步,是依据体现某种语类特征的典型语篇,围绕语篇的社会语境、主题和语类特征引导学生开展多种形式的意义理解活动,目的是指导学生理解作者在何种语境下使用语言实现何种交际目的、经历何种步骤、采用何种表达方式,使学生整体上理解语篇的意义建构方式,对语篇主题形成新的认识。理解活动可分为两个环节:一是语篇"体验活动",二是语篇"探析活动"。

学生对语篇的理解始于对语篇的体验。"体验活动"旨在通过聆听、模仿、朗读、阅读以及围绕主题创设情境等方式,让学生整体感知语言,熟悉语篇的社会语境,了解语篇的主要内容,逐步掌握听和读的技能,获得语感。这对初学者尤为重要。对他们而言,聆听、模仿及朗读类"体验活动"可在课堂上进行,也可在课前完成。对于有一定水平的学生来说,建议他们在课前独立完成这些活动。但是,完成这类活动要有要求,尤其是要求学生学会结合语境,带着问题,有目的、积极地而不是消极地去听或读,要开展有意义的整体输入型"体验活动"。"体验活动"的另一重要方式,是在课堂上围绕语篇主题创设情境,梳理相关知识,激活学生已知,建构新知,帮助学生熟悉语篇的社会语境,为深刻理解语篇内容奠定基础。针对年少的初学者,课堂上可以利用词汇墙①等活动帮助他们梳理语篇中的关键概念,熟悉语篇的社会语境。对于有一定水平的学生来说,可依据语篇主题设计有针对性的"热身"活动,帮助他们快速"入境",激发其学习欲望,以便进入下一个环节。

理解活动的第二个环节是语篇"探析活动"。传统语言教学在处理语篇时,往往将其视为静态文本,教师"自下而上"对课文从词到句到篇精读细讲,学生课后完成各种练习。这些练习往往"聚焦于形",且多停留在语篇层面以

---

① GIBBONS P.*Scaffolding language,scaffolding learning:Teaching English language learners in the mainstream classroom*.2nd ed.Portsmouth:Heinemann,2015.

下,教学效果备受诟病。整体外语教学基于系统功能语言学和语类理论,将语篇视为动态的社会过程。因此,"探析活动"借鉴语类教学法第一步"解构范文"的做法,采取"自上而下"方式,从引导学生明了语篇的社会目的和推进步骤入手,分析人们在建构某类语篇时,为什么是这样而不是那样地谋篇布局和遣词造句。① 该活动始于"聚焦于意",从主题出发,而后"聚焦于型",分析语篇的语类纲要式结构,最后"聚焦于形",让学生明白不同语类为实现不同目的采用了何种意义资源。了解语篇的语类纲要式结构,不仅可以帮助学生掌握某一类语篇的阶段性特征及其词汇语法特点,助力理解语篇主题和作者意图,也为学生学会有效表达提供了可以借用的"框架"。

(二)协商活动

整体外语教学流程的第二步,是结合当前语篇的语类特点,从学生出发,创设有针对性的意义协商活动,进行"整体互动",并在此基础上由师生共建新语篇,尝试"整体输出"。协商活动旨在让学生"身临其境",亲身体验和反思语篇的意义建构过程,深度学习,多维加工,深刻把握语篇内涵及其语言特征,进而盘活、内化语言知识,增进其他知识,提升语言技能,拓展其他技能。

依据系统功能语言学理论,意义是在协作和协商过程中建构出来的。② 在课堂环境下,建议师生或生生围绕语篇开展富有创意、"真实有效"的意义协商活动。协商活动可分两个环节:一是语篇"再现活动",二是语篇"共建活动"。

"再现活动"的"再现"主要指学生重现语篇意义建构的各个方面,包括宏观和微观意义建构特征。完成前面的理解活动后,学生对语篇宏观结构有了一定了解,"再现活动"强调通过生生互动的方式,真实体验、反思语篇的意义建构过程,深刻把握语篇的内涵,内化语言知识。在这一环节,建议开展有针对性的语类圈活动,即教师根据语篇的类型,让学生分组扮演不同角色,从整体上再现语篇内容。这是一种"教师指导、学生主导"的课堂活动模式,对培

---

① 秦秀白:《体裁教学法述评》,《外语教学与研究》2000 年第 1 期。

② HALLIDAY M A K, MATTHIESSEN C. *Construing experience through meaning*. London: Continuum, 1999.

养学生的表达能力和综合素质具有重要作用。此外,对语篇进行口头或书面概述(oral or written summary)也是一种常见的"再现活动",它全方位锻炼学生概括、整合、重组语篇内容,并用自己的语言进行表达的能力。总之,教师应吸纳或设计有效的意义协商活动,尤其是把学生的思维训练和言语实践活动有机地结合起来,以意义建构为依托,通过合作与交流,开展意义探究,提高学生身心参与度,促进学生整体发展。

协商活动的第二个环节是开展语篇"共建活动",目的是让学生利用已掌握的语境知识、语类知识和语言知识,与教师共建新的示范性语篇,具体做法可参考语类教学法的第二步——合作写作。"共建活动"的关键是师生协商建立新的语场①、确定主题、搜集与主题相关的关键概念或知识,以便让学生有话可写、可说。课堂上,针对初学者语言能力较弱的状况,教师可利用思维导图、头脑风暴、拼版活动等方式引导学生对语篇主题展开讨论,鼓励大家献计献策,模仿当前语篇的宏观结构和表达方式,共同确定示范性语篇的语类纲要式结构框架以及在意义建构不同阶段可供选择的句式。如果学生仍有困难,教师可以给出提示性或引导性提纲,施以"脚手架"。对于具备一定水平的学习者,建议以小组为单位开展"共建活动",共同谋篇布局,如采用"接龙"方式完成语篇。在小组"共建活动"中,教师可深入小组,分别指导。"共建活动"结束后,还可开展小组互评活动,教师也可选择有代表性的语篇当堂点评,以加深学生对语篇宏观结构的理解和相关语言特征的把握。如果时间有限,互评和点评也可放在教学流程下一步的起始阶段。

(三) 表达活动

整体外语教学流程的第三步,是学生独立产出完整语篇,即"整体输出"。我们倡导从外语学习的初级阶段就鼓励学生创作完整语篇,学习完整地表达意义,重点培养学生产出不同类型语篇的能力。表达活动也分两个环节:一是语篇"初创活动",二是语篇"呈现活动"。

---

① ROSE D,MARTIN J R.*Learning to write*,*reading to learn*:*Genre*,*knowledge and pedagogy in the Sydney school*.Sheffield:Equinox Publishing Limited,2012.

所谓"初创"，就是在前期活动基础上，学生尝试独立创作新的语篇。对于初学者来说，"初创活动"可在课堂上进行，也可在课后完成。对于有一定水平的学生来说，建议他们课后独立完成，培养其自主实践能力。开展"初创活动"时，学生可根据教师给定的话题自拟题目，参照已掌握的语类纲要式结构及其句式特点，完成初稿。针对初学者，教师仍可提供一定的框架式"支架"，让学生补全或完善相关内容，完成语篇。

表达活动的第二个环节是"呈现活动"。初稿完成后，先开展同伴互评，让学生结成对子，相互"呈现"自己的作品，给对方提出修改意见，然后各自进行修改与完善。针对同伴互评，教师要提出统一要求，以确保互评的针对性，如语篇内容是否切题、其发展是否符合语类纲要式结构、句式选择是否得当、衔接是否连贯、语言是否准确等，尤其要看整体交际效果，并给出反馈意见。学生根据同伴所提意见再次修改，然后"呈现"给老师，再由老师进行评价。需要指出的是，在评价过程中，学生和老师可扮演目标读者、目标听众或其他交际活动参与者的身份，从交际效果角度给出反馈。教师评阅后，提出进一步修改意见，学生再次完善并定稿。定稿后，教师可结合语篇类型组织学生采用恰当的方式向全班"呈现"作品，如作品朗读、课堂演讲、墙报展览等。

整体外语教学流程大体可用 3 个课时完成，每个课时 50 分钟左右。第 1 课时聚焦理解活动，第 2 课时集中于协商活动，第 3 课时着眼于表达活动。本流程还可视学段及语篇长度进行调节，但应控制在 1 至 3 个课时完成。在初学阶段，因语篇较短可用 1 课时或 2 课时完成所有活动，而在外语学习高级阶段，可用 3 个课时完成，最多不超过 4 个课时。此外，教师可根据三大活动类型，自主设计更为有效的语言实践活动，或采用那些已被证明有效的活动，从整体上为语篇意义的理解、协商与表达服务，为学生整体发展服务。设计活动时还应注意课上活动与课下活动的互补，课上主要开展合作型学习活动，课下以学生独立学习活动为主。

为了有效开展上述活动，教师需要掌握系统功能语言学和语类理论的一些基本知识，这些都是关于语言的知识。教师也应以学生可理解的，包括"明示讲解"的方式教会他们掌握这些知识，以发挥其"中介"作用。而这一点正是韩礼德(Halliday)①倡导的语言学习目标之一,其效用已被悉尼学派的研究所证实。

五、结语

本文提出的整体外语教学流程以语类为依托,由意义理解、意义协商和意义表达三大类语言运用活动构成。这是一个以意义建构为目标,促进学生全面发展的整体外语教学模式。这一"语类—活动"依托的外语教学模式博采不同模式之长,是有继承、有发展的新模式。从教学流程的结构和活动设计来看,它融合了行为系统类、个体类、信息加工类和社会类四大类教学模式的特征,②使教师和学生的作用皆能得到充分发挥。这意味着教师能够实现更多的教学目标,学生能够习得更多的学习策略,从而最大限度地提高外语教学的效果。

语类—活动依托的整体外语教学模式为我国外语教育教学改革与发展提供了新方案,但其理论框架和教学流程的有效性尚待进一步实证研究加以完善,其应用价值亦待广泛系统的实践检验得以证实。在深化教育改革的大背景下,我们期待相关领导给有胆识、有事业心的外语教师更多自主权,让他们放手尝试,积极探索,进一步推动我国外语教育事业的发展。

(本文原载《外语教学与研究》2019 年第 4 期)

---

① HALLIDAY M A K. "Towards a language-based theory of learning". *Linguistics and education*, 1993, No.2.

② JOYCE B, WEIL M, CALHOUN E. *Models of teaching*. 8th ed. Boston, CA: Pearson Education, 2009.

语类圈活动在外语课堂中的应用

一、引言

在外语学习环境下,课堂教学是学生获取语言知识、发展语言技能、提升综合素养的重要途径。课堂教学活动是外语教学研究的重要内容。然而,长期以来,我国外语课堂教学理论研究薄弱,相关研究成果不能很好地对接实际课堂教学。[①] 学界虽已对课堂教学的目的、内容和方法提出了不少建议,但对课堂上究竟要做什么仍停留在认识层面,具体措施缺乏。[②] 在实践层面,一线教师积极改革传统教学方法,打造"优质课",但生搬硬套教学理论的课堂现象屡见不鲜,导致课堂活动的实际效果可能并不理想。这正是整体外语教学理念与方法[③]需要着重解决的问题。

整体外语教学认为外语学习是学生"学养"形成的过程,是以意义建构为核心的整合性语言发展过程,也是学生全人发展的过程,因而外语教学应坚持"整体输入"、"整体互动"和"整体输出"。为此,韩宝成、梁海英[④]设计了整体外语教学流程,提出基于具有特定语类特征的语篇,依次开展意义理解活动、意义协商活动和意义表达活动。意义协商活动的"再现"环节针对不同语类,

---

① 束定芳:《外语课堂教学中的问题与若干研究课题》,《外语教学与研究》2014 年第 3 期。
② 程晓堂:《英语课堂上究竟应该做什么?》,《山东外语教学》2016 年第 1 期。
③ 韩宝成:《整体外语教育及其核心理念》,《外语教学》2018 年第 2 期;韩宝成:《整体外语教学的理念》,《外语教学与研究》2018 年第 4 期。
④ 韩宝成、梁海英:《整体外语教学的实施路径》,《外语教学与研究》2019 年第 4 期。

54

在课堂上开展各具特色的语类圈活动:学生通过角色扮演活动再现语篇内容,体验并反思语篇意义的建构过程,进而盘活并内化语言知识,发展语言技能,提升综合素养。作为一种小组合作学习活动,语类圈活动具有重要教学应用价值。

英语语类具有什么特征?学生在外语教学中需要接触哪些语类,学会产出哪些语类?更重要的是,针对不同语类,课堂上应该开展什么样的语类圈活动?本文重点回答这些问题。

二、语类分类

语类也称体裁,传统上属于文学研究范畴。20世纪70年代以来,新修辞学派、专门用途英语学派等领域的研究者对语类逐渐形成新的认识,[①]而对语类开展系统研究并且研究产生广泛影响的当属悉尼学派(the Sydney School)。悉尼学派将语类定义为"有步骤、有目的的社会过程",是经过多个阶段,为实现特定交际目的,在说者与听者、作者与读者间互动协商中完成的。[②] 他们把语类视为人类社会活动的类型,是为了完成某一社会活动而选择的意义建构形式。从20世纪80年代起,悉尼学派在澳大利亚开展了一系列语言教育研究项目,包括小学语文写作项目、语言与社会权利项目等,提出了详细的语类分类系统。

罗斯和马丁(Rose & Martin)[③]、马丁和罗斯(Martin & Rose)[④]依据语类的交际目的,将语类分为7个语类系(genre family)、26个具体语类(见图1)。以吸引受众为目的的语类系主要是故事语类系(stories);以提供信息为目的的语类系包括纪事语类系(chronicles)、解释语类系(explanations)、报告语类系(reports)和过程语类系(procedural);以评价为目的的语类系包括语篇回应

---

① SWALES J M. *Genre analysis*: *English in academic and research settings*. Cambridge: CUP, 1990.

② MARTIN J R. *English text*: *System and structure*. Amsterdam: John Benjamins, 1992.

③ ROSE D, MARTIN J R. *Learning to write*, *reading to learn*: *Genre*, *knowledge and pedagogy in the Sydney school*. Sheffield: Equinox, 2012.

④ MARTIN J R, ROSE D. *Genre relations*: *Mapping culture*. Beijing: Foreign Language Teaching and Research Press, 2014.

语类系（text responses）和论说语类系（arguments）。

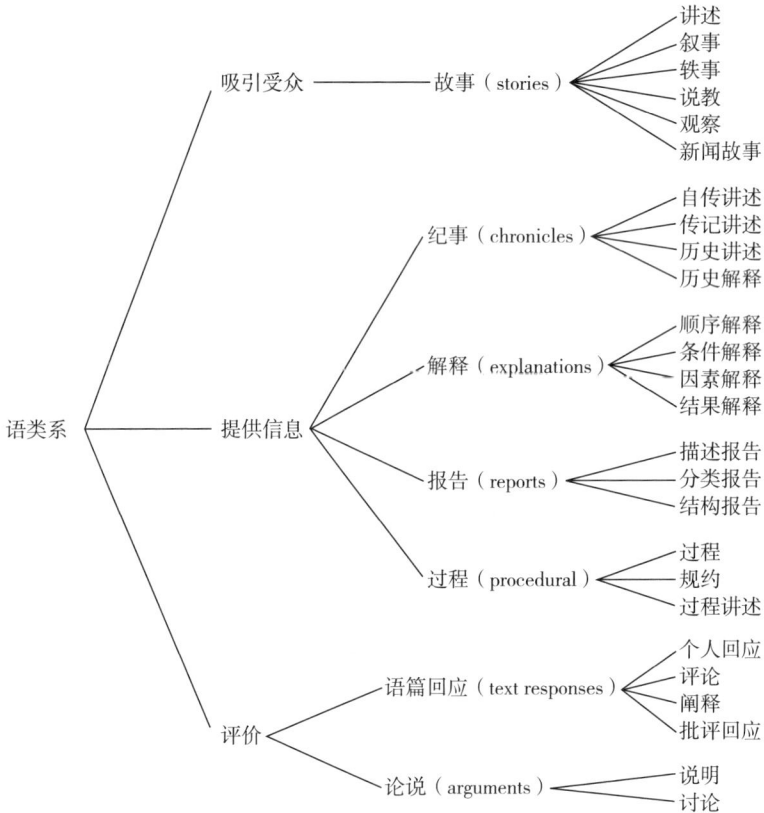

图 1　语类分类系统（改自 Rose & Martin，2012：128）

　　以吸引受众为目的的故事语类系分为讲述、叙事、轶事、说教、观察和新闻故事 6 类。"讲述"按照时间顺序记述无重大变化的个人经历，并融入对事件的评价。"叙事"记述主人公解决的曲折事件，并对此进行评价。"轶事"记述有重大变化但未得到核实的事件，并对事件作出情感反应。"说教"也用于记述曲折事件，但注重对事件中的人物性格、行为进行阐释和道德判断。"观察"简要描述重要事件，发表个人评论。"新闻故事"用于记述不按时间顺序排列、具有新闻价值的事件，并从不同视角评价事件。

　　在以提供信息为目的的语类系中，第一类是根据时间组织历史事件的纪事语类系，包括自传讲述、传记讲述、历史讲述和历史解释 4 种语类。"自传讲述"用于记述作者个人生活中的重要事件。"传记讲述"根据时间段记述个人事件,关注个人作为历史人物的历史意义。"历史讲述"用于记录某一时期的公共历史,语篇根据时间顺序或围绕参与历史事件的群体和机构展开,语言比"传记讲述"更为抽象。"历史解释"在记录公共历史的同时对其进行解释。第二类是聚焦事件因果关系的解释语类系,包括顺序解释、条件解释、因素解释和结果解释4种语类。"顺序解释"强调一系列事件中的因果顺序。"条件解释"注重不同条件下可能导致的结果。"因素解释"重视造成某一结果的多种因素。"结果解释"关注某一原因导致的多个结果。第三类是细分和描述事物的报告语类系,包括描述报告、分类报告和结构报告3种语类。"描述报告"对某一现象进行分类和描述。"分类报告"依据特定标准细分某一宏观类别。"结构报告"用于描述构成某一事物的组成部分。第四类是指导某一过程的过程语类系,包含过程、规约和过程讲述3种语类。"过程"指导听者或读者在特定地点针对特定对象完成一系列日常或专门活动。"规约"对人们从事的活动进行规定与约束。"过程讲述"回顾某一专业性调查过程,用于加深人们对某一现象的认识。

在以评价为目的的语类系中,第一类是评价语篇的语篇回应语类系,包括个人回应、评论、阐释和批评回应4种语类。"个人回应"表达对语篇中某一事件的感受,经常伴随对事件的复述。"评论"用于概括语篇,并评价语篇中的某些特征。"阐释"则概括、解释语篇传递的信息,并阐述和重申其中的文化价值。"批评回应"对语篇中的信息或观点提出挑战。第二类是评价事件或观点的论说语类系,包括说明和讨论两种语类。"说明"从单一视角阐述论证争议性论点,而"讨论"从多个视角讨论争议性论点,并最终只肯定一种意见。

在外语学习过程中,学生有可能接触上述大部分甚至所有语类,这些语类被称为可输入语类或可理解语类。实际教学中,学生并不需要学会产出所有语类,而是仅仅产出重要、常用、有代表性的语类,这些语类被称为可产出语类。菲斯(Feez)①描述了语文写作教学中常见的说明、讲述、指示和描述4种

---

① FEEZ S."Heritage and innovation in second language education"//.JOHNS A M.*Genre in the classroom:Multiple perspectives*.Mahwah,NJ:Lawrence Erlbaum Associates,2002,pp.43-69.

基础语类。克纳普和沃特金斯(Knapp & Watkins)①把写作教学中的语类分为描述、解释、指示、论说、叙事 5 类。帕里特里奇(Paltridge)②将大学专门用途英语的语类分为描述、综述、对比、解释 4 类。针对传统写作教学,Werlich③归纳了描述、叙事、说明、论说、指示 5 种语类,坎伯等(Kemper et al.)④则概括了描述、叙事、说明、论说、文学回应(response to literature)、文学创作和报告 7 种语类。由此可见,学生需要学会产出的语类为 5—7 类。

悉尼学派的语类理论与分类系统有助于深化对语篇和语言运用的理解。学生通过学习和掌握语类,能够深入了解各种语类的交际目的、展开步骤及语言特点,进而解构语篇意义,包括理解语篇的目的、构成及其语言形式,并能建构意义。

三、语类圈活动

语类圈活动是一种综合性、创造性互动合作活动,能为教师的课堂教学提供操作方案。语类圈活动的设计部分借鉴了文学圈。文学圈最早由哈斯特等(Harste et al.)⑤提出,是用于组织学生开展读书讨论的活动方式。丹尼尔斯(Daniels)⑥对文学圈进行了完善,具体做法是教师将学生分成若干6—8人小组,小组成员在课下阅读指定内容,完成各自的角色任务单(role sheet),即根

① KNAPP P,WATKINS M.*Genre*,*text*,*grammar*:*Technologies for teaching and assessing writing.* Sydney:University of New South Wales Press,2005.

② PALTRIDGE B." Genre, text type, and the English for academic purposes (EAP) classroom"//.JOHNS A M.*Genre in the classroom*:*Multiple perspectives*.Mahwah,NJ:Lawrence Erlbaum Associates,2002,pp.73-90.

③ WERLICH E.*A text grammar of English.* Heidelberg:Quelle & Meyer,1976.

④ KEMPER D,REIGEL P,SEBRANEK P.*Write source*:*Writing and grammar.* Orlando,Florida:Houghton Mifflin Harcourt Publishing Company,2012.

⑤ HARSTE J C,SHORT K G,BURKE C.*Creating classrooms for authors*:*The reading-writing connection*.Portsmouth,NH:Heinemann Educational Books,1989.

⑥ DANIELS H.*Literature circles*:*Voice and choice in the student-centered classroom*.Portland,ME:Stenhouse Publishers,1994.

据承担的联系人、提问员、文学之星、插画人、总结员、调查员、词汇专家、布景人等角色在课下完成语言和非语言任务,以便在组内讨论时与其他组员分享。文学圈活动有助于学生积极参与阅读,加深对语篇的理解,增强学习动机和交流能力。①

本文借鉴文学圈的组织方式,基于可产出语类设计了叙事圈、描述圈、说明圈、论说圈、指示圈等 5 种语类圈活动。语类圈活动设计的总体原则是根据不同语类的典型特征开展恰当的小组活动,使学生在教师指导下再现语篇内容,深入理解、反思并掌握语篇的意义建构方式,进而盘活和内化知识,掌握各种技能,提升综合素质。

(一) 叙事圈

叙事语类即日常所说的故事,在写作教学中常被称为记叙(文)。它是外语学习中的常见语类之一,尤其适合儿童和青少年学习使用。叙事语类的主要特点是记述主人公如何处理生活中的曲折事件,②含有特定的语类纲要式结构(schematic structure),即语篇中不断出现的局部模式,通常由开端、发展、评价、结局和尾声组成,其中开端和结局是必选阶段,其余为可选阶段。开端主要介绍故事背景和主要人物;发展指故事展开过程中一系列导致曲折变化的事件;评价是对人物心理、事件等进行评价;结局指曲折事件得以解决,一切归于平衡;尾声可表达作者对故事本身的态度,或故事对作者的重要性。叙事语类的纲要式结构涵盖故事的基本要素和发展阶段,基本要素包括人物、场景、情节和冲突,发展阶段包括开端、发展、高潮和结局。

故事十分适合表演,因而叙事圈可依据故事表演的核心角色进行设计。叙事圈每个小组可由 6 名成员组成,分别为编剧、导演、布景、旁白、主人公和语言分享师。组员角色可以自选或小组协商确定,也可由教师根据学生的特点指定。课上,小组成员相互协作表演故事。每个成员都有自己的职责以及

---

① PEARSON C."Acting up or acting out? Unlocking children's talk in literature circles". *Literacy*,2010,No.1.

② MARTIN J R,ROSE D. *Genre relations*: *Mapping culture*. Beijing: Foreign Language Teaching and Research Press,2014.

课下需要完成的角色任务单。编剧负责将故事改编为剧本。导演协调各角色配合完成故事表演。布景根据故事情节发展,描述或绘出不同情节发展场景。旁白在故事表演过程中即时评论。主人公与编剧及其他组员编写台词,完成故事表演(如故事中涉及多个人物可让其他组员出演)。语言分享师在故事表演结束后,与全班分享故事中的精彩片段。

开展叙事圈活动时,小组成员数量、角色分配以及活动方式可根据学生年龄、学生语言水平、故事内容和长度灵活调整。在初级阶段,尤其是针对儿童和青少年学生的课堂可主要采用表演方式再现故事内容。故事较短,可再现全部内容;故事较长,则再现精彩片段。教师需在课下做好指导工作,比如指导学生如何完成自己的任务,如何进入角色,如何出色表演,如何提出有价值的问题并开展有效讨论等。

(二) 描述圈

描述或称描写,是用具体、生动、形象的语言刻画或描绘人物、事物、景物等,给人以身临其境、亲历其事之感。从内容来看,描述可分为个人和日常性描述、文学描述、专门性分类描述。个人和日常性描述从不同视角描述生活中的人物、事物等;文学描述包括文学作品中对人物、场景、心理活动等的描述;专门性分类描述按照一定标准对某范畴进行分类和描述,用于不同专业领域。① 前两种描述含有描述者的个人情感,属于主观描述;后一种描述通常持公允态度,无个人偏好,属于客观描述。描述语类的纲要式结构可概括为分类和描述两个阶段,描述为必选,分类为可选。描述可以作为单独的语类,也常出现在其他语类中,比如叙事语类中对故事背景、人物及其心理活动的描述,说明语类中解释之前对事物的描述,论说语类中对论题的描述等。

描述语类通常关注描述对象的细节或鲜明特征,让人"看到"、"听到"、"闻到"或"感觉到"描述对象。基于这一特点,描述圈可采用现场展示的方式来设计,借助实物、道具等展示描述的内容。描述圈小组可由4—5名成员组

---

① KNAPP P,WATKINS M.*Genre*,*text*,*grammar*:*Technologies for teaching and assessing writing*. Sydney:University of New South Wales Press,2005.

成,分别为主持人、展示员、词汇分析师、构图师/道具师。主持人介绍语篇主题,引导小组成员的展示。展示员组织口语语篇,利用图表、示意图或思维导图以及实物、道具等进行现场讲解,将描述内容呈现给全班。如果描述的内容丰富,可设多名展示员。词汇分析师负责找出语篇中描写细节或特征的关键词汇,并说明其使用效果。构图师可与词汇分析师合作,负责绘制感知图表或示意图,直观呈现描述的细节或特征,也可结合描述内容绘制相应的思维导图;道具师负责寻找实物或制作相应道具,供展示员现场讲解使用。主观性描述语类和叙事语类具有很多相近之处,且常融于叙事语类之中,因而也可采用叙事语类的活动设计,以叙事圈方式在课堂再现语篇内容。

在外语学习初级阶段,描述的对象一般是具体的人或物。再现这类描述时,小组成员可相互配合,比如词汇分析师扮演所描述的人物,配合展示员表演;道具师可利用实物或道具协助展示员讲解。抽象事物可采用思维导图来描述和展示。

(三) 说明圈

说明语类主要向读者提供客观信息,[1][2]通常解释、阐明具体事物或抽象现象,使人们对事物的性质、关系或现象的成因、演变等形成科学认识。从内容来看,说明可分为客观事物说明、抽象现象说明和专业性说明。客观事物说明是对客观事物的性质、成因、关系等进行解释说明;抽象现象说明是对抽象现象的成因、演变等加以说明;专业性说明主要对科学或专业领域中某一概念或范畴的性质、成因或操作原理等进行解释说明。说明语类的纲要式结构由现象和解释两个阶段构成,首先描述具体事物或抽象现象,然后解释说明事物或现象的性质、成因、关系、原理等。

说明与描述不同,描述一般使用生动形象的语言描写事物的外观、特征等,而说明通常使用客观、准确的语言解释事物如何形成、为何形成、如何使用

---

① HALL K M, SABEY B L, MCCLELLAN M. " Expository text comprehension: Helping primary-grade teachers use expository texts to full advantage". *Reading psychology*, 2005, No.3.

② GREGG M, SEKERES D C." Supporting children's reading of expository text in the geography classroom". *The reading teacher*, 2006, No.2.

等。说明的内容科学,结构条理清晰,语言准确。

基于说明语类注重运用解释说明手法的特点,说明圈设计可采用现场展示加问答的方式,对语篇中事物或现象的成因、演变等进行讲解。说明圈可由4 名成员组成,分别为主持人、报告人一、报告人二和评论员。主持人介绍语篇的主题和报告流程,引导报告人依次报告。两名报告人分别负责报告主持人指定的内容,并尽量使用自己的语言再现语篇内容。评论员可针对报告内容进行评论,也可向报告人提出问题。

面向外语初学者的说明语类一般针对常见或具体事物,可让学生借助实物或道具通过现场说明来再现语篇。面向中高级水平外语学生的说明语类有时涉及抽象现象,小组成员可通过绘制思维导图等形式呈现语篇内容。说明圈报告人的数量可根据语篇内容增减。课堂展示、报告或说明过程中,小组成员还可和其他同学互动,从而更为深刻地认识某一现象。

(四) 论说圈

论说或称议论,是指分析、评价某一事件或话题,表明观点或反驳观点,说服读者接受作者观点或依据作者观点采取一定行动。[①] 论说语类包含两个次类。第一类是从单一视角阐释某一争议性话题,其纲要式结构通常由论点、论据和重申 3 个必选阶段组成:作者从单一视角提出论点,列举一系列论据,最后重申自己的论点。第二类是从多个视角就某一争议性论题展开讨论,其纲要式结构通常由论题、多方论点和裁决 3 个必选阶段组成[②]:作者提出争议性论题,然后介绍多方论点,最后说明自己的裁决,结果一般是其中一方观点得以确立,其他观点被拒绝。相较其他语类,论说语类的语言较为抽象,这主要体现于名词化手法使用方面。例如,小句"Several politicians severely criticized this issue." 会用名词化短语"the severe criticism of this issue"来表述,隐去施事者"several politicians",把整个事件建构为抽象事物或客观事实。

---

① NADELL J,LANGAN J,COMODROMOS E A.*The Longman writer:Rhetoric,reader,research guide,and handbook*.9th ed.New York:Pearson Education,2014.

② ROSE D,MARTIN J R.*Learning to write,reading to learn:Genre,knowledge and pedagogy in the Sydney school*.Sheffield:Equinox,2012.

论说与叙事、描述及说明密切相关。论说时常会借用叙事引入论题,或在论述之前描述某种现象或说明其成因。论说与说明的区别在于前者主要通过论证作者的观点,劝说读者同意并支持其观点;后者则主要向读者提供信息,介绍事物的性质、成因等。实际上,论说就是附带"说服"目的的说明。

针对单一视角的论说语类,论说圈的设计可仿照说明圈,不同报告人分述不同论据。对于从多个视角,尤其是以两种对立视角展开论述的论说语类,可采用辩论方式设计论说圈,组织小组活动。论说圈可由5名成员组成,分别为正方一辩、正方二辩、反方一辩、反方二辩和评委。正方一辩和反方一辩陈述语篇中能够支持自己一方论点的论据,负责开场时表明各自的论点,再在最后环节重申、总结各自的核心论点。正方二辩和反方二辩负责自由辩论环节,针对对方辩手论述中的漏洞提出问题,并回答对方辩手的提问。双方二辩在课下完成角色任务单和小组讨论时,既需预想对方论点中可能出现的漏洞,设计相应问题,又需预想对方可能提出的问题,并对此做好相应准备。评委对正反双方的辩论进行评判和裁决,主持小组讨论,确保辩论顺利进行。

以辩论方式开展论说圈活动较为适合具有一定外语水平的学习者。虽然论说圈活动基于所学语篇内容开展,以运用语篇中的论点为主,但小组讨论和辩论亦可鼓励学生发挥主观能动性,创造性地表达意义,提出更多能够支持论点的论据。

(五) 指示圈

指示语类是家庭生活、娱乐、教育及科技等领域的常见语类,主要用于指导人们在特定场合,针对特定对象开展一系列日常性或专门性活动。指示通常分为简单和复杂两种,前者一般指家庭生活、学校教育或娱乐领域的常识性指示,包括菜谱、游戏规则、旅游指南等;后者一般指科技或专业领域的操作性程序,通常用流程图表示。指示也属于教育性语类,[①]中国英语能力等级量表将指示纳入学生外语能力范畴。指示语类的纲要式结构基本可概括为目的、

---

① MARTIN J R, ROSE D. *Genre relations*: *Mapping culture*. Beijing: Foreign Language Teaching and Research Press, 2014.

材料准备和方法步骤 3 个必选阶段,首先介绍活动目的,之后描述活动所需的材料或设备,最后介绍活动的操作步骤。

指示的主要目的是让人们了解某一活动的具体流程。因此,指示圈可通过模拟演示活动,利用实物或道具再现语篇中的活动流程。指示圈可由 5 名成员组成,分别为主持人、讲解员一、讲解员二、评论员和总结员。主持人负责介绍活动主题、小组成员及其任务。讲解员一和讲解员二负责寻找和制作道具,边讲解边模拟演示活动的具体流程。评论员对两位讲解员的表现进行评论。总结员负责总结讲解的内容。

与其他语类圈一样,指示圈小组成员的数量和角色设置也可依据语篇内容及班级规模灵活调整。为了增加小组成员在再现活动中的语言表达机会,讲解员也可在角色任务单中设计台词,演示时增加相应的解释。对于抽象或专业性指示类语篇,可参考描述圈或说明圈的设计开展再现活动。

四、语类圈的应用价值

针对外语教学中常见可产出语类设计的语类圈活动为教师在课堂上开展再现活动提供了操作方案,能够解决困扰教师的课堂上"做什么"和"如何做"等难题。从开展课堂活动的角度来看,语类圈的设计具有创新性,它体现了整体外语学习理念和建构主义教学思想,有利于学生全面发展。

首先,语类圈能够推动学生语言技能尤其是口头表达能力发展,丰富其知识结构,促进相关知识内化。在开展语类圈活动过程中,学生不仅需要理解语篇意义,还要创造性地表达意义,比如将书面语篇改写为口语化的剧本、辩论词等,提炼和总结语篇内容,提出有价值的问题,评价语言使用特点等,并将其在课堂上口头"真实展示"出来。为了完成这些任务,学生需要听录音、听他人说,还要收集和阅读材料,改编、记录或整理相关内容,开展基于语篇的有意义、有目标的语言运用活动,带动语言技能整体发展。不同语类圈活动需要运用多方面知识,包括有关语境因素和语类纲要式结构的语类知识、与语篇话题相关的话题知识、读者意识决定语言选择的读者知识以及与词汇句法等语言知识。① 学生积极搜寻并运用这些知识,以再现方式探究与建构语篇意义,从而盘活、内化知识。

其次,语类圈能够培养学生的协作能力和团队意识。不同语类圈活动中,小组成员均有各自特定的角色,课上课下都需相互沟通、支持与配合,由此培养和增强了团队意识。语类圈活动的团队意识主要体现为协作意识、服务意识和大局意识。协作意识要求小组成员进行意义协商时态度认真,能够积极配合完成课堂任务;服务意识是指学生在小组讨论和各类再现活动中彼此信任、相互支持,提供集体支架;②大局意识则是指小组成员在语类圈活动中以实现活动目标为己任,贡献自己的力量,共同完成小组活动。③

最后,语类圈能够提升学生的语类能力,促进其综合素质提高。语类圈活动的目标之一是学生进一步反思并掌握不同语类的特征,提升"语类能力",即学生在参与叙事圈、描述圈、说明圈、论说圈和指示圈活动过程中,潜移默化地提升讲述故事、描述事物、解释原理、与人辩论、介绍流程等方面的能力,使他们在实际生活中能够积极参与、完成与这些语类相关的社会活动。学生在表演故事、现场讲解、展开辩论等之前需认真思考叙事、说明、论说等语篇的意义建构,在此基础上进行再创作,将其改编成适合表演、展示或辩论等的口语语篇,在表演、展示或辩论中对意义进行再现,这一过程本身也会促进学生思维能力提升。在开展语类圈活动时,学生还要充分运用各种策略有效地与他人互动,达到某种语类效果,这又有利于其交际能力发展。此外,语类圈活动也涉及目的语文化特征,能够帮助学生了解文化差异,提升跨文化意识。由此可见,语类圈活动通过增强学生的语言实践能力、思维能力、交际能力和跨文化意识,促进其综合素质提升。

---

① BYRNES J P,WASIK B A.*Language and literacy development*:*What educators need to know*. New York:The Guilford Press,2009.

② DONATO R.Collective scaffolding in second language learning//.LANTOLF J P,APPEL G. *Vygotskian approaches to second language research*.Norwood,NJ:Ablex,1994,pp.33-56.

③ JOHNSON D W,JOHNSON R T.*Cooperation and competition*:*Theory and research*.Edina,MN: Interaction Book Company,1989.

五、余论

本文设计的语类圈活动主要面向外语学习中常见的书面语类,这是由外语学习环境决定的。关于口语语类,埃金斯和斯莱德(Eggins & Slade)①将其分为两类:一类是主题明确的语块语类,主要包括以口语形式呈现的叙事、轶事、讲述、观察、说教、传闻、说明等;另一类是无固定主题的闲谈语类,指以维持人际交往为目的的无主题闲谈。第一类口语语类可理解为以口语模态呈现的书面语类,即人们在口语交流中也会涉及讲述故事、描述事物、说明现象、开展讨论等常见语类,其主题是环形的,一般围绕某一中心主题展开,语类纲要式结构较为固定。第二类闲谈属于日常口语交流中的特有语类,其主题是线性的,会随着闲谈的持续不断转换,没有固定的语类纲要式结构。② 语类圈活动主要以口头方式在课堂上开展,因而有助于学生掌握口语中的语块语类,如口头向他人讲述故事、说明现象等,并能促使学生掌握第二类口语语类。至于各类应用文,除格式上有特定要求外,内容表述仍主要采用叙事、描述、说明、论述等常见语类。因此,学生在学习常见书面语类过程中可穿插学习各类应用文,掌握应用文的写作规范。

语类圈活动主要由学生在课上开展,一般应在半节课内完成,如语篇较长也可利用一节课的时间完成。开展语类圈活动时,教师主要发挥指导和帮扶作用,总体设计每种语类圈活动,事先布置好课下任务,尽量使每个学生获得同等表达机会,并适时给予恰当的反馈。小组成员的构成可遵循"组内异质、组间同质"的原则,依据学习能力、性格、性别等将不同层次和特质的学生优化组合,构成异质小组。③ 小组之间的差异尽量要小,使小组之间能够公平竞

① EGGINS S,SLADE D.*Analysing casual conversation*.London:Equinox,2004.

② EGGINS S,MARTIN J R.Genres and registers of discourse //.VAN DIJK T A. *Discourse as structure and process*.London:Sage Publications,1997,pp.230-256.

③ MCCAFFERTY S G, JACOBS G M, IDDINGS A C D. *Cooperative learning and second language teaching*.Cambridge:CUP,2006.

争。语类圈活动的评价可引导学生在课堂上完成。

语类圈活动为外语课堂互动教学提供了一种初步的可选择方案,其效用尚待实践检验。我们期待广大一线教师因地制宜地尝试运用,共同改进完善这一方案,切实提升课堂教学效果。

(本文原载《外语界》2019 年第 4 期)

外语课程研究

我国基础教育阶段英语
教育回眸与思考（一）

——政策与目的

一、引言

四十年前，国门刚开，百废待兴，许国璋①以美、日经验为例，撰文论述了正确的外语教育方针、政策在国家发展中的作用，并从语言的定义、理论与实际相结合及洋为中用三方面详细阐述了新时期我国外语教育面临的任务。21世纪之初，胡文仲②写专文宏观分析了新中国成立以来我国外语教育规划方面的得与失。近年来，随着全球一体化的加快和我国经济的快速发展及国际地位的提升，外语的重要性日显突出。其间，我国基础教育课程改革启动并付诸实施，外语教育政策亦进行了调整。在此大背景下，不少学者对我国的外语教育政策、目的等展开了讨论，③有的侧重高等英语教育，有的专论基础英语教育。本文简要回顾新中国成立以来我国中小学外语教育，主要是英语教育的发展变化，并结合当前国家的教育方针和政策，谈谈外语（英语）教育的目的。从语言和人的教育发展阶段来讲，基础教育阶段尤为重要，所以本文仅谈

---

① 许国璋：《论外语教学的方针与任务》，《外语教学与研究》1978 年第 2 期。

② 胡文仲：《我国外语教育规划的得与失》，《外语教学与研究》2001 年第 4 期。

③ 蔡基刚：《能力培养与我国外语政策》，《外语与外语教学》2003 年第 5 期；胡壮麟：《对中国英语教育的若干思考》，《外语研究》2002 年第 3 期；戴炜栋、王雪梅：《建构具有中国特色的外语教育体系》，《外语界》2006 年第 4 期。

中小学英语教育。

二、基础教育阶段英语教育政策之演变

新中国建立以来,外语教育走过了一条曲折的路。付克①的《中国外语教育史》、李良佑等②的《中国英语教学史》详细介绍了这段历史。付、李两书,资料翔实可靠,但均为 20 年前的著作,不能反映 20 世纪 90 年代以来我国外语教育的发展情况。亚当森(Adamson)博士③著《中国英语:中国英语教育史》,以一个外国人的视角,从中国社会政治和文化的角度,结合实例全面分析了我国中小学英语教育的发展。拉姆(Lam)④通过访谈不同年代英语学习者的经历,讨论了中国基础英语教育的变化。由于写作年代和身份不同,他们讨论的重点和视角不完全一致。本文以改革开放为界,分两个阶段讨论我国基础英语教育政策的演变。

(一) 新中国成立至"文化大革命"时期的英语教育:从失宠到逐步得到恢复和重视

新中国成立之初,国家建设和发展的总方针是向苏联学习,俄语成为当时最需要的外语。1950 年 8 月,教育部颁发《中学暂行教学计划(草案)》,明确提出"(外国语)初高中须设一种,如有条件(如师资、教材等)宜设俄语,但已授英语之班级,仍应继续授英语"。从该计划可以看出,当时国家的外语政策是积极推进俄语教育,英语只是在不具备俄语教学条件的情况下暂授而已。1950—1956 年这 7 年间,受国家政治环境的影响,我国外语教育政策"一边倒":片面发展俄语教学,忽视甚至取消英语教学,使中学英语教育遭受巨大

---

① 付克:《中国外语教育史》,上海外语教育出版社 1986 年版。

② 李良佑、张日昇、刘犁:《中国英语教学史》,上海外语教育出版社 1988 年版。

③ ADAMSON B. *English in China:A History of English in Chinese Education*.Hong Kong:The University of Hong Kong,2004.

④ LAM A."English education in China:Policy changes and learners' experiences".*World Englishes*,2002,No.2.

损失,英语人才的培养出现断档。基础教育乃国家发展之根本,仅根据一时国际关系决定什么语种上,什么语种下,不符合教育发展规律。这可以说是新中国成立以来外语教育政策的严重失误。

1956年,中央在制定十二年人才规划时发现,停开和缩减西方语言的教学,对发展我国同其他国家的交往、学习外国先进经验十分不利,决定在办好俄语教学的同时,逐步加强其他外语特别是英语的教学。当年下发的《关于中学外国语科的通知》提出,"从1956年秋季起,凡英语师资条件较好的地区,从高中一年级应增设英语课",并指出"准备从1957年秋季起,初中一年级开始恢复外国语科"。① 同年,《高中英语教学大纲(草案)》颁布。1957年秋,《初级中学英语教学大纲(草案)》颁布。许多城市在初中开始恢复英语课,高中英语课的开设面也有了扩大,英语教育重新得到重视。

1958年3月,教育部颁发《关于1958—1959学年度中学教学计划通知》,重申大、中城市有条件的学校,应逐步在初中开设外国语。次年3月,教育部下达《关于在中学加强和开设外国语的通知》,进一步提出在初中开设外国语,在高中加强外国语教学,并提出加大英语的比重,指出"大体上可以规定约有三分之一的学校教俄语,三分之二的学校教英语及其他外国语"。② 英语教育逐步得到恢复。

六十年代,随着中苏关系破裂及国内外形势的变化,国家在外语教育政策方面进行了调整。1962年7月,教育部颁发《对小学开设外国语课的有关问题的意见》,同意在新学制五年一贯制小学四、五年级开设外国语。1963年5月,教育部颁发《全日制中学英语教学大纲(草案)》。这是新中国成立以来规定教学要求最高、教学内容最多、课时也最多的一部大纲,对指导中学英语教学起到了重要作用。1964年10月,包括教育部在内的七个部门联合制定了《外语教育七年规划纲要》,提出加强普通中学外语教育,确定英语为第一外语,并大力发展外国语学校。在《大纲》和《纲要》的指引下,至六十年代中期,

---

① 课程教材研究所编:《20世纪中国中小学课程标准·教学大纲汇编—外国语卷:英语》,人民教育出版社2001年版。

② 课程教材研究所编:《20世纪中国中小学课程标准·教学大纲汇编—外国语卷:英语》,人民教育出版社2001年版。

我国中学英语教育有了新的起色。

从五十年代中期到六十年代中期,中央及时发现了前一时期外语教育政策中的失误,采取了相应的措施,使中学外语教育基本走上了正轨。中苏关系破裂后,中国在一定程度上对西方国家实行开放政策,英语重新得到重视。但"文化大革命"开始后,教育战线成为"重灾区",中学英语教育基本处于崩溃边缘。

(二) 改革开放以后至九十年代的英语教育:恢复、发展、提高

改革开放后,我国外语教育事业受到重视,英语教育发展迅速。1978 年,教育部制订颁发了《全日制中小学英语教学大纲(试行草案)》,结束了中小学英语教学的十年混乱局面。当年 8 月,全国外语教育座谈会召开,提出了《加强外语教育的几点意见》,其主要精神是"中学外语课和语文、数学等课程一样,是一门重要的基础课,应当受到充分重视"。[1] 该意见同时提出"语种布局要有战略眼光和长远规划,提出当前的主要任务还是大力发展英语教育"。[2] 1981 年 4 月,教育部颁发《全日制六年制重点中学教学计划(试行草案)》和《全日制五年制中学教学计划试行草案的修订意见》,重申外语课的重要性,并提出外语课语种要以英语为主。1982 年 5 月,教育部召开全国中学外语教育工作会议,7 月下达《关于加强中学外语教育的意见》,提出"加强外语教育是发展我国同世界各国交往的迫切需要,是培养社会主义现代化建设人才和提高我国文化科学技术水平的迫切需要,具有重要的战略意义"。[3] 至此,中学阶段发展以英语为主的外语教育方针再次得到确立。1983 年,邓小平同志提出"教育要面向现代化,面向世界,面向未来"。外语教育的重要性自不待言,英语完全计入高考总分,中学英语教育由复苏转入正规。

1986 年 10 月,国家教委召开全国中学外语教学改革座谈会,中心议题是面对新形势,争取中学外语教学质量有一个大面积、大幅度提高。当年,国家教委颁布了《全日制中学英语教学大纲》,并对初高中英语课程和教材进行改

---

[1] 付克:《中国外语教育史》,上海外语教育出版社 1968 年版。

[2] 李传松、许宝发:《中国近现代外语教育史》,上海外语教育出版社 2006 年版。

[3] 李良佑、张日昇、刘犁:《中国英语教学史》,上海外语教育出版社 1988 年版。

革。1988 年制订了《九年义务教育全日制初级中学英语教学大纲（初审
稿）》，经实验于 1992 年正式颁布《九年义务教育全日制初级中学英语教学大
纲（试用）》。1993 年制订了《全日制高级中学英语教学大纲（初审稿）》，1996
年编订为《全日制高级中学英语教学大纲（供试验用）》，与九年制义务教育课
程方案相衔接，配套教材也随即在全国部分省市进行试验。

　　总的来讲，随着改革开放、面向世界、与国际接轨等国策的实施，自 1978
年至 20 世纪末，我国中小学英语教育得到了前所未有的重视和发展。由于英
语已成为经贸、科技、教育、信息、国际交往等方面使用最广、影响最大的语言，
我国外语教育政策顺势调整，英语教育迎来了大发展时代。

三、当今国外主要国家的外语教育政策

　　历史跨入 21 世纪后，全球一体化加速，国际交往更加密切。在此背景下，
很多国家开始反思并调整自己的外语教育政策。在讨论我们的外语教育政策
前，先看看他人的情况，尤其是美、英两国的情况。虽然总体来讲这两个国家
的外语教育并不成功，但很多有关外语教学的理论和方法是由英美学者率先
提出的，并在全世界产生了重大影响。

　　美国的外语教育政策特色明显。从 1942 年的军队特别培训计划（the
Army Specialized Training Program），到 1958 年的《国防教育法案》（*National
Defense Education Act*），外语政策始终与国家安全密切相关。1994 年，克林顿
政府颁布《2000 年目标：美国教育法案》（*Goals* 2000：*Educate American Act*），把
"外国语"定为核心课程之一，同年出台《改进美国学校法案》（*Improving
America's Schools Act*），提出外语对国家经济竞争及安全至关重要。据此，由美
国外语教育委员会（ACTFL）牵头花 3 年时间制订了面向全国 K-12 年级所有
学生的《外语学习标准：为 21 世纪做准备》（*Standards for Foreign Language
Learning：Preparing for the* 21st *Century*），1999 年再版为《21 世纪外语学习标
准》（*Standards for Foreign Language Learning in the* 21st *Century*）。《标准》倡导
从小学习外语，强调美国教育要从语言和文化上武装学生，以便他们能在 21

世纪多元化的国际社会中进行成功交流。该标准详细列出了外语学习的五大目标,即学会交际、体认文化、学科贯通、善于比较、社区应用,简称 5C(Communication,Culture,Connection,Comparison,Community)。该标准对目前美国的外语教育影响颇大,不仅是中小学外语教育的指南,也适用于大学及成人外语教育。2006 年,布什政府发布《国家安全语言启动计划》(National Security Language Initiative),提出"后 9.11"的世界中,美国人须具备使用外语与其他国家和人民,尤其是重要地区的国家和人民进行交流的能力,以确保美国国家安全。该计划提出要尽早开始外语教学,尤其扩大掌握关键语言的人数,提高重要语言人才的数量和质量。综括以上不难看出,美国的外语教育政策和法案以国家安全为核心,突出外语在经济、文化合作与竞争中的作用。

英国是个外语教育大国,多年来极力向其他国家推销自己的语言,但其自身对外语教育的重视程度却远远不够。随着全球化的发展,英国政府认识到,如果不改变其现有的外语教育政策,其国民素质及国家经济的发展将受到影响。2001 年,英国政府教育与技能部成立了全国语言教育指导小组(Languages National Steering Group),并于 2002 年发布了一份旨在提高国民外语素质的文件——《全民语言教育发展战略》(*Languages for All:Languages for Life—A Strategy for England*)。该文件明确指出,21 世纪是知识的社会,外语能力是每个公民必备的素质,掌握一门甚至几门外语是每个人终生必备的技能。文件提出,要在小学阶段全面开设外语课程,争取 10 年内每所小学要为每位学生提供至少学习一门外语的机会。学生 11 岁时其外语能力应达到《欧洲语言学习、教学及评测共同参考框架》(*Common European Framework of Reference for Languages:Learning,Teaching,Assessment*)设定的公认级别。中学阶段要继续为学生提供学习外语的机会,成年人也应有学习外语的机会。为实施这一战略,文件提出应大力发展语言辅助项目(Language Assistant Programme)、建立专业语言学院、改革中小学外语课程计划、建立全国语言能力认证体系等措施。英国的外语教育战略突出语言对个人发展的作用,突出终身学习;提倡孩子从小学学习外语,尤其是根据学生的需求提供学习至少一门外语的机会(当然不是强迫)。这些理念对我们制订外语教育政策有重要借鉴意义。

除英国外,欧洲其他国家历来都十分重视外语教育。早在 20 世纪六七十年代,欧洲理事会(Council of Europe)就提出成员国中有条件的从 10 岁就开始外语教育,后来很多国家如奥地利、芬兰、爱尔兰、瑞典等都把开设外语的年龄提前到 8 岁。该机构同时提出,作为 21 世纪的欧洲公民,每个学生从学校毕业时至少学会两门外语。随着欧洲一体化的发展,理事会下属的语言政策委员会(Language Policy Division)于 1996 年制订了《欧洲语言学习、教学及评测共同参考框架》,①2001 年正式颁布。该文件的宗旨是,提倡语言多元化(plurilingualism),提出教学机构应给学生提供发展多种语言能力的机会,并为此制订了全欧洲地区语言教育及评测的共同框架(包括语言能力标准)。近年来,此框架在欧洲各国外语教育界产生了重大影响,成为各国语言教学大纲、课程、教材及考试设计的重要参照依据。欧洲最近的一份语言政策文件甚至提出,在幼儿园和小学要充分保证语言学习的有效性,因为在这个阶段"对其他语言和文化形成的态度会对后来的语言学习打下基础"。②

四、关于当前我国外语(英语)教育的政策与目的

(一) 关于政策问题

我国的历史、国情、发展目标与其他国家不同,制订外语教育政策,不能照搬他人的做法,必须结合当前我国的政治经济利益和长远发展目标,以及国家总的教育方针和政策。世纪之交,随着国家经济的发展和全面建设小康社会等国策的实施,我国基础教育发生重大变革。新一轮的基础教育课程改革启动,外语(英语)被列为义务教育阶段的必修课程。作为规范和指导我国中小学英语教育的纲领性文件,《全日制义务教育/普通高级中学英语课程标准(实验稿)》于 2001 年颁布,明确提出从小学 3 年级开设英语,这是我国外语

---

① Council of Europe.*Common European Framework of Reference for Languages*: *Learning*, *teaching*, *assessment.* Cambridge: CUP, 2001.

② Commission of the European Communities. *Promoting language learning and linguistic diversity*: *An action plan* 2004 - 2006. 2003. [2007 - 5 - 5] http://ec. europa. eu/education/doc/official/keydoc/actlang/act_lang_en.pdf.

（英语）教育政策的一个重大转变。实际上，部分大、中城市已从小学一年级就开设英语课程。2003 年修订后的《普通高中英语课程标准（实验稿）》出版。在《课程标准》指导下，英语课程实验、多元化的教材编写及教法改革、师资培训等工作全面展开。

把外语（英语）列为基础教育阶段的必修课程，并把它作为一项国家语言教育政策来实施，体现了政府的开放心态，以及将中国融入国际社会的决心和努力。结合目前其他国家的外语教育政策及最近几年国际政治生态，我们认为，这样的外语（英语）教育政策大方向是正确的，对今后国家发展和前途的影响也会是深远的。但就这一问题还存在很多争议，核心是有没有必要从小学全面铺开开设外语（英语）课。这实际上涉及外语（英语）学习起始阶段问题，是制订和落实外语教育政策的关键。

这个问题早就引起了我国外语教育界的关注。桂诗春①曾撰文质疑从小学外语的问题。董燕萍②根据一项调查的结果也指出，"外语从小学起在我国多数地区缺乏现实性"，"没有很大必要"。

外语教育究竟从哪个年龄阶段开始最好？学习外语有没有临界期？这两个问题一直是二语习得研究领域的重要话题。应该说，关于这两个问题的研究迄今尚无定论。有些学者根据实证结果认为这个临界期是存在的，③有的则认为不存在，④更有学者则持既不否认也不完全支持的态度。⑤关于这两个问题，国内学者也有很多讨论。⑥需要指出的是，年龄毕竟是影响儿童语言

---

① 桂诗春：《"外语要从小学起"质疑》，《外语教学与研究》1992 年第 4 期。

② 董燕萍：《从广东省小学英语教育现状看"外语要从小学起"的问题》，《现代外语》2003 年第 1 期。

③ JOHNSON J S，Newport E L.Critical period effects in second language learning：The influence of maturational state on the acquisition of English as a second language. *Cognitive psychology*，1989，No.1.

④ BIALYSTOK E. *Bilingualism in development：Language，literacy，and cognition*. Cambridge：CUP，2001；MOYER A. Ultimate attainment in L2 phonology. *Studies in second language acquisition*，2004，No.1

⑤ SINGLETON D，RYAN L.*Language acquisition：The age factor*.2nd ed.Clevedon，Avon：Multilingual Matters，2004.

⑥ 桂诗春：《"外语要从小学起"质疑》，《外语教学与研究》1992 年第 4 期；赵世开：《学习外语的漫长道路》，《外国语》2002 年第 5 期。

学习的一个重要因素，我们不应仅仅停留在介绍国外的研究上（国外很多相关研究多从第二语言习得的角度出发，对外语学习未必有普遍意义），或仅就此发表一些议论。小学该不该开设外语（英语）？从哪个年级开更合适？早学有没有优势？有多大优势？早学和晚学哪个效率更高？学时集中好还是分散好？什么样的材料更适合孩子学习？怎样避免走弯路？这些问题都需要进一步调查研究。我们应结合国情，设计周密的研究方案，脚踏实地地拿出一手的数据来说明问题。尼科洛夫和吉格诺维克（Nikolov & Djigunović）①建议，应开展历时研究，尤其是从语言、认知及情感等方面认真考察儿童学习外语的经历对其自身发展带来的影响。其实，年龄并不是一个孤立的因素，它和教师水平、学生每周接触外语时间的长短、学习材料及教学方法适切性以及教育目的等因素相互关联，共同影响。这方面我们有很多研究工作要做，特别要开展历时较长、变量较多、设计严密、技术含量高的大型科研项目，以检验和修正我们的外语教育政策。

（二）关于教育目的

教育目的是培养人的总目标，关系到把受教育者培养成为什么样的社会角色和具有什么素质的根本性质问题，是教育实践活动的出发点。② 不同社会发展时期，教育目的有所不同。讨论当今我国基础教育阶段外语（英语）教育的目的和任务，需首先清楚国家教育法规的规定和要求。

2006年9月1日起施行的《义务教育法》第三条规定："义务教育必须贯彻国家的教育方针，实施素质教育，提高教育质量，使适龄儿童、少年在品德、智力、体质等方面全面发展，为培养有理想、有道德、有文化、有纪律的社会主义建设者和接班人奠定基础。"此条规定突出素质教育，着眼点在于普遍提高我国国民整体素质，为每个公民的可持续发展打下扎实基础。既然国家把外语（英语）作为义务教育阶段的一门必修课程，外语（英语）教育自然成为国民素质教育的重要组成部分。因此，必须从外语（英语）如何有助于提升公民素

---

① NIKOLOV M，Djigunović J M.Recent research on age，second language acquisition，and early foreign language learning.*Annual review of applied linguistic*，2006，No.26.

② 顾明远：《教育大辞典》，上海教育出版社1991年版。

质及其可持续发展的角度来考虑其目的和意义。在这一问题上认识不清,外语(英语)教育就不能得到健康、持续的发展。

基础教育的基本任务是素质教育,而素质教育的核心是人的教育。外语(英语)教育作为基础教育的一部分,其目的应该是使学生通过外语(英语)来学习文化,认识世界,培养心智,为终身发展打下基础。这是外语(英语)素质教育的核心内容,这也是许国璋先生多年前提出的观点。换言之,从学生发展的角度来讲,外语(英语)教育不能只考虑其实用目的,也要考虑其教育和教养目的,尤其要考虑如何通过这门课程的学习向学生传递人类历史上那些共同的、最基本的、最有意义的价值观念以及人之所以为人的特征,这是语言教育的根本特征所在。仅考虑实用目的,仅把语言当工具来看,当技能来训练,训练方法和内容不考虑学生的心智需求,会影响甚至束缚学生的心智发展,会使学生失去精神培养和心智发展的大好时机。那样的话,外语(英语)教育到头来变成了外语(英语)培训。

需要强调指出的是,我们不能把外语(英语)教育和母语教育混为一谈。语言的文化属性决定了语言教育不只是单纯的语言技能训练,它实际上是一个陶冶性情、构建精神的文化教育过程。母语教育是对本民族文化传承的教育,是培养学生掌握祖国语言文字素养的一种训练;外语教育是学生在掌握另外一种语言的同时,对另一种文化理解、吸收和消化的过程。实施外语(英语)教育当然不能以削弱我们的母语教育为代价。外语(英语)教育应在立足母语教育的基础上,通过让学生学习外语(英语)来了解和吸收西方的文化,为本民族文化的发展注入新的活力。有了坚实的国学基础,两种文化的碰撞会使学习者形成豁达、宽厚、包容、宏观等性格,这恐怕也是实施外语(英语)素质教育追求的目标之一。而如何做到这点,更需在转变教育观念,更新教学内容等方面做很多工作。有关这些方面的思考,我们另文再谈。

五、结语

本文考察、梳理了新中国成立以来我国中小学英语教育以及宏观外语教育政策的演变,简要讨论了基础教育阶段外语(英语)教育的目的。几十年来,我国中小学英语教育的发展实际上是在国家政治、经济、外交及社会等各种因素的影响下不断调整和适应的过程。如今,我国的外语(英语)教育从中学延伸到了小学,成为国民素质教育的一部分。从这个角度来讲,我们应尽量摆脱功利主义的影响,不要死抱"为用而学"的实用主义观点,把外语(英语)教育的出发点和归宿放在促进学生心智发展、提高其人文素养上面。这不仅符合国家素质教育的大政方针,更有利于学生的全面发展。

(本文原载《外语教学与研究》2008 年第 2 期)

关于我国中小学英语教育的思考

笔者在开展全国教育科学"十一五"规划课题"中国基础英语素质教育的途径与方法"研究时,有机会到各地中小学调研,接触到一线的英语教师、学生和教研员,听到、看到不少外语课堂里发生的情况,也了解到了他们的想法,于是形成了这篇文字,作为对我国中小学外语教育的思考。限于篇幅,本文只谈三个问题。

一、关于外语教育性质的认识

从本质上讲,对外语教育性质的认识反映的是一种外语教育观。任何教学行为,总是受某种教育观念支配的。外语教育观念是对外语教育诸问题的看法,从外语教育的性质到教学目标和任务,从教学的内容到方法,从教师的角色到学生的作用,从学习的过程到质量的评估等,构成一个观念体系。这个体系也叫教师的认知体系或信念体系,它隐藏在教师头脑之中,形成一种心理定式,像一只无形的手左右着教师的教学行为。在这个观念体系中,最核心的是外语教育性质观,它统领着全局,决定着发展方向,并由此引出目的观、任务观、教材观、内容观、教学观、测试观等。

如何看待外语教育的性质,怎样给外语教育定位?我们应先给语言定位,即回答"语言是什么"。针对这一问题,大多数一线老师给出的答案是:"语言是交流的工具","学外语就是为了和人进行交流","外语是一门工具性学科,实用性非常重要。"在不断启发下,也有老师说出"语言是交流思想的工具",

"语言是个符号系统","外语是了解与体验外国文化的桥梁"等。

大多数英语教师一般只看到语言的交际功能,语言的工具属性,忽视了语言的认知、社会文化和生物属性。语言是交流的工具,但它绝不同于一般的生活工具或生产工具。它是人类才拥有的一套符号体系,是一个民族认识世界、阐释世界的意义体系和价值体系。语言也不只是思维的工具,它还能让人的思维活跃起来,发达起来,让人变得更聪明、更智慧。人区别于动物,是因为人不只有物质的语言,人还有情感语言、命题语言和精神语言。人在创造语言世界的同时创造了人的世界,创造了人的历史,创造了人自己。因此,仅从工具的意义来看语言及其教育是十分狭隘的观念。

弄清了语言的性质,语言教育的性质也就清楚了。但有老师会说,我们搞的是外语教育,不是母语教育,课时也不多,也没有用外语的环境,有必要考虑这么多吗? 答案是肯定的。任何语言都具备上面所说的各种属性,如果只把外语看作工具或手段,外语教育只追求掌握手段而忽视对学生的基本素质,尤其是人文素质和思维能力的培养,到头来会是竹篮打水一场空。为了给学生的全面发展打下一个良好基础,具备一个全面而深刻的语言教育观是十分必要的。

二、关于英语教学内容

根据我国制订的《英语课程标准》(以下简称《课标》),中小学英语课程内容包括五个方面:语言技能、语言知识、情感态度、学习策略和文化意识。这五方面内容构成了整个课程的教学内容。《课标》对这五个方面以分级描述的方式分别提出了相应的内容标准。

与以往中小学英语教学大纲相比,《课标》拓宽了英语教学的内容,把情感态度、学习策略、文化意识这些非语言内容纳入外语教学之中。这对激发学生学习兴趣,培养学生正确的学习习惯,加深对英语国家文化的了解具有重要意义。但从描述次序和表达方式上看,语言技能和语言知识仍是外语教学的核心。

作为外语教学的内容标准,语言技能和语言知识成为外语教学的重要内容是正确的。但同时也应看到,听说读写是人们表达思想的方式和途径,《课标》对教学内容的描述重点放在了用这几种不同方式"做事"层面,忽视了对听说读写赖以存在的核心——认知和思维的阐发与描述,这是《课标》的一大缺憾。虽然《课标》在总的教学目标中提到了培养学生的思维能力,但就英语学科来讲,培养什么样的思维能力? 具体指标是什么? 与其他学科之间有什么联系?《课标》没有详细说明,因此实践中学生认知和思维能力的培养有可能得不到足够重视,甚至会落空。

有人认为,认知和思维的训练不是外语课的任务,应由母语课来承担。这种说法有一定道理,因为个体思维的发展与母语发展密不可分,它建立在母语基础之上。但也应看到,外语词语(或句法)所表达的概念与母语并非完全重叠,学习一门外语,实际上是学习者在自己的大脑里建立一套特有的概念系统,它与母语有重叠的地方,也有不一致的地方。所谓能用外语思维,是指在大脑里完全建立了外语的概念系统,无须母语转换,语言使用者能自动、自如地理解与表达信息。概念系统的发展和完善,当然意味着思维的丰富和发展。其次,思维能力更重要的是指个体运用已有的概念进行观察、想象、分析、判断、归纳、综合、推理、探究、创造和评价的能力。这些能力需要在任何一门课上进行训练,包括外语课在内,因为任何学科的教育目的都是为了促进个体潜能,尤其是思维能力的发展。《课标》不明确这些内容,思维能力的培养就会变成一句空话。其实,思维能力的发展反过来也会促进语言水平的提高。忽视认知和思维能力的培养,外语教学就会变成模仿教学、记忆教学。

谈到教学内容,人们自然会想到教材。作为课程的化身、教学目标的物化体和教学质量评价的依据,教材在教学中的地位举足轻重。新《课标》颁布以来,国家审定通过的中小学英语教材达数十种之多,有的是国内自编,有的是中外合编,有的是引进后加以改编,教学中出现了基于同一《课标》多种教材并用的局面。但仔细分析不难发现,这些教材都属于全面紧扣《课标》的同一种类型教材:话题重叠,理念一致,内容大同小异,很难开展因"材"施教。

《课标》在总的目标描述上侧重语言技能,突出"用语言做事"的能力,教学上提倡采用任务型教学途径。受这两大因素制约,现行中小学英语教材在内容选择上大都从实用话题出发,以实际生活任务为核心,以日常交流中的"真实语言"为语料,力求新鲜,广纳百科。这种内容选材方式带有明显的功利主义色彩和把英语作为第二语言教学的标志。

英语作为第二语言教学的特点是在目标语环境中进行,学生学习英语的目的是融入当地社会,教学内容多结合日常生活,以帮助他们解决"生存"问题。然而,中小学英语教育在我国属于外语教育,是为学生全面发展奠定基础的必修课程。学生学习英语不存在英语作为二语的目的、动机和条件。从实用和功利角度选择教学内容,体现的是工具主义倾向。长此以往,会导致学生厌学,教师厌教,教材内容浅显也会影响学生心智的提升。

以某版本小学一年级第二学期教材为例,话题包括"教室、房间、颜色、形状、玩具、衣物、食物"。教材中的对话既不幽默,亦不生动,且形状、颜色、玩具之类的概念学生在幼儿阶段就已熟知。这种只教语言不教内容的材料会使学生久学生厌。目前,从小学到中学的英语教材话题重复,教学内容多以做事为目的的说明性材料为主。这些材料重在传递信息,既无情节,更无"姿色",学生在大体了解了信息之后,再无学习之兴趣,当然也学不到生成语言之"酵母"。

为了了解教师和学生对英语教材内容的看法,2009 年 5 月,我们在北京部分中小学英语教师中进行了调查,让他们用比喻的方式对其所用教材做出评价,其答案是:"甲骨文、白开水、康熙字典、科研论文、百科全书、遥控器、囚笼、木偶、说明书、新闻联播、八股、垃圾桶、大杂烩、大拌菜、一堆杂乱树枝、知识手册、考试工具、无味饭菜、导游手册、老人"。这些比喻大体反映了现实中的英语教材枯燥乏味、程式化、不鲜活。我们也让学生以"我眼中的英语课文"为题,让其通过作文的方式评价教材内容,他们给出的答案与老师们的答案大同小异。通过调查收集到的这些看法可能不全面,但却折射出现在的外语教材在外语教育中的尴尬地位。

现行英语教学内容为什么不受师生欢迎?除上面讨论的理念出现偏颇之外,另一个原因是这些教材中的文字多出自语言教学"专家"之手,而非从事儿童文学创作的"行家"之手。编者围绕《课标》给出的话题,设想儿童在以英语为目的语的环境中会遇到哪些任务,创设"真实情景",设计活动,辅以语言训练。这种以"实用"为目的编写出来的语言材料和以儿童"精神世界"为本创作出来的材料大有区别。教师可以对教材进行"二次开发",但没有高质量的文本做凭据,教学质量难以达到理想目标。二十几年前,英语教育前辈许国璋先生曾对当时的中小学课本做过一番评价。他说:"这些课文都是改写又改写,有句无文,有文无情的东西,篇篇能背得出,也还是没有学到外语"。他还说道:"中小学十几年,大部分时间用来学习百十篇从几十字到几百字的对话或课文,操练一些四会五会的技术,束缚了孩子们的智育发展,忽视了心智健全成长,我们对不起他们。"用许先生的这两段话来评价当今的英语教材亦不过分。总之,语言教材如果有文字,没内容;有信息,没意思;有活动,没意义;句句符合语法而无文采,生不乐学,师不乐教,拿这样的材料来搞素质教育,到头来恐怕又是竹篮打水一场空。

英语是中小学生的一门必修课程,承担着"开发智力、开阔视野、启迪思维、陶冶情操、了解文化差异、树立良好的世界观"的任务。要完成这一任务,英语教材不宜以"交际""语法"为纲,以"实用""速成"为目标,而要以学生的"精神世界"为重,以有意思、有意义的内容为纲,以培养学生的想象能力、思维能力,提高学生的综合语言素养为目标。实现这样的目标,语言学习材料必须首先满足学生的心理需求,激发他们学习英语的兴趣。儿童心理学研究表明,故事是青少年最感兴趣的话题,基于故事的教材不失为儿童学习英语的一种选择。好故事生动有趣,富有内涵,会使学生在语言和心智两方面都得到发展。

三、关于英语考试

由于文化传统和制度方面的原因,考试在我们国家的地位至高无上。从社会到家庭,从政府到学校,从教师到学生,无不关注考试。在整个基础教育阶段,考试几乎成了当今教育的主要任务。学生从进入学校那天开始,每天都在为考试做准备。可以说,考试"绑架"了教育,"绑架"了老师,也"绑架"了孩子。学习还有什么乐趣可言?

调研时一线教师大诉苦衷："我们不是不想搞素质教育,搞课改,没有办法,一到期中和期末,全区统考,成绩掉下来,领导要批评的。职称、奖金、荣誉都和这个挂钩,不扎扎实实抓考试行吗?"我们口口声声提倡素质教育,但又在以教学检查和评估之名,用统考这个枷锁把他们牢牢套住。高考作为选拔性考试目前尚无更好的替代办法情有可原,期中、期末这样的课程考试有必要统考吗?

对老师们如何看待现实中的考试,我们在 2009 年 5 月也做过调查,也是让老师们用比喻的方式谈谈对现实中的英语考试的看法,他们给出的答案是:"长征、受刑、打击学生的手段、法庭、鞭子、嚼蜡、电门、钻火圈、荆棘、枷锁、刚性的尺子、蒸锅、上战场、打仗、决斗、战争、地雷区、独木桥、坎、闯关、门槛、指挥棒、圆规、游戏规则、照相机、尺子、过滤器、试金石、游戏、鞭策学生的工具、家常便饭、机器、蜂窝"。可见,考试的负面影响是很大的,这个指挥棒对老师来说是一种折磨,对学生来说更是如此。因为只要有考试就会有成绩,有成绩就会有区别,有区别就会打击一部分学生的积极性。长期下来,教师习惯了"课本、习题、考试、能力"这套模式,学生也变得实用起来,要考的东西好好学,不考的东西就扔一边。学习成为应付考试的技术,知识本身变得毫无乐趣,只有标准和枯燥的答案。

这是制度问题,也有认识问题。管理部门迷信考试,一方面是对考试之外的评价手段无所适从,另一方面是对考试技术的局限性不甚了解。

现行标准化外语考试有两大弱点。其一,受考试时间限制,设计者只能通过对考生的外语学习行为进行抽样,然后根据样本推测考生的整体外语运用能力,但两个小时的考试涵盖的语言行为样本十分有限。受考试指挥棒影响,老师和学生往往人为缩小学习范围,把全部精力投入到范围极窄的考试样本中反复训练,不去接触真实自然的语言材料,这样不可能学到真正的外语。其二,中考、高考类外语考试都是分析性考试,大量采用标准化"客观"题。这种题型阅卷方便,节省人力和财力,也能改善考试信度。但以客观题为主的纯分析性考试往往会用来考查识别和理解,用分数来分辨学生成绩的高低,不能反映学生的实际语言运用能力(语言运用的最大特点是整合)。为了分数,学生天天打钩画圈,答题卡和阅卷机节省了老师的时间,却害得学生们没有学到外语。

四、结语

一个全面而深刻的外语教育观体现的是对语言本质属性的认识,这一认识反映到教学目标上来,指的是不能仅仅看到语音、词汇、语法这些表层的东西,也不能以流利地完成问路、购物、看个说明书、写个邮件这种实用性任务为满足,而是要取法乎上,从学生全面发展的角度出发,以学文化、启心智、养性情为追求。对于教学内容,我们反对用英语句子、汉语文化编写课文,反对用英语教学生早已烂熟的知识,提倡以内容取胜。我们建议取消僵化的期末课程统考,把教育的自由权还给老师和学生。对于选拔性外语考试,应该好好研究考什么。侧重形式忽视内容的分析性的考试搞了几十年了,是改革的时候了。而这一切都要求我们的外语教育从"心"出发。

(本文原载《外语教学与研究》2010 年第 4 期)

重构大学英语教学目标，
完善大学英语课程体系

一、大学英语教学目标的局限性

大学英语是大学生的一门必修课程。2007 年,经过试用的《大学英语课程教学要求》(以下简称《课程要求》)颁布,提出大学英语的教学目标是"培养学生的英语综合应用能力,特别是听说能力,使他们在今后工作和社会交往中能用英语有效地进行交际,同时增强其自主学习能力,提高综合文化素养,以适应我国经济发展和国际交流的需要。"

对照 1986 年及 1999 年出版的大学英语教学大纲,大学英语教学从注重打语言基础过渡到有效交际,从注重阅读能力转移到培养学生的英语综合应用能力,尤其是听说能力,这在方向上是正确的,但《课程要求》没有明确解释什么是综合应用能力,对这一关键概念缺乏明确界定,有可能使教学走进误区。《课程要求》同时提出,大学英语要以"英语语言知识与应用技能、跨文化交际和学习策略为主要内容",但从教学要求的具体描述来看,核心内容是语言技能(听说读写译)和语言知识(推荐词汇量)。虽然《课程要求》提出大学英语也是一门素质教育课程,兼具工具性和人文性,但对有关文化素质的要求缺乏明确描述。

显然,大学英语的教学目标还是没有脱离以语言本体为核心。它重视语言运用,凸显了外语教育的外部目标,但忽视了外语教育的内部目标,即英语作为一门课程对学生的认知能力和精神发展所起的作用;它重视语言技能训练,忽视了英语与学科内容之间的关联,使学生在智力上得不到满足。这从某种程度上反映了大学英语课程背后的哲学假设和价值取向,即本能地把大学英语视为一门工具课,这实际上是一种实用主义的哲学观和价值观。针对这种观念的特点和后果,许国璋先生曾经写道:"实用主义的教学以表现敏捷为第一,以好学深思为迂腐,它是一堵墙,挡住了青年的视野。它只求速效,不求深造,妨碍了学习积极性的充分发挥。它害了学生,也害了老师。"笔者引用这段话的目的不是否认和抹杀我国大学英语教学取得的成绩,而是想说明,随着大学生入学英语水平的普遍提高,大学英语作为面向我国所有高校学生的一门课程,不应再把语言知识和语言技能作为主要内容,一味强调语言基本功,否则无法实现大学英语作为素质教育课程的任务;英语综合应用能力不是大学英语教学的全部,还有其他重要目标;大学英语教学目标的设定应该"取法乎上",应该从语言的本质和功能、大学的使命和国家发展等多角度进行重构,并以此完善课程设置,调整教学内容,从而实现学生的全面发展。

二、重构大学英语教学目标

大学英语是一门语言课程,其教学目标的设定首先取决于课程设计者采取什么样的语言观,即回答"语言是什么",而不是所谓的需求分析。关于语言的定义,这是一个既简单又深奥的问题。科学主义者认为,语言是一套客观的符号系统。人本主义者认为,语言是人们基于对世界进行"互动体验"和"认知加工"而形成的。关于语言的功能,人们常说,语言是交流的工具,是文化的载体,是思维的工具,是认知世界的媒介。对课程设计者而言,持什么样的语言观就决定了有什么样的教育观,它决定了大学英语教育的发展方向,并由此引出教材观、内容观、教学观、测试观等。坚持科学主义的观点,语言教学重在语言知识的传授和技能的训练。坚持人本主义的看法,语言教学则以意义为核心,强调知识的构建。把语言、文化和思维统一起来,意味着外语教学有了扎实的落脚点,即通过语言传授文化知识、提升文化素养和培养创新思维能力。

弄清了语言的性质,也就确定了大学英语的教学目标。而现行目标凸显的是英语教育的外在目标,即"实用"语言运用目标。如果秉持一个全面而又深刻的外语教育观,大学英语教学还要十分重视英语教育的内在目标,包括心智发展,精神世界的发展,形成不同的思维方式,理解不同的文化和宗教,发展优秀的公民素养,成为一个既有民族性、又有国际意识的公民。[①]

关于语言教育外部目标的一种常见提法是培养语言交际能力。传统意义上的语言交际能力往往指口头交流能力,《课程要求》突出"听说能力"指的就是这个意思。这种认识有失偏颇。实际上,语言交际能力不仅指学习者运用外语从事听、说、读、写、译等各种语言实践活动,更重要的是能够对这门语言所承载的文化进行理性思考;听、说、读、写、译不是孤立的语言技能,而是表达和交流思想的互补手段。因此,大学英语教学培养学生"用英语有效地进行交际"不应局限于以后的"工作和社会交往",而是当下对英语文化及其他文化和思想的摄取。交流也不应局限于"工作和社会生活",还应包括更高层次的文化交流和思想交流。言之有物,有思想、有内容的交流才是真正意义上的交流。

按照人本主义的观点,外语学习过程中的知识构建不仅包括语言知识的构建,也应包括社会文化知识和学科知识的构建。社会文化知识可以概括为通识内容,学科知识指与专业有关的内容。《课程要求》的教学目标对此缺乏具体描述,忽视了语言作为知识载体对学生认知发展所起的作用,与课程性质的定位亦不相符。

综上所述,理想的、科学的大学英语教学目标应该是多元的、综合的和多层的。它以英语作为载体或媒介,实现开阔视野、增长知识、提升思辨能力和陶冶情操、体认多元文化、促进自我完善、开展有效交际等目标。不同高校可在多元、综合目标体系下,根据本校的特点和学生的水平确定具体的目标。

或许有人认为,大学英语是一门公共课,课时也没那么多,有必要考虑这么多事情吗? 答案是肯定的。以美国为例,1996 年美国制定了涵盖中小学和

---

① COOK V J."The goal of ELT:Reproducing native-speakers or promoting multi-competence among second language users?"//.CUMMINS J,DAVISON C. *International handbook of English language teaching*.New York:Springer,2007,pp.237-248.

大学外语教育的标准——《迎接 21 世纪外语学习标准》(*Standard for Foreign Language Learning：Preparing for the 21st Century*)。这个标准的指导思想是，"语言和交际是人类经验的核心，美国必须培养学生能够在多元社会的语言和文化中进行交际的能力，所有学生必须在继续保持英语水平的基础上掌握至少一门现代外语或古典外语。来自非英语母语国家的学生也必须有机会提高他们的母语水平。"标准用 5 个以字母 C 开头的单词代表外语学习的目标，即 Communication(交流)、Cultures(文化)、Connections(衔接)、Comparisons(比较)、Communities(社团)。这 5 个目标的内涵分别是：交流是外语学习的核心；学生通过外语学习获得知识，加深对所学语言文化的理解和洞察；连贯其他学科，拓展各方面的知识；比较不同文化的特征并以多元途径洞察世界，提升批判性思维能力；用得体的方式在本国或世界不同文化中进行成功的交流。"5C"标准揭示了美国在新时期确立的外语学习目标，再也不是过去那种以针对不同敌情训练只要能听能说的外语人员和精通某一假想敌国情况的专家。遗憾的是，《大学英语课程教学要求》于 2007 年颁布，比美国的外语教学标准晚了 11 年，很多有价值的思想没有吸收过来，哲学基础和描述指标也与之相去甚远。

三、完善大学英语课程体系

《课程要求》指出，"大学英语课程是大学生的一门必修的基础课程。各高等学校应根据实际情况，按照《课程要求》和本校的大学英语教学目标设计出各自的大学英语课程体系，将综合英语类、语言技能类、语言应用类、语言文化类和专业英语类等必修课程和选修课程有机结合，确保不同层次的学生在英语应用能力方面得到充分的训练和提高。"在这一要求的指导下，目前各大学在一、二年级主要为学生开设综合英语课(读写课和听说课)。很多学校四年不断线，三、四年级继续开设此类课程，一些以"专业英语"或"高级英语"为名的课程也是以语言技能训练为主的"空心"课程。我们认为，我国基础教育的课程改革已经进行了十年，大学生的入学英语水平已普遍提高。在这种形势下,继续开设以打基础为目的的普通英语或通用英语课程已无必要,①②③④必须改弦易张,重新构建以培养思维能力为核心、以文化知识和学科知识为载体,具有中国特色的大学英语课程体系,以实现我国高等教育的使命和满足国家发展的需求。考虑到我国高等教育的办学层次和不同学校的特点,大学英语课程可分三个类别:

1. 通识英语(English for Liberal Education)。面向所有专业,所有学生。它不是英美文学、报刊选读、影视文化、演讲与口才、商务礼仪等模块的拼凑,也不是在英语课上普及文理经管法工等学科知识,而是结合大学生的心理和认知特点,以英语语言为载体,以人类文明、文化发展为主题,有内容、有深度,以培养学生的人文素养和批判性思维能力(中小学英语教育本应该也是通识教育,而不是"空心的"普通英语教育,英语专业更应如此)。这是一种特殊形式的"专门用途英语"。

2. 学术英语(English for Academic Purposes)。与学科密切结合,侧重专业学术交流,培养与世界同行专家用英语进行学术交流的能力,既包括获取信息的能力(听、读),也包括表达信息(说、写)和转述信息的能力(译)。

3. 专业英语(English for Professional Purposes)。与行业、工作相关,侧重实用,以培养"懂行"的专业人士为目标。

以上三个类别的英语课程,都要有高质量的内涵,要有别于现有的各类"空心"课程。有人会问:听说读写哪去了? 词汇量哪去了? 语法哪去了? 语言教育课内容是本,思想是本,听说读写和语言形式是表达内容和思想的手段,不能本末倒置。刘勰在《文心雕龙》中写道:"心生则言立,言立则文明"。意思是说,思想是语言的出发点。思想虽然通过语言才能表达,但言而无心,何用之有?

---

① 张绍杰:《扩大教育开放给外语教育带来的机遇和挑战——兼论外语人才培养》,《中国外语》2011年第3期。

② 蔡基刚、廖雷朝:《ELE还是ESP,再论我国大学英语的发展方向》,《外语电化教学》2010年第9期。

③ 王哲、李军军:《大学外语通识教育改革探索》,《外语电化教学》2010年第5期。

④ 史光孝、赵德杰:《以内容为依托的大学英语教学走向:通识教育抑或学术英语教育》,《山东外语教学》2011年第2期。

大学英语作为高等教育的一个有机组成部分,对培养高素质、创新型、复合型国际化人才起着重要的作用。确立合理的教学目标,设计科学的课程体系是实现上述目标的重要保证。然而,如何保证上述各类课程具有高质量的内涵? 合格的教师在哪里? 如何开展有效的教学? 三类不同的课程如何设置,各安排多少课时? 这一系列问题亟待研究和解决。

(本文原载《东北师大学报》(哲学社会科学版)2012 年第 1 期)

国外语言能力量表述评

一、引言

语言能力量表(Language Proficiency Scales),又称语言能力标准,是对语言使用者运用某种语言能力的一系列描述。通常,每个量表由低到高分几个不同级别,分别描述语言能力发展的不同阶段。纵观世界各国语言能力量表,有的用来描述学生语言学习目标,有的作为考试级别或定级尺度,有的用来评定不同人员的语言水平。

最早出现的语言能力量表是美国政府部门在 1955 年制定的 FSI 量表。受其影响,欧、美、加、澳及其他地区出现了多个语言能力量表,其应用越来越广。目前最具影响的当属欧洲委员会(Council of Europe)四十几个成员国共同研发的 CEF(Common European Framework)量表。诺斯(North)①指出,各种量表的涌现是教育体制不断透明及全球一体化发展的结果。

近年来,标准参照性考试成为各类考试,尤其是教学考试开发的重点,②实施标准参照性考试的前提是要有能够反映不同考生语言能力的量表或标准。考察和分析国外主要语言能力量表,对制定我国统一的学生英语能力标准及开发相应的标准参照性考试具有重要参考价值。③

---

① NORTH B."Scaling descriptors for language proficiency scales".*Language testing*,1998,No.2.

② BROWN J D,HUDSON T.*Criterion-referenced language testing*.Cambridge:CUP,2002.

③ 韩宝成:《由国外语言能力量表看统一的学生英语能力标准的制定》,《第一届两岸外语大学校院学术研讨会论文集》,中国台湾省文藻外语学院,2005 年。

二、国外主要语言能力量表

（一）ILR（FSI）量表

二十世纪五十年代，美国为加强其在世界各地的影响，对外派出了大量军事人员，履行使馆职责或执行其他公务活动。这些人员需具备一定的外语能力，尤其是口语能力。为考核其口头外语能力，美国政府下属的外交学院（Foreign Service Institute）于 1955 年制定了描述此类人员应达到的口语能力标准，供考官口试打分时参照使用，这套标准简称 FSI 量表。

FSI 量表最初只是一套口语能力考试标准，从 0 到 5 分 6 个主要级别，当考生能力超出某个基本级别但尚未完全达到下一级别时，判定属于二者之间的加级别（plus level），最终形成 0、0+、1、1+、2、2+、3、3+、4、4+、5 共 11 个级别，分别表示 No Proficiency（不具备能力）、Memorized Proficiency（记忆性能力）、Elementary Proficiency（初级水平）、Elementary Proficiency Plus（初级水平加）、Limited Working Proficiency（有限的工作水平）、Limited Working Proficiency Plus（有限的工作水平加）、General Professional Proficiency（普通专业水平）、General Professional Proficiency Plus（普通专业水平加）、Advanced Professional Proficiency（高级专业水平）、Advanced Professional Proficiency Plus（高级专业水平加）、Functionally Native Proficiency（母语水平）。

FSI 量表影响甚大，后为美国政府其他部门（如 CIA，FBI 等）采用，因此又称"跨部门语言圆桌量表（Interagency Language Roundtable Scale）"，简称 ILR 量表。ILR（FSI）最初只有口语标准，二十世纪八十年代初，ILR 考试委员会相继开发了听、读、写其他三项语言技能量表，并对原口语量表进行了细化，最终形成包括听、说、读、写四项技能的语言能力量表，于 1983 年正式发表。1985 年，经美国政府人事管理部门（Office of Personnel Management）审核，ILR（FSI）作为记录语言水平的官方标准正式颁布。

ILR（FSI）量表的每一级别对听、说、读、写四项技能均有描述（2005 年又开发了翻译能力量表）。例如，达到三级水平（General Professional Proficiency）的考生，能够"听懂包括专业领域技术讨论等在内的所有谈话的主要内容，能基本理解谈话中的暗示和感情色彩"，"能以正常速度阅读并基本理解各种熟悉话题的真实书面材料"，"准确掌握足够的结构和词汇，能有效参与大多数生活和专业话题的正式及非正式交谈，口头表达中出现的小错误不影响理解"，"能有效运用语言进行有关生活和专业话题的正式及非正式写作，所掌握的拼写、词汇、结构足以准确传递信息，出现的错误不影响理解"。由此可见，作为面向工作场合的外语能力标准，ILR（FSI）量表的第三级的要求已经不低。

FSI 有两点创新：一、它首次采用考官和考生面对面交谈方式对考生的口头交流能力做出评估，带来了口语考试的变革。他们开发的口语考试（Oral Proficiency Interview, OPI），后经其他机构不断完善，成为美国最重要、也是官方承认的外语口语能力认证考试。二、它首次采用语言描述的办法对一个人在现实生活中的口头交际能力做出界定，为后续语言能力量表的描述起到了典范作用。

语言测试界指出，ILR（FSI）量表的缺陷是对中低水平区分不够细，级与级之间的过渡亦不平衡。此外，该量表只对语言技能进行分项描述，没有语言能力的总体描述。应当承认，ILR（FSI）开创了语言能力量表研制的先河，在美国及世界其他地区，类似量表的研制无不以此作为参照。[①]

（二）ACTFL 量表

FSI 量表及其口语考试早期具有极强的军事背景，到 20 世纪 70 年代，也是出于军事目的，美国在世界各地的口语培训及口试工作量相当大，FSI、DLI（the Defence Language Institute）等部门无力承担，便邀 ETS（Educational Testing Service）相助。ETS 为 FSI 量表及其口语考试技术的发展做了大量工作。八十年代早期，美国教育部认识到外语教学领域也需要一套外语能力标

---

① ALDERSON J. "Brands and scores"//. ALDERSON J, NORTH B. *Language testing in the 1990s.* London: Modern English Publication and the British Council, 1991, p.76−86; NORTH B. "Scaling descriptors for language proficiency scales". *Language testing*, 1998, No.2.

准,于是启动了"通用语言能力标准项目"(the Common Yardstick Project),委托 ETS 组织政府和学界专家共同开发一套面向外语教学的语言能力标准。他们并非另起炉灶,而是在 ILR(FSI)量表基础上进行加工。他们对 ILR(FSI)量表的低端级别进行了修订和细分,以便反映外语学习过程中相对微小的进步。之后,教育部又委托外语教学的专业部门,美国外语教学委员会(the American Council on the Teaching of Foreign Languages,简称 ACTFL),同 ETS 一起又对此标准进行了修订和完善,最终形成了面向外语教学的标准,称为"ACTFL/ETS 量表",简称 ACTFL 量表(the American Council on the Teaching of Foreign Languages)。①

目前,ACTFL 量表与 ILR(FSI)量表并存,但两者使用对象有所不同。前者主要面向外语教学领域,后者主要面向工作场合。两者的分级对应关系为(见表1):ILR(FSI)量表中的 0、0+两级在 ACTFL 量表中分拆为初级低(Novice-Low)、初级中(Novice-Mid)、初级高(Novice-High)。ILR(FSI)的 1 级被 ACTFL 分成中级低(Intermediate-Low)、中级中(Intermediate-Mid)。前者的1+、2、2+三级对应后者的中级高(Intermediate-High)、高级(Advanced)和高级加(Advanced-Plus),而 ILR(FSI)量表中 3 级以上的各级在 ACTFL 量表下都包含在优秀(Superior)级中。ACTFL 语言能力量表从初低到优秀共分九级,每一级别的能力描述也按四项技能进行,后经修订,在优秀级之上又增加了杰出级(Distinguished)。

表1 ILR(FSI)与 ACTFL 量表级别对比

ILR(FSI)量表	ACTFL 量表
5	Native
4+ 4	Distinguished Superior
3+ 3	

① ACTFL proficiency guidelines//.BYRNES H,CANALE M.*Defining and developing proficiency*:*Guidelines*,*implementations*,*and concepts*.Lincolnwood(Ⅲ):National Textbook Company,1986.

续表

ILR(FSI)量表	ACTFL 量表
2+	Advanced Plus
2	Advanced
1+	Intermediate-High
1	Intermediate-Mid Intermediate-Low
0+	Novice-High
0	Novice-Mid Novice-Low

ACTFL 量表的特点是从语言使用者运用目标语言能够做什么的角度来描述语言能力,如写作(优秀级)的描述是:能在有关实用、社会和专业话题的大多数正式和非正式写作中有效表达自己的思想;能写普通和商业信件以及短的研究论文等多种体裁的文章,所掌握的词汇、拼写和句子结构足以准确有效地进行假设、论辩等;掌握时间、逻辑、因果等内在组织结构,但运用得不一定完全贴切;能区分正式和非正式文体,但还不能完全根据写作目的或读者特点选用文体;写作中几乎没有影响理解的错误。

同 FSI 量表一样,ACTFL 量表最初也是从口语入手,最终形成一套包括听、说、读、写在内的四种语言技能量表,后来又增添了义化水平量表。目前的量表是在 1986 年和 1999 年两次修订后确定的,为 ACTFL 和 ETS 共同使用。多年来,ACTFL 量表,包括 ILR(FSI)量表及其口语考试(OPI)所代表的这套标准,对美国外语教学的内容、方法及测试产生了深刻影响。ACTFL 量表不仅成为评估中学教师外语能力的标准,也是政府和其他部门录用人员时衡量其外语能力的标准,ACTFL 量表的功能得到了拓展。

与 ILR(FSI)量表相比,ACTFL 量表有明显进步,尤其是对中低水平的区分更为细致,对更高水平的描述并非简单地以母语者的水平为标准。这与应用语言学的研究成果一致:一方面,外语学习过程中中低水平阶段的进步或中介语的发展变化较为明显;另一方面,外语能力的发展与母语水平的发展各有特点,不能等同。此后研制的文化量表则体现了文化因素在语言使用中的作用。ACTFL 量表及其考试(OPI 和 SOPI)也为语言测试研究提供了舞台,例如,巴克曼(Bachman)①②在提出交际语言能力模型过程中,基于 ACTFL 量表及其口语考试做了大量研究工作。

(三) ISLPR 量表

受 FSI 量表影响,澳大利亚的两位教授戴维·英格拉姆(David Ingram)和伊莱恩·怀利(Elaine Wylie)于 1979 年开发了澳大利亚版的外语能力量表——澳大利亚第二语言能力量表(Australian Second Language Proficiency Ratings)。两位作者最初把外语的使用环境定位于澳大利亚,后来随着量表(包括相应的考试)使用范围的扩大,1995 年他们将其更名为"国际第二语言能力量表"(International Second Language Proficiency Ratings),简称 ISLPR 量表。作者承认,量表不仅名称改了,内容也充分吸收了 ILR 及 ACTLF 量表的成果。通过对量表效度和信度的进一步研究,1999 年他们对量表再次做了修订。③④

ISLPR 量表从 0(Zero Proficiency)到 5(Native-like Proficiency)共分 6 个主要级别,算上"加级"(intermediate plus)和"减级"(intermediate minus)共十二级别(见表 2)。与 FSI 和 ACTFL 量表不同的是,ISLPR 量表一开始就涵盖听、说、读、写四项语言技能,其中八个级别描述较细。ISLPR 量表的特点是,每个级别的能力描述都是从真实的语言运用出发,说明达到某个级别的人能够胜任什么样的任务(包括任务所处的环境)以及完成这些任务用到什么样的语言(对语言的准确性、流利度及得体性等都有描述)。

---

① BACHMAN L F,PALMER A S."The construct validation of some components of communicative proficiency".*TESOL quarterly*,1982,No.4.

② BACHMAN L F."Problems in examining the validity of the ACTFL oral proficiency interview".*Studies in second language acquisition*,1988,No.2.

③ INGRAM D E."Introduction to the ASLPR"//.Commonwealth of Australia,Department of Immigration and Ethnic Affairs,*Australian second language proficiency ratings*.Canberra,Australian Government Publishing Service,1984,pp.1-29.

④ WYLIE E,*An overview of the International Second Language Proficiency Ratings*(ISLPR).1999.[2006-12-25].http://www.griffith.edu.au/center/call/content4.html

表 2　ISLPR 量表等级

0	zero proficiency
0+	formulaic proficiency
1–	minimum "creative" proficiency
1	basic transactional proficiency
1+	transactional proficiency
2	basic social proficiency
2+	social proficiency
3	basic "vocational" proficiency
3+	basic "vocational" proficiency plus
4	"vocational" proficiency
4+	advanced "vocational" proficiency
5	native-like proficiency

　　ISLPR 量表有两种版本,一种叫专门用途量表(the specified purpose model),是专门为某些特定语言使用场合开发的,带有很强的职业特点。第二种量表称为通用语言能力量表(the general proficiency model),不专指某种具体的语言使用场合,适合各种场合。把语言能力量表分为通用型和专用型是 ISLPR 量表的一大特色,看来设计者受到了 20 世纪 70 年代末出现的专门用途外语教学思潮的影响。

　　ISLPR 量表有三大用途:一、作为评估考生个人外语(第二语言)能力的依据;二、供外语教育科研或制订语言政策使用;三、为语言课程的开发和设计提供语言能力参考框架。针对第一种用途,他们设计了两种评测手段。一种是通过考试,其考试方式也很独特,无论听、读,还是说,都采用一对一面试的形式,写与传统考试区别不大。这种考试形式真实、自然,能当面看出考生语言能力的高低。如果考生人数少还可以,一旦上了规模,施考的压力会非常大,随之而来对标准的掌握也是问题。第二种属于非测试手段,他们开发了一系列语言能力自测表,供考生自评使用。

（四）CLB 量表

　　加拿大是一个移民国家,1992 年政府制定了一项新的移民政策,对新进

101

移民进行语言培训,提高他们在社会上的适应能力。政府为此需要制定一套明晰的语言能力标准,以便对受训人员的语言能力做出评估。1993年,政府出面组织了由专家、学者及行政人员等组成的全国外语能力标准工作委员会,负责制定"加拿大语言能力标准"(the Canadian Language Benchmarks,简称"CLB量表")。1995年CLB量表初稿完成,1996年正式颁布。促使政府制定这套标准还有另外一个原因。此前,加拿大有多种外语能力考试,这些考试自成一体,名称、等级、标准各不相同,社会上使用起来很不方便,有点像我们现在的大学英语四、六级和英语专业四、八级考试,外行人搞不清它们之间的区别,不知到底哪个水平高。CLB量表出台后,全国有了统一的语言能力标准,这种混乱局面也就消除了。此标准1999年经过修订,2000年颁布了厚达200页的新标准。

作为一套描述英语作为第二语言的国家标准,CLB量表共分三等(初等、中等、高等),12个级别(见表3),每个级别分别从听、说、读、写四个方面对学习者的语言能力做出描述。①

CLB量表每个级别的描述由三部分构成。第一部分为听、说、读、写四项技能的综合描述(global performance descriptors),分述学习者在这四个层面上所具备的综合语言能力。第二部分为完成语言任务所具备的各种条件(performance conditions),如交际目的、场景、对象、话题、任务长度等。第三部分通过列举有代表性的任务说明学习者到底能够用英语做什么(competency outcome standards)。以第5级的"说"为例,量表列出了7项综合描述指标:学习者基本能够参加日常社会交谈,谈论与个人生活有关且熟悉的话题或需求;能够使用多种简单的结构或一些复杂结构,尽管有时出现简化情况;交谈中常出现语法或语音错误,有时会影响交际;讲话时显示掌握了一些日常词汇及有限数量的习语;会用不生僻的词语避开不熟悉的话题;会使用 and、but、first、next、then、because 等衔接词组织语篇,虽有流利度,但会经常出现停顿或犹豫;能用电话与他人就个人信息进行简单交流,但不借助可视手段(visual sup-

①　Citizenship and Immigration Canada.*Canadian language benchmarks* 2000:*English as a second language-for adults*.Ottawa:Canadian Centre for Language Benchmarks,2000.

port）仍有困难。量表列出完成任务的条件包括：交谈是面对面的方式或通过电话；说话速度低于正常语速；交流场合基本是常见的或可预见的，以非正式场合为主，也包括一些正式场合；讲话能够持续 3 分钟到 5 分钟，话题是熟悉的日常生活；话题具体；借用图片或其他可视手段等。量表还分别列出了一对一或一对多交流的具体条件。量表第三部分的内容更具体、更丰富，分别从社会交际（social interaction）、给出指示（instructions）、请求和劝告（suasion）、提供信息（information）四个层面透过具体任务描述学习者在这个级别上能够使用英语做什么。

表 3　CLB 量表等级及其描述维度

AN OVERVIEW

BENCHMARK	PROFICIENCY LEVEL	SPEAKING AND LISTENING COMPETENCIES	READING COMPETENCIES	WRITING COMPETENCIES
STAGE I: BASIC PROFICIENCY				
1	Initial	Creating/interpreting oral discourse in routine non-demanding contexts of language use in:	Interpreting simple texts:	Creating simple texts:
2	Developing		• Social interaction texts	• Social interaction
			• Instructions	• Recording information
3	Adequate	• Social interaction	• Business/service texts	• Business/service messages
		• Instructions	• Informational texts	• Presenting information
4	Fluent	• Suasion (getting things done)		
		• Information		
STAGE II: INTERMEDIATE PROFICIENCY				
5	Initial	Creating /interpreting oral discourse in moderately demanding contexts of language use in:	Interpreting moderately complex texts:	Creating moderately complex texts:
6	Developing		• Social interaction texts	• Social interaction
		• Social interaction	• Instructions	• Reproducing information
7	Adequate	• Instructions	• Business/service texts	• Business/service messages
8	Fluent	• Suasion (getting things done)	• Informational texts	• Presenting information/ ideas
		• Information		
STAGE III: ADVANCED PROFICIENCY				
9	Initial	Creating/interpreting oral discourse in very demanding contexts of language use in:	Interpreting complex and very complex texts:	Creating complex and very complex texts:
10	Developing	• Social interaction	• Social interaction texts	• Social interaction
		• Instructions	• Instructions	• Reproducing information
11	Adequate	• Suasion (getting things done)	• Business/service texts	• Business/service messages
12	Fluent	• Information	• Informational texts	• Presenting information/ ideas

CLB 量表是一个以学习者为中心、基于任务的量表,依据的语言能力模型是交际语言能力模型。该量表对语言能力的描述强调学习者能够使用语言做什么,能够完成什么样的交际任务,反映了近年来外语教学研究领域的新进展。CLB 量表出台后,政府资助开发了相应的测评工具——the Canadian Language Benchmarks Assessment,简称 CLBA。CLBA 包括 3 个模块:听说、阅读和写作,是基于任务的语言测试。

（五） ALTE 量表

二十世纪九十年代,欧洲一体化进程加快。英国虽不热衷加入欧盟,但剑桥大学考试委员会却有自己的想法。在它的倡议下,欧洲 8 个国家的语言测试机构成立了"欧洲语言测试者协会"（Association of Language Testers in Europe）。该组织的初衷主要是制订一套统一的外语能力标准,以促进各国外语考试证书的相互认证,同时确定语言测试各阶段的标准,共同分享语言测试的经验和技术。目前该组织共有 28 个成员,代表 24 种语言。[①]

迄今为止,ALTE 最大的成果应该是他们共同制订的、以"CAN DO STATEMENTS"形式表述的语言能力标准,我们把它简称为"ALTE 量表"。ALTE 量表最初分五级,从低到高依次为 Waystage User、Threshold User、Independent User、Competent User、Good User。CEF 量表出现后,ALTE 量表在低端又增加了一级,变成了六级。

ALTE 量表的特点是:一、每一级对该级语言能力均有综合描述,且包括与上一级的对比说明。二、在每一级的综述后,按产出性技能（说与写）和接收性技能（听与读）对语言能力分别进行描述。三、对各项技能的描述,依据语言使用的环境不同分为社会生活和旅游中的语言使用、工作中的语言使用和学习中的语言使用。描述的内容是语言使用者在各语言使用环境下能够完成的任务。如第一级水平的语言使用者,在社会生活和旅游环境下,能够口头完成在旅馆当面订房、在餐厅按菜单点菜等任务;在工作环境下,可以给

---

① Association of Language Testers in Europe(ALTE).*A description of the framework of the Association of Language Testers in Europe*.Cambridge:ALTE Document 4,1994.

同事书写简单便条或记下客人对商品和送货日期的要求;在学习环境下,可以读懂通知上有关上课时间等简单信息;在社会生活环境下,可以听懂诸如商品价格、就餐时间、指路信息等。用列举各种环境下语言使用者所能完成的任务作为描述语言能力的依据是 ALTE 量表的一大特色,清楚、明了。但是,在能力标准描述中我们不可能穷尽所有语言使用任务,只能列出相对典型的任务。

(六) CEF 量表

CEF 是全欧洲地区语言教学及评测的共同框架,这个框架为各国语言教学大纲编写、课程设置、教材编写和考试设计提供了一个共同的基础。此框架全面描述了语言学习者为学会一门语言进行有效交流所需要掌握的知识、技能及文化背景,并为评测学习者每一阶段的进步制订了不同的能力等级。这一共同框架适用的范围包括欧洲不同语言地区(德语区、法语区等)、不同教育机构(初中、高中、成人等)以及不同使用对象(教师、学生、工作人员等)。CEF 量表是迄今为止最具代表性的语言能力量表。研制者在设计 CEF 量表时采取了"面向行动"的路子(action-oriented approach),具体体现在对语言使用和学习的描述上。他们把语言使用者,包括语言学习者定义为社会成员(social agents)。语言使用,包括语言学习,则指这些人运用所掌握的各种能力,包括交际语言能力,运用恰当的策略完成各种条件和环境下的语言活动或任务。这些活动或任务包括产出型、接受型和中介型。

CEF 量表对语言学习者和使用者的语言能力划分为三等(初等、中等、高等)六个级别(A1、A2、B1、B2、C1、C2)(见图 1)。A1 级别最低,C2 级别最高。该框架同时指出,不同机构可对这个能力标准灵活处理,如在 A2 级别上可以分出 A2.1 和 A2.2 两个级别,B1 级别上分出 B1.1,B1.2 等,为教学和评测机构提供了便利。

CEF 量表从听、说、读、写等方面对各个级别的语言能力不仅有总体描述,同时又有关于语言能力不同方面的分级描述和不同语言行为情况下的能力分级。例如,交际语言能力活动和策略包括产出性活动和策略、接收性活动和策略、互动性活动和策略等。产出性活动和策略包括口头输出和书面输

```
        A                    B                    C
   Basic User         Independent User      Proficient User
     /    \              /    \               /      \
   A1      A2          B1      B2           C1        C2
(Breakthrough)(Waystage) (Threshold)(Vantage)(Effective)(Mastery)

                                           Operational

                                           Proficiency)
```

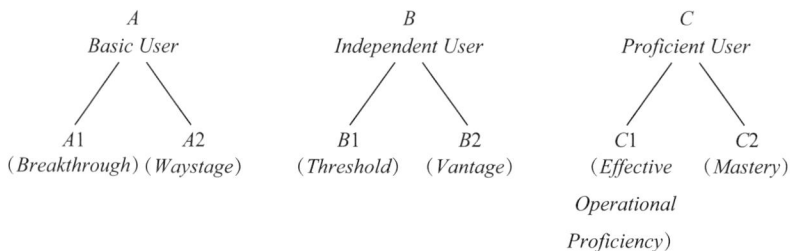

图 1　CEF 量表级别

出,而在口头输出活动之下又包括描述性、论辩性等不同的语言活动,每一项亦有具体的分级标准。

可见,CEF 量表不是单一的、平面的,而是多层次、立体的。其优势在于,既有总体的标准以区分作为整体的综合语言能力,又有针对某项能力或语言活动的具体标准,为语言学习、教学和评测提供详细参照。CEF 量表可谓粗细皆宜、详略兼顾。

CEF 量表的制订与 ACTFL 量表等不同,它不是单凭主观经验,而是系统地采用经验、定性和定量相结合的方法。首先,研制者把现有的语言能力分级标准及内容与共同框架所使用的能力描述范畴进行比较分析,然后根据经验把材料进行整理,形成新的能力描述项目,交由专家进行讨论和研究;接下来运用各种定性方法确认这些能力描述项目能为教师使用,并能达到他们所期望的结果;最后,运用定量方法将其中最有效的能力描述项目进行分级定位,从而得出能力级别。级别的划分还经过了不断的反复验证以确认其准确性。

三、结语

本文概述了国外几种主要的、最具影响的语言能力量表。从中我们可以看出:一、语言能力量表的研制在国外已有很长的历史,发展到今天已经很成熟。二、国外非常重视语言能力标准的研制工作。开始时政府牵头,后交专业机构研发并推广。三、早期的量表是为配合评测和考试设计的(如 FSI),后来逐步演变为外语教学及评测的标准,对教育政策的制订,课程设置及教学大纲的编写均产生了深刻影响。有些量表则成为求职就业的语言能力标准。四、量表的研制体现了不同时期人们对语言能力的认识,体现了语言教学理论及学习理论的发展。随着这些理论的不断发展,相信量表也会不断进行修订。

兰伯特(Lambert)①指出,一个国家制订学习和使用外语语言政策的关键是有一个统一的语言能力标准。与国外相比,我国尚无像 ACTFL 或 CEF 这样成熟、统一的外语能力标准或量表,有关语言能力的描述基本依附于某项考试或教学大纲,要么语焉不详,要么仍停留在语言知识加语言技能的老套路上。面向基础教育的《英语课程标准》朝正确的方向做出了努力,但高等教育阶段仍是空白。研制统一的学生英语能力标准是统筹规划我国外语教育面临的一项重要工作。

(本文原载《外语教学与研究》2006 年第 6 期)

---

① LAMBERT R."Foreign language competency"//.MOORE S J,MORFIT C A. *Language and international studies:A Richard Lambert perspective*.Washington D.C.:National Foreign Language Center Monograph Series,1993.

中国英语能力等级量表的研制

——语用能力的界定与描述

一、引言

语言能力量表的研制始于二十世纪五十年代。早期的语言能力量表,如《口语能力等级量表》(*Foreign Service Institute Scale*)和《跨部门语言圆桌标准》(*The Interagency Language Roundtable Scale*),以及后来的《美国外语教学委员会语言能力标准》(*ACTFL Proficiency Guidelines*)重视语言技能的描述,无专门针对语用能力的描述。20世纪末,《欧洲语言共同参考框架:学习、教学、评估》(*Common European Framework of Reference for Languages:Learning,Teaching,Assessment*,以下简称 CEFR)和《加拿大语言能力标准》(*Canadian Language Benchmarks*,以下简称 CLB)加入了对语用能力的描述。由于语言能力量表的研制目的、使用对象和所采用的语言理论模型不同,语用能力及语用知识在不同量表中的界定和描述方式亦有区别。

2014年9月国务院颁布《关于深化考试招生制度改革的实施意见》(国发〔2014〕35号),明确提出加强外语能力测评体系建设,其中一项重要任务是制定国家外语能力等级量表,提供不同等级的外语能力标准。在这一背景下,中国英语能力等级量表研制工作正式启动。该量表将全面界定我国英语学习者在用英语进行交际时应达到的标准,详细列出学习者应掌握的各种英语知识和能力,为各阶段的英语学习、教学和测评提供参照标准。① 根据这一研制目

---

① 刘建达:《我国英语能力等级量表研制的基本思路》,《中国考试》2015年第1期。

标,本文在评述 CEFR 和 CLB 关于语用能力和语用知识界定及描述的基础上,结合对语用能力含义的考察,探讨中国英语能力等级量表——语用能力量表的研制思路,提出语用能力描述方案。

二、国外语言能力量表中语用能力的界定与描述

(一) CEFR 对语用能力的界定与描述

2001 年,欧洲理事会颁布了 CEFR,其中一项重要内容是"全面描述语言学习者进行语言交际所需要学习的内容和进行有效言语沟通所需的知识和技能",①为欧洲地区制定外语教学大纲和课程指南、设计考试、编写教材等提供共同参考,以提高语言教学质量和成效;为各阶段语言学习者提供"语言水平描述的客观标准",以推动欧洲地区不同学习环境下学习者所获资格证书间的互认。

CEFR 中的语用能力源自乔姆斯基(Chomsky)的界定,②是语言使用者(学习者)"依据互动交流的情境或进程,运用语言资源以实现语言功能(产出语言的功能、言语行为)的能力"。它涉及语言使用者(学习者)把握语篇、识别文本类型与体裁的能力,前者包括衔接与连贯,后者包括讥讽文体和模仿类的滑稽作品。语用能力由语篇能力(discourse competence)、功能能力(functional competence)和构思能力(design competence)组成。语篇能力是语言使用者(学习者)组句成篇的能力,包括话题与焦点、已知信息与新信息、自然排序("natural"sequencing)、因果关系等。功能能力是语言使用者(学习者)使用口头语篇和书面语篇实现特定交际功能的能力,涉及微观功能(如传递和获取事实信息、表达态度、劝告等)、宏观功能(如描写、叙述、评论等)和互动图式(如问答等口头交流模式)等方面知识和能力的运用。构思能力指语言使

---

① Council of Europe. *The common European framework of reference for languages*: *Learning*, *teaching*, *assessment*. Cambridge: CUP, 2001.

② NORTH B. *The CEFR in practice*. Cambridge: CUP, 2014.

用者(学习者)按照互动交际图式原则进行信息规划所掌握的知识。

根据上述界定,CEFR 从语篇能力和功能能力两个维度对语用能力进行了描述,但未对构思能力进行详细介绍和描述。语篇能力的描述包括灵活性、话轮转换、主题拓展和连贯与衔接四个次维度。功能能力的描述包括表达自如度(fluency)和命题表达精确度(propositional precision)两个次维度。前者指语言使用者(学习者)发起话题、持续表达及应对交际困境的能力,不仅包括表达的自动化程度,还包括连贯表达、话题发展、话轮转换等其他方面的语用能力;后者指语言使用者(学习者)"精确"表达个人观点和立场的能力。CEFR 给出了与上述次维度相对应的六个语用能力子量表,描述语的内容涉及与语言学习密切相关的公共生活、个人生活、教育和职业四类领域。

同对语言水平的描述一样,CEFR 对语用能力的描述亦采用"能做"(Can Do)方式(对语言能力和社会语言能力的描述亦基本采用这一方式)。如口头表达自如度量表中 B1 级别的描述语"能持续表达,尤其在大段口头自由表达中,即便在寻找适当的词句或自我纠错时偶有明显停顿,但不影响理解";命题表达精确度量表中 B2 级别的描述语"能如实地传递详细信息"。

CEFR 语用能力量表共有 50 条描述语,相比语言能力描述语和社会语言能力描述语,语用能力描述语少,原因在于"语用能力的描述更易受到交际双方互动和文化环境因素的影响",很难给出单一性和规约性的描述,这也表明如何具体描述语用能力尚处在探索阶段。①

(二) CLB 对语用能力的界定与描述

CLB 由加拿大全国外语能力标准工作委员会负责制定,是培训在加成年移民和评价在加生活、工作、学习的英语使用者(学习者)英语水平的国家标准,按 12 个级别对听、说、读、写四项技能分别进行了描述。

CLB 主要采用了巴克曼和帕尔默(Bachman & Palmer)②的交际语言能力模型,认为语言能力(language ability)是"交际地"(communicatively)运用语言

---

① SICKINGER P,SCHNEIDER K."Pragmatic competence and the CEFR:Pragmatic profiling as a link between theory and language use".*Linguistica*,2015,No.1.

② BACHMAN L F,PALMER A S.*Language assessment in practice*.Oxford:OUP,2010.

的能力,由语言知识(language knowledge)和策略能力(strategic competence)构成。语言知识包括组构知识(organizational knowledge)和语用知识(pragmatic knowledge)。语用知识指"如何将句子、话语或语篇与交际目的、交际语境联系起来的知识"。① 语用知识包括功能知识(functional knowledge)和社会语言知识(sociolinguistic knowledge)。功能知识是"理解或表达口头或书面语篇字面意义之外真实意图的能力(ability)",包括概念功能、操控功能、探究功能和想象功能等方面。社会语言知识是有关"情境如何影响实际语言运用方式的知识",涉及题材类型、方言变体、语域、自然或地道表达和文化参照与修辞。依照上述描述框架,CLB 对语用能力的描述主要体现在初、中、高三个等级的整体描述中,并以功能知识和社会语言知识的描述体现出来,形成了"初、中、高三个等级乘以听、说、读、写四项技能"共 12 组量表,共包括 100 条描述语。

但是,CLB 在描述功能知识和社会语言知识时,并未严格区分知识和能力,这一点和 CEFR 有相同之处。CLB 对语用知识(能力)的描述采用表示"认知能力的名词,如识别(recognition of)、理解(understanding of)、能力(ability to)等 + 短语"的语义描述结构。如高等级阶段口语能力(9—12 级)中社会语言知识描述语"(具有)使用文化参照手段和修辞手法的能力";②中等听力能力(5—8 级)中功能知识描述语"(具备)识别不同情境中典型话语样式(的知识)"。

三、中国英语能力等级量表理论框架及其语用能力的界定

中国英语能力等级量表所依据的语言能力模型把语言能力界定为语言使

---

① Centre for Canadian Language Benchmarks. *Canadian language benchmarks* 2000:*Theoretical framework*.Ottawa,ON:*Centre for Canadian Language Benchmarks*.[2016-03-20].http://www.language.ca/documents/Theoretical_Framework_e-version.pdf.

② Centre for Canadian Language Benchmarks.Canadian language benchmarks 2000:English as a second language-for adults.[2016-03-30].http://www.cic.gc.ca/ english/pdf/pub/language-benchmarks.pdf.

用者(学习者)"运用各种知识和策略,参与某一话题语言活动时所体现出的语言理解能力和语言表达能力",①体现了语言的交际特点。该模型把听、说、读、写、译视为语言运用的不同表现形式,这与 CEFR 和 CLB 对语言能力的界定不同。

(一) 语用能力的嬗变

中国英语能力等级量表理论模型关于语言能力的界定采用"应用语言学"视角,有别于理论语言学家,尤其是形式语言学家所谈论的语言能力。例如,乔姆斯基(Chomsky)关注的语言能力(linguistic competence),也称语法能力(grammatical competence),是指拟想的说话人兼听话人所具有的关于语言的潜在知识。20 世纪 70 年代,在谈及学习者如何运用语言实现特定交际目的时,乔姆斯基(Chomsky)曾提出与"语法能力"相对的"语用能力"(pragmatic competence),认为与语法能力相比,语用能力的内涵"完全不明确"。② 后来,他③将语用能力界定为"在各种情境中根据不同目的得体运用某一语言的知识",包括运用语言实现特定交际目标所需的规则和原则。虽然这不是他的研究重点,但他认为"有必要区分语法能力和语用能力"。

与乔姆斯基(Chomsky)做法类似,利奇(Leech)④也把语言分为语法(抽象的形式语言系统)和语用(语言运用的原则)两套系统,并提出语用语言学和社交语用学这两个概念。他认为,语用语言学具有语言确指性(language-specific),社交语用学具有文化确指性(culture-specific)。后来的学者从这组概念出发,提出语用能力分为语用语言能力(pragmalinguistic competence)和社交语用能力(sociolinguisitic competence),认为前者是理解和表达言语交际意图的必要手段,后者是制约说话人语言选择和听话人语言理解的社会规约。

---

① 韩宝成、张允:《高考英语测试目标和内容设置框架探讨》《外语教学与研究》2015 年第 3 期。

② CHOMSKY N.*Essays on form and interpretation*.New York:Elsevier North-Holland,Inc,1977.

③ CHOMSKY N.*Rules and representations*. New York:Columbia University Press,1980.

④ LEECH G.*Principles of pragmatics*.Oxford:OUP,1983.

罗弗(Rover)①和希克灵格和施耐德(Sickinger & Schneider)②认为,利奇(Leech)提出的语用能力框架具有一定的指导性,但他并未对语用能力本身给出一个周严的界定。

由于语用能力和语言交际密不可分,应用语言学界试图对语用能力做出明确界定。廷佩等(Timpe et al.)③把各种交际语言能力框架或模型中的语用知识分为功能—话语取向型(functional, discourse–oriented)、成分型(component)和成分—意义取向型(componential, meaning–oriented)三类。功能—话语取向型④把语言视作一个多维社会符号系统,从功能和话语视角考察和描述语用能力,认为语用是意义的构成成分,语境使连贯语篇中的语用意义更加凸显,体现了语言运用的意义驱动观。成分型⑤把语用能力视为语言能力中若干互相关联的语用知识,突出了语言运用中的语境和语用使用者两个决定性因素。成分—意义取向型⑥对巴克曼和帕尔默(Bachman & Palmer)提出的语用知识要素进行了重构,并在语用能力中纳入社交距离、相对权势、侵犯程度(degree of imposition)、与特定言语社团有关的礼貌原则等谈话者因素(interlocutor variables)。它其实是前两类的混合体,既关注功能—话语导向模型中语法与语用的联系,又接受了成分观,是一种突出意义和理解(interpretation)的多维成分观。基于上述分析,提普等(Timpe et al.)提出界定语用能力的三条基本原则:意义、互动和语境,认为语用能力是语言使用者在语言运用中对意义动态建构的能力。这是一种"宽式"语用能力观。

---

① ROEVER C.Testing of second language pragmatics:Past and future.*Language testing*,2011,No.4.

② SICKINGER P,SCHNEIDER K.Pragmatic competence and the CEFR:Pragmatic profiling as a link between theory and language use.*Linguistica*,2015,No.1.

③ TIMPE V,WAIN J,SCHMIDGALL J.*Defining and operationalizing the construct of pragmatic competence:Review and recommendations*.ETS Research Report,2015.

④ VAN DIJK T A.*Text and context:Explorations in the semantics and pragmatics of discourse*.London:Longman,1977.

⑤ BACHMAN L F,PALMER A S.*Language assessment in practice*.Oxford:OUP,2010.

⑥ PURPURA J.*Assessing grammar*.Cambridge:CUP,2004.

还有研究者①从语言意义的理解和表达角度界定语用能力。卡斯珀和布卢姆—库尔卡(Kasper & Blum-Kulka)②强调特定语境中语言意义的理解和表达。刘绍忠认为语境是理解、准确表达说话人意思和意图的基础。拜阿里史托克(Bialystok)从说话人使用语言实现交际目的、听话人通过语言理解说话人真实意图和掌握话语生成语篇规则三方面界定语用能力,强调对非字面(语言)形式的理解与表达,关注说话人意图。科恩(Cohen)③也强调对非字面意义的理解与表达。田口(Taguchi)④直接把语用能力概括为准确理解和得体表达的能力,还包括语用知识和语用加工。

(二) 中国英语能力等级量表中语用能力的界定

依据上述对语用能力的考察,结合中国英语能力等级量表理论框架,本研究采用"窄式"视角,把语用能力(pragmatic ability)界定为语言使用者(学习者)结合具体语境,运用各种知识和策略,理解和表达特定意图的能力。这里的特定意图尤指在不同交际场合中人们表达的请求、建议、拒绝、道歉等意图,以及直接或间接表达的观点、情感和态度等。人们使用语言进行交际均关涉说话人对意图的传达和听话人对意图的识解。⑤ 换言之,交际既包括说话人和作者对意图的表达,又包括听话人和读者对说话人和作者意图的理解。在正常社会交往中,说话人或作者意图的表达要符合交际所在的社会文化语境,意图表达的效果取决于表达是否得体,即用语是否符合社会文化规约。当然,无论理解还是表达特定意图,都离不开相关知识和策略。其中,知识既包括语言知识,也包括非语言知识。

---

① BIOLYSTOK E.Symbolic representation and attentional control in pragmatic competence //. KASPER G,BLUM-KULKA S. *Interlanguage pragmatics*.Oxford:OUP,1993,pp.43-57.

② 刘绍忠:《语境与语用能力》,《外国语》1997 年第 3 期;KASPER G,BLUM-KULKA S.Interlanguage pragmatics:An introduction//.KASPER G,BLUM-KULKA S.*Interlanguage pragmatics*.Oxford:OUP,1993,pp.3-17.

③ COHEN A.Coming to terms with pragmatics //.ISHIHARA N,COHEN A.*Teaching and learning pragmatics:Where language and culture meet*. London,Longman,2010,pp.3-20.

④ TAGUCHI N.*Context,individual differences and pragmatic competence*.Bristol,England:Multilingual Matters,2012.

⑤ PERBER D,WILSON D.*Relevance:Communication and cognition*.Oxford:Blackwell,1986.

中国英语能力等级量表中的语用能力强调对语言使用者意图的理解与表达，以及表达的效果，明确了知识与能力之间的关系。这种"窄式"语用能力界定有别于上文提到的"宽式"界定，也有别于 CEFR 和 CLB 对语用能力的界定。采用"窄式"方式界定语用能力并研制相应量表的主要考量是：一、准确理解语言使用者的意图和表达自己的意图是交际成功与否的关键，这方面能力欠缺，容易引起误解或导致交际失败；二、"窄式"界定涵盖语用能力的核心构念，从量表研制角度来讲易于操作，也避免和中国英语能力等级量表中的语言理解能力和表达能力的描述相重合，尽管它们在某些方面仍存在交叉。

四、中国英语能力等级量表语用能力描述框架

根据语用能力的上述界定，中国英语能力等级量表语用能力的描述框架（见图 1）。图 1 显示，语用能力分为语用理解能力和语用表达能力，语用理解能力包括理解说话人意图和理解作者意图，语用表达能力包括表达说话意图和表达写作意图。语言知识和策略是语用理解能力和语用表达能力的基础。语言知识由组构知识和语用知识构成，后者包括功能知识和社会语言知识。表达得体与否影响语用效果。像 CEFR 一样，语用能力的描述也采用"能做"语义描述结构。描述语的收集、撰写、修改和完善工作基本完成，级别的划分和确定尚需深入研究，本文暂不详述。

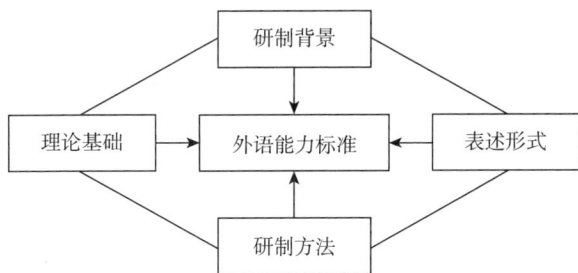

图 1　中国英语能力等级量表语用能力描述框架

（一）语用理解能力和语用表达能力

奥斯丁(Austin)①认为,说话即是做事。人们说话的同时完成三种不同的行为:一种是以言指事行为(locutionary act),指说出来的实际话语,即"言之发";一种是以言行事行为(illocutionary act),指话语的语力或说话人的意图,即"发一言"。以言行事行为和以言指事行为同时完成:"完成一个以言指事行为,一般也是,且本身就是,完成一个以言行事行为"。二者的关系好比"在选票上打叉跟选举之间的关系"。② 还有一种是以言成事行为(perlocutionary act),指话语对听话人产生的影响。

托马斯(Thomas)③在考察说话人意义(speaker meaning)和话语理解(utterance interpretation)之后,区分了意义的三个层面:抽象意义、语境意义或话语意义和语力(force)。其中,抽象意义是词、短语、句子等可能具有的意义,语境意义或话语意义是上述语言单位与语境的结合体,语力指说话人的交际意图。

依据上述观点,语用理解和表达涉及以言行事行为和语力,是指语言使用者通过话语解读传达交际意图。语用理解能力是听话人或读者在具体情境中,运用各种知识和策略,通过话语来理解说话人或作者所传达的特定意图的能力。语用表达能力是说话人或作者在具体情境中,运用各种知识和策略,通过话语向听话人或读者传达特定意图的能力。需要强调的是,语用理解能力和语用表达能力关注的不是语言使用者(学习者)对话语意义的理解与表达,而是其对话语意图的理解与表达。话语意图恰恰是交际成功与否的核心基础。基于此,中国英语能力等级量表从语用理解能力和语用表达能力两个维度描述语用能力。其中,语用理解能力包括说话人意图和作者意图两个子维度,语用表达能力包括说话意图和写作意图两个子维度(见图1)。

---

① AUSTIN J.*How to do things with words*.Oxford:Clarendon Press,1962/1975.

② SEARLE J.*Speech acts:An essay in the philosophy of language*.Cambridge:CUP.1969.

③ THOMAS J.*Meaning in interaction*.London:Longman,1995.

（二）语用知识

知识是通过经验构建而成的、储存在长时记忆中的一套信息结构。量表中所说的知识既包括语言知识，又包括非语言知识。语言知识是"（储存在）记忆中的信息域，供语言使用者在语言运用中表达和理解话语意义"。①

根据巴克曼和帕尔默（Bachman & Palmer）的观点，语言知识由组构知识和语用知识构成。语用知识包括功能知识和社会语言知识。其中，功能知识用来解释话语、句子和文本与语言使用者意图之间的关系，包括概念功能、操控功能、探究功能和想象功能。社会语言知识用来表达或理解符合某一特定语言运用场景的语言，包括决定语体、方言或变体、语域、自然表达或惯用表达、文化参照及修辞等体现语用效果的社会规约知识。语用知识量表从功能知识和社会语言知识两个维度对不同级别进行描述，尚未对所含子维度单独进行描述。

（三）得体性

语言使用者（学习者）的语言能力表现可从准确性（accuracy/correctness）和得体性（appropriateness）进行评量，前者关乎语法能力，后者更多涉及语用能力。② 得体性是海姆斯（Hymes）③交际语言能力中的一部分，指语言运用是否与特定语境相符、符合程度如何。它涉及"什么时候该说话，什么时候不该说；说的时候说什么，对谁说，什么时候、什么场合、什么方式说"。得体性后来专指有关语言运用规则的知识，体现了语言形式与语境之间的关系；得体与否取决于对语言形式和语境的分析。勒斯蒂格和凯斯特（Lustig & Koester）④

---

① BACHMAN L F，PALMER A S.*Language assessment in practice*.Oxford：OUP，2010.

② TSUTAGAWA F."Pragmatic knowledge and ability in the applied linguistics and second language assessment literature：A review".*Teachers college Columbia University working papers in TESOL & applied linguistics*，2013，No.13.

③ HYMES D."On communicative competence"//.PRIDE J B，HOLMES J.*Sociolinguistics*.Middlesex：Penguin Books Ltd，1972，pp.269−293.

④ LUSTIG M，KOESTER J.*Intercultural competence：Interpersonal communication across cultures*.Boston，MA：Allyn and Bacon（Pearson Education），2006.

认为,得体性反映了"交际活动(是否)符合特定交际情境的期待和需求"。

语言运用得体与否直接影响交际效果。在上述界定的基础上,本文将得体性界定为语言使用者(学习者)在表达自己的特定意图时所运用的社会语言知识是否符合特定情境的期待和需求及其符合程度。中国英语能力等级量表语用能力量表对得体性的描述基于巴克曼和帕尔默(Bachman & Palmer)的社会语言知识框架,从语体、方言或变体、语域、自然表达或惯用表达、文化参照及修辞等方面进行描述。

五、结语

本文简要介绍了 CEFR 和 CLB 对语用能力的界定及描述。在考察语用能力概念的基础上,本文重点讨论了中国英语能力等级量表中语用能力的界定和描述框架。该界定包括三层含义:1)语用能力包括语用理解能力和语用表达能力;2)语言知识,包括语用知识,是语用理解和表达的基础;3)语用表达的效果取决于表达的得体程度。与 CEFR 和 CLB 相比,该界定聚焦话语意图,关注语言使用者(学习者)对话语意图的理解与表达,这更符合奥斯丁(Austin)、赛尔(Searle)、格莱斯(Grice)①等关于语用实质的主张。本文同时对中国英语能力等级量表语用能力量表中的语用理解能力、语用表达能力、语用知识和得体性进行了界定和说明,提出了语用能力量表的描述框架,确定了量表研制的构念和操作基础。

(本文原载《现代外语》2018 年第 1 期)

---

① GRICE H P.Logic and conversation//.COLE P,MORGAR J L. *Syntax and semantics* 3:*Speech acts*.New York:Academic Press,1975,pp.41-58.

从一项调查看中小学英语教科书
存在的问题及编制原则

一、引言

英语教科书是英语课程的化身,是中小学英语教师实施教育教学的重要材料和依据,也是英语作为外语环境下,学生语言的主要输入来源和学习英语文化知识的重要渠道,它在基础英语教育中的重要作用不言而喻。因此,中小学教科书的编制问题,一直受到国内外语界的关注。① 概括地讲,这些讨论涉及教科书的编制原则、评价体系、内容选择以及新编教材的特点等,多为理念层面的探讨。有关教科书编写质量的分析和使用效果的研究并不多见。英国学者汤姆林森(Tomlinson)②根据多年的教学经验,结合对全球多个国家和地区英语教科书的调研得出结论:虽然一些英语教材成功地帮助学习者学习了这门语言,但实际上多数教材却阻碍了他们英语语言能力的发展。他的话令人深思。

新课程改革以来,我国实行"一纲多本"的教材政策。全国中小学教材审定委员会审查通过小学英语教材 30 套,初中英语教材 10 套,高中英语教材 7

---

① 许国璋:《谈谈新形势下外语教学的任务》,《人民教育》1978 年第 10 期;韩宝成:《关于我国中小学英语教育的思考》,《外语教学与研究》2010 年第 4 期;刘道义、龚亚夫、张献臣:《我国中小学英语教材建设的历史经验及启示》,《课程·教材·教法》2011 年第 1 期。

② TOMLINSON B."Language acquisition and language learning materials"//.TOMLINSON B. *English language teaching materials*.London:Continuum,2008,pp.3–14.

套。目前正在开展新一轮的教材审定工作。这些教材的品质如何？英语教师如何看待他们使用的教科书？他们心目中的教科书是什么样的？本文根据一项有关英语教科书的调查，对其存在的问题进行分析，并结合我国中小学英语教育的实际情况和相关理论，探讨编制英语教科书应该遵循的几条重要原则。

二、关于英语教科书的调查

（一）调查对象及调查内容

为了了解中学英语教师对其所用教材的看法，2009 年 5 月，笔者利用一次英语教研活动的机会，对北京市某城区部分中学英语教师进行了调查。接受调查的英语教师共有 63 位，其中初中教师 28 位、高中教师 35 位，分别使用同一出版社出版的初、高中英语教材。接受调查的教师均大学毕业，其中 6 位硕士毕业，83% 的教师教龄超过了 5 年。

（二）调查工具及方法

调查采用的是隐喻分析法（metaphor analysis）。陈向明①指出，隐喻是教师实践性知识的重要表征形式之一。它是出于不同情境、具有不同经历的个体，借助想象力和象征手法，在不需要分析和概括的情况下，通过直觉表征对世界的认识。隐喻传达着教师对于教育教学的认识与理解，与此同时，也构建了他们对于教育世界的认识。二十世纪八十年代以来，隐喻分析被广泛用于教学研究和教师教育研究。② 调查采用的方式是，我们要求教师根据自己的

---

① 陈向明：《搭建实践与理论之桥：教师实践性知识研究》，教育科学出版社 2011 年版。

② OXFORD R L, TOMLINSON S, BARCELOS A, et al. " Clashing metaphors about classroom teachers：Toward a systematic typology for the language teaching field ". *System*, 1998, No. 1；BEN-PERETZ M, MENDELSON N, KRON F W. " How teachers in different educational contexts view their roles ".*Teaching and teacher education*, 2003, No.2；SABAN A, KOCBEKER B N. " Prospective teachers ' conceptions of teaching and learning revealed through metaphor analysis ". *Learning and instruction*, 2007, No.2.

真实想法用一个比喻对其使用的教材和心目中理想的教材分别做出评价,形式是:(1)我现在使用的英语教材像_____。(2)我心目中的英语教材应该像_____。调查还要求他们分别用一句话对所给出的比喻做出阐释,以了解其内涵。63 份调查表在教研活动开始前下发,现场完成后全部收回。

（三）教师对在用英语教科书的评价

调查表收回后,剔除了空白和无效问卷(包括只给隐喻没给解释和只有解释没给隐喻的问卷)。针对他们正在使用的英语教材,共获得 42 个有效隐喻。

结果表明,一线英语教师对现行教科书的看法不容乐观。他们提供的 42 个隐喻大体分为 4 类。第一类共 21 个隐喻,占全部隐喻的一半,分别是"康熙大字典(3)""无味饭菜(2)""白开水(2)""贵族食物(2)""甲骨文(2)""经书(2)""科研论文""平板遥控器""囚笼""木偶""新闻联播""八股""三角""说明书""图画书""腊"。这些隐喻及其阐释表明,英语教师视现行教材为"死板、无趣之物"。他们认为:"课文枯燥难懂,学生不喜欢读,文章过长,生词难词太多";"内容难度大,没趣,与现实脱节";"练习没有针对性,难度大,重点不突出";"教材专业性太强,话题离学生生活太远,缺乏时代感,不适合这些年龄的孩子";"教材内容比较生硬,需要学生和教师自己创设情境";"教材过于模式化、形式化、死板,让学生感到枯燥,望而生畏";"束缚了老师的手脚,让学生看不到学习的乐趣所在"。

接受调查的半数教师认为,现行英语教科书死板、枯燥乏味。这种结果与编者的初衷可能相去甚远。现行教科书不受欢迎,可能与其编写理念、结构设计甚至编者的文字功底有关。新课程改革以后,英语教科书基本采用"话题—功能—结构—任务"模式。[①] 为了教会学生学习某种语言结构和交际功能,编者通常从"生活"和"实用"出发,围绕某一话题"编写"语言学习材料。这种语料照顾了结构和功能,但对学生的情商和智商关注不够。例如,某版本

---

① 刘道义:《新高中英语教材教法的继承与创新》,《基础教育外语教学研究》2006 年第 5 期。

初中一年级英语教材第二单元的话题是"家庭",课文内容如下(人名地名经过了处理):

My name's Alice Brown. I'm English. These are my parents. My father is a teacher at the Shanghai International School. My mother is a secretary at the Beijing International School.

My name's Li Gang. I'm Chinese. These are my parents. My mother is a doctor at the hospital. My father is a factory manager.

My name's Peter Pan and I'm American. These are my parents. My mother is an English teacher in a university in Beijing. This is my father. He's a hotel manager.

My name's Li Meimei. I'm Chinese. These are my parents. They are factory workers.

显然,这是为体现"自我介绍"这一语言功能编写的学习材料。这种"教材体英语"在其他版本的教科书中亦比比皆是,看上去句句符合语法,但属于"有句无文""有文无情"的材料。对于十二三岁的中学生而言,"无文""无情""无内容"的材料,满足不了他们的好奇心和对知识的渴望,不能激起他们学习英语的兴趣,教学效果也就可想而知。

接受调查的教师还认为,现行的英语教材内容杂乱,是"大杂烩"(10个隐喻)。他们把正在使用的教材比喻为"一堆杂乱树枝(2)""话题集合(2)""导游手册""垃圾桶""大海""唐人街大杂烩和大拌菜",这说明教材的设计和内容编排不甚合理。他们说:"教材内容多而杂,重点不突出,关联差,学生不感兴趣,学起来枯燥";"教材不实用,语法不清晰";"教材内容杂、乱,老师摸不透,学生抓不着"。

仔细研究某版本高中英语教材发现,此书118页,前52页为正文,后66页是练习、注释和词汇表;前一半共3个单元,每个单元中豆腐块大小的文字加起来不超过2页,其余均为各种练习和活动。在这类教科书里,师生很难见到知名的作家,读不到优美的文字,听不到人物的心声,更难窥见逻辑严谨的论证。师生视线所及,不是活动就是练习,不是任务就是项目。接受调查的6位教师评价道:现行教科书是"知识手册(3)""试卷""考试说明""考试工具"。他们认为,"教材以考试为中心,为考试服务";"重知识,轻能力,是教师用来提高成绩的文本"。

英语教科书变成活动手册,与课程标准倡导的任务型语言教学理念有关。任务型语言教学强调课堂上模拟现实生活中人们使用的语言,让学生通过参与交流活动掌握语言。① 在这种理念指导下,编者把"话题""短文"(多为几十个词到几百个词的零碎文字)"对话""功能""语法""词汇""技能""策略""文化角""布告栏""单元日记""练习""项目"等以各种"活动"的方式塞给师生,令人眼花缭乱。教科书以"活动"取代了扎实的、地道的、丰富的语言输入和实实在在的自由表达与讨论,看似面面俱到,图文并茂,实则空洞无物。新课标倡导"做中学",强调体验,但杜威认为,体验不仅仅是指做什么事情,而且也包括进行深入思考的积极过程。这就要求所做的事情能够激发学生去深入思考,但现行教科书中的很多话题(例如:某版本高中英语教科书让学生学习如何购物;如何砍价钱;如何阅读照相机和吸尘器广告;讨论如何出国旅游和定居等)与学生的心智需求不相符,很难激起他们思考的欲望。这也反映了现行英语教科书背后的价值取向。②

依据课程标准,高中英语实行模块化教学。学生每学期需要完成两个必修模块(两本书)。计算下来,学生一个学期接触的英语文本总共不超过十几页。围绕这些语言材料,师生要完成"参与""实践""探究""合作"等任务。在英语作为外语的学习环境下,语言输入的质和量如此之低,很难实现课程标准提出的工具性和人文性目标。

在部分教师眼里,现行教科书也是"权威"的象征。在他们看来,英语教科书像"老人",是"刻板的说教者"和"百科全书"。他们认为,现行教科书"给我们提供的是知识、经验";"从许多方面介绍了西方国家的历史等内容,扩大了学生知识面,但离学生太远,打击了学生的积极性"。

总之,接受调查的老师对现行教材不满意。新课改以后国家审查通过了

① SKEHAN P.*A cognitive approach to language learning*.Cambridge:CUP,1998.

② TOMLINSON B."Language acquisition and language learning materials"//.TOMLINSON B.*English language teaching materials*.London:Continuum,2008,pp.3-14.

多套英语教科书,难道没有一套质量上乘的吗? 张正东①指出,"客观地看现有的多种英语教材,实际上都是全面紧扣《课标》型教材,类似在《课标》底板上刷上不同油墨而印出来的教材,不同的只是色彩。"本调查的结果与汤姆林森(Tomlinson)②在马来西亚、英国和越南所做的调查基本相同。他发现,在这些国家,78%的老师对他们使用的 EFL 教科书也持负面看法。可见,当代各国英语教科书不受欢迎是一个普遍现象。

需要指出的是,本次调查的对象仅有 63 位中学英语教师,他们来自大城市,人数少,且不是随机抽样,使用的又是同一套教材,对课改后新编教科书的看法未必客观和全面,但他们的回答却足以引人深思。

三、教科书的本质和功能

在回答上述问题之前,有必要澄清一个基本概念,即什么是教科书,如何看待教科书的地位和作用。有学者认为,教科书"是教学过程中教师用来协助学生学习达到教学目标的知识信息材料",③是"教师和学生据以进行教学活动的材料,教学的主要媒体";④有的认为教科书是"国家课程方案和课程标准的主要物化载体"。⑤ 英语课程标准把教材定义为"实现教学目标的重要材料和手段"。坎宁斯沃思(Cunningsworth)⑥指出,教材是根据学习者的需求而确定的学习目的和目标的资源。汤姆林森(Tomlinson)⑦则认为,英语教科书应该是"语言学习的材料",不是"语言教学的材料";是学生学习的材料,不是

---

① 张正东:《关于多种英语教材的思考》,《基础教育外语教学研究》2005 年第 11 期。

② TOMLINSON B."Principles and procedures of materials development"//.HARWOOD N.*Materials in ELT:Theory and practice*.Cambridge:CUP,2010,pp.81-180.

③ 曾天山:《教材论》,江西教育出版社 1997 年版。

④ 顾明远:《教育大辞典(第一卷)》,上海教育出版社 1990 年版。

⑤ 靳玉乐、王洪席:《十年教材建设:成就、问题及建议》,《课程·教材·教法》2012 年第 1 期。

⑥ CUNNINGSWORTH A.*Choosing your coursebook*.Oxford:Heinemann,1995.

⑦ TOMLINSON B."Language acquisition and language learning materials"//.TOMLINSON B.*English language teaching materials*.London:Continuum,2008,pp.3-14.

教师教授的材料(for teaching)。这些观点,从不同侧面揭示了教科书的内涵。

综上所述,英语教科书应该是符合学生身心特点,实现英语课程目标的规范的语言学习材料。它是学生习得英语语言文化知识、获得语言输入的重要渠道,是学生语言能力和思维能力发展的支架,是学生发展情感、进行自我人格构建的范例,是师生进行对话的"话题"和"文本"。

由于历史和传统的原因,教科书在国人心目中的地位甚高。许多教育行政管理人员听课评课时,往往不关注教师是否按照课程标准灵活地组织教学,而是看他是否在"教书"。对许多教师来说,教授教科书的内容是课堂教学的唯一目标。长期以来,集权化的教材政策、教育行政主管部门对教科书的"钦定"行为、僵化而又落后的教学评价和考试制度,导致许多教师患了"教科书崇拜症"。他们认为,"千重要,万重要,吃透教材最重要。"随着课改的推进,"建构""生成""师生互动"等理念部分地冲击了教科书的"神坛"地位,但由于我国中小学英语教师队伍整体水平不高,"教教科书"仍是大多数教师持有的信念和不自觉的课堂行为。

如何看待英语教科书在教育教学过程中的地位和作用? 英语教科书的主要定位是向学生提供符合语言学习规律的典范素材,它有别于数学、物理、化学等知识课程教科书的设计,它是学生在英语作为外语的环境下获得语言输入、习得语言知识和文化知识的重要渠道和资源,因此,英语教科书本质上是文选,是读本。作为实现课程目标的重要手段和师生课堂使用的主要材料,英语教科书是众多学习资源中的一种,不可能包罗万象。教师关注的应该是学生发展,而不是教科书本身。课堂教学中,英语教科书是教师和学生言说的对象和起点,是师生"对话"的参与者。[①] 但这种对话不是简单的交谈和问答,也不是为了模拟交际而开展的"虚假对话",而是师生间真正意义上的精神交流。这种"对话"不仅意味着应用性,更意味着平等性、开放性、原创性和批判性。因此,英语教科书作为服务师生的工具,不仅是课堂语言活动灵感的来源,也是师生共同发展的平台。

---

① 陈月如:《中小学教科书改革研究》,教育科学出版社 2009 年版。

四、英语教科书的编制原则

对于他们心目中理想英语教科书的看法,本调查共获得 45 个有效隐喻,大体分为 3 类。下面结合他们的看法和相关理论,探讨编制英语教科书应该遵循的几条重要原则。限于篇幅,重点讨论语言素材的选择。

(一) 有趣

确保英语教科书所选语言材料有趣味,这是编好教科书的首要原则。只有所学材料的内容有趣味,才能激发学生学习的兴趣。杜威①十分强调兴趣在学习中的重要作用。皮亚杰②也指出,兴趣是人类一切活动的原始动力,没有它,就不可能有心理活动。麦克杜格尔(McGougall)③认为,兴趣是潜在的注意力,注意力就是行动起来的兴趣。对英语学习者而言,激发他们学习的兴趣,提高学习的注意力,这是学好英语的关键。

调查收集的 45 个隐喻中,24 个和趣味性有关,我们将其归类为"娱乐"。在教师心目中,英语教科书应该是"故事书(4)""游戏(4)""小说(4)""名著(4)""生活(4)""漫画书(4)""杂志""剧本""诗歌""美酒""卡通""电影""五星""音乐"。他们认为,教材"要有引人入胜的情节,多彩的画面和令人震撼的音乐,寓教于乐";"应该篇篇是经典,让学生百读不厌,能提高学生的心智水平";"像游戏一样对学生们有吸引力,引导学生不断挑战自我";"应该具有较强的实用性,非常美妙,让人有兴趣";"有阶段性和连续性,循序渐进,有针对性地帮助学生学习";"要兼顾知识性、趣味性、教育性,让学生爱读、爱看、爱不释手";"能引发学生的兴趣,并使学生能从中拓展自己的视野"。从这些隐喻及其阐释中可以看出,教师们在呼唤:英语教科书一定要有趣味,能够激发学生学习英语的兴趣。这也反衬了现行教科书对兴趣原则关注不够。

---

① DEWEY J.*Interest and effort in education*.New York:Houghton Mifflin,1913.

② PIAGET J.*Intelligence and affectivity*.New York:Basic Books,1981.

③ MCGOUGAL W.*A textbook of psychology*.Newdehli:Discovery Publishing House,2010.

儿童心理学家发现,故事是最能引起儿童和青少年兴趣的语言材料。希迪和贝尔德(Hidi & Baird)①指出,有趣的故事能够激发儿童的阅读兴趣,也促进理解和学习。伯恩斯坦(Bernstein)②研究发现,阅读难度指数相同的故事,趣味性强的更能促进和提高儿童的理解能力。因此,小学甚至初中英语教科书所用的材料最好以故事为主,对高中学生也要选择部分故事性强的文学作品。心理学研究表明,兴趣作为一种心理资源,决定了人们优先处理哪类信息。③ 内容有趣的故事容易把学生的注意力集中在意义上,而不是语言形式上,这对培养他们的语言意识大有好处。

英语故事从何而来? 这涉及教科书的选材来源和学习谁的英语的问题。许国璋④指出,编写教材必须用第一语言环境里的材料作为学习材料(第一语言环境,即所学语言国家的环境)。英语首先是英语本族语者的语言,英语故事当然要从英语国家儿童学习母语的材料中选取。这不仅可以保证学生所学语言的地道性和规范性,也为他们接触地道的英语国家文化,了解其生活方式和风土人情提供了最佳切入口。原汁原味的、用于语言学习的故事应由英语国家的专业作家编写,具有很强的可读性和人文性,语言生动,最具代表性,也十分符合外语教学研究者提倡的简单性(simplicity)、核心性(centrality)、常用性(frequency)和易学性(learnalibity)原则。⑤

写到这里,需要谈谈语言材料的真实性问题。主张交际语言教学和任务型语言教学的学者认为,教学中应该采用现实生活中人们使用的真实语言。但张正东⑥认为,这类材料不宜作为中小学英语教科书的语料,因为"这类语料重在传递信息,学生在大体了解信息之后,就无再读之兴趣,从而学不到生

① HIDI S,BAIRD W."Interestingness—A neglected variable in discourse processing".*Cognitive science*,1986,No.2.

② BERNSTEIN M R."Relationship between interest and reading comprehension".*Journal of educational research*,1955,No.4.

③ HIDI S."Interest and its contribution as a mental resource for learning".*Review of educational research*,1990,No.4.

④ 许国璋:《谈谈新形势下外语教学的任务》,《人民教育》1978 年第 10 期。

⑤ RICHARDS J C.*Curriculum development in language teaching*.Cambridge:CUP,2001.

⑥ 张正东:《关于多种英语教材的思考》,《基础教育外语教学研究》2005 年第 11 期。

成语言的酵母"。许国璋①指出,"课堂教学材料必定是经过选择的,有取有舍的,按人的概念造型的;报纸、电视、街头录像都是热闹一团,效果是不大的。"

真实性源于20世纪70年代以来流行的交际语言教学,除了指前面提到的教学中使用真实的语料之外,还指课堂交际活动要真实。这对培养交际能力有一定好处。但在我国,英语教育,尤其是基础英语教育,属于外语教育,不是二语教育。基础外语教育主要是一种文化教育(这并不意味着忽视交际语言能力的培养),真实的"交际英语"往往平淡无味,人文含量和美学价值不高。对儿童和青少年而言,这样的材料恰恰"不真实""没有意思",不能激起他们学习英语的兴趣。相反,英语国家为儿童学习母语创作的材料才是真正的真实语料。这类材料更具典范性和代表性,这种"语言样本"便于模仿和学习,更具"生成能力",是英语作为外语教科书的重要选材来源。

(二) 有意

课程标准指出,中小学英语课程具有工具性和人文性双重性质,总体目标是:通过英语学习使学生形成一定的综合语言运用能力,心智得到发展,综合人文素养得到提升。教科书作为实现这一目标的工具和手段,需要把文化知识和传输文化知识的语言学习很好地结合起来,把综合语言运用能力的形成与发展和学生认知与思维能力的发展很好地结合起来。在这一原则指导下,中小学英语教科书的编制不应让各种教学法牵着鼻子走,而应采取"以意义为核心"(meaning-based approach)的路子。兰盖克(Langacker)②指出,语言的一切都是关于意义的。"意义"既是语言学习的起点,也是语言教育的落脚点。唯有"有意义"的材料才能真正有益于学生的发展。

"有意义"首先意味着"有意思",即"有趣"。如前所述,对英语初学者(小学生和初中生)而言,故事通常是"有意思的""有趣的",是儿童可以依赖的现实的一部分。杜威认为,教育源于体验,而这种体验应当包括从故事中所

---

① 许国璋:《编者的话(二)——上海的一桩实验》,《外语教学与研究》1992年第3期。

② LANGACKER R W."The conceptual basis of grammatical structure"//.BYRNES H,WEGER-GUNTHARP H D,SPRANG K. *Educating for advanced foreign language capabilities:Constructs,curriculum,instruction,assessment.*Washington,DC:Georgetown University Press,2006,pp.17-39.

获得的想象体验。因此,"有意思的"故事是初学者学习英语的首选材料。"有意义"还意味着"有内容""有价值"。"有内容"的语言学习材料能够满足学生对知识的渴求,给他们带来智力上的满足;"有价值"的语言学习材料能够丰富学生的情感和精神世界,让他们体会到生活的价值和意义,学会批判地看待各种问题。这样的材料不是按照"句型"和"语法"随意编写的,一定是有思想的人创作的。对中学生而言,为他们选择富含文化信息和百科知识的材料,让他们在文化和知识的海洋里游泳是一件多么幸福快乐的事情!

接受调查的教师也认为,理想的英语教科书应该是个"百宝箱(13 个隐喻)",里面应该有无穷的知识和奥秘,等待学生去开发和探索。他们提供的隐喻包括"百宝箱(2)""钥匙(2)""海洋""泉水""大花园""森林""科技馆""资料库""一顿饭""建筑材料""www.google.com",他们希望教科书里"有各种花草,有无穷奥秘,是知识的源泉";进入教科书就像"进入丰富多彩的知识海洋";"教材应该在学生心目中有神奇感、神秘感";"能给学生提供与课文内容相关的资料";同时"能对英语学习和考试有较大作用"。

接受调查的教师同时希望英语教科书应该成为学生的"指路人(8 个隐喻)",希望教科书是"老师(2)""良师益友""灯塔""北斗星""明灯""伙伴""高级智能机器人",希望它"能给人光明,照亮人生之路";"指引学生从不知到知,并且有方向";"能让学生体验到和伙伴一起得到的愉快感"。显然,在教师的心目中,教科书"博学""向导"的权威地位还是有必要存在的。但是,教科书作为"知识和智慧的代言人"不能以冷冰冰的面目出现在师生面前,而应是师生开展"有意义的"交流和对话的桥梁。

对于编制英语教科书而言,选择"有意义的"语言材料是最核心的工作。这样的材料要能完整体现英语课程的目标,使学生习得系统的英语语言知识和丰富的文化知识,为学生综合语言素质和思维能力发展提供充足营养。但是,英语课程标准安排的语言知识如何处理? 笔者认为,以"意义为核心"的路子,从不忽视语言知识的学习。因为真正的"意义"(内容)和"形式"是不分离的。英语课标中的语言知识是人为地罗列出来的,是静态的;在有"意义"的材料里,这些知识项目会被聪明的作者巧妙地、科学地、系统地、动态地、艺术地融入内容之中。因此,语言知识和语言所承载的知识是可以同步学习的。但对于不同年龄阶段的学生而言,在学习语言的同时还要学习什么知识是个值得深入研究的问题。总的原则是,服从"学文化、启心智、爱生命"的外语教育目标,不应把"Focus on form"和"Focus on forms"对立起来。①

(三) 有理

"有理"指教科书的编制要有理论指导。一套好的英语教科书必须有先进的语言学、心理学、教育学、语言习得等理论指导。从选材的角度来讲,语言习得理论的指导作用尤为重要。目前,关于语言习得的理论很多,学界对语言是如何习得的看法不一,但这并不影响教科书的编制者汲取各自的长处,设法促进学生语言习得的发生和发展。②

经典语言习得理论是克拉申(Krashen)③④提出的"输入假说"。该假说认为,语言习得的唯一前提是接受大量的可理解的输入,理想的输入应具备四个特点:可理解性、趣味性和相关性、非按语法程序安排、要有足够的量,这些观点基本得到了学界的认可,也为实践所证实。虽然该假说主要针对第二语言学习者,但这些原则同样适用于母语和外语学习。该假说对编制英语教科书最大的启示是,语言学习必须接触大量的、有意义的、真实的语言材料,没有大量的输入,语言习得就不会发生。这也意味着当下的英语教科书,即使作课堂教学使用,每学期区区十几页的文字材料也不足以让学生学好这门语言,因此,增加课内外的语言输入是学好一门语言的必由之路。

二语习得研究者认为,情感是影响语言学习的重要因素,⑤既是维持学习动力的助推器,也会导致学习的停滞。情感是一种复杂的心理因素,涉及感情、感觉、心情、态度等多个方面,具有不确定性和易变性。与学习者个人相关

① DOUGHTY C, WILLIAMS J. *Focus on form in classroom second language acquisition*. Cambridge:CUP,1998.

② TOMLINSON B."What do teachers think about EFL coursebooks?" *Modern English teacher*, 2010,No.4.

③ KRASHEN S. *The input hypothesis:Issues and implications*. New York:Longman,1985.

④ KRASHEN S. *Condemned without a trial:bogus arguments against bilingual education*. Portsmouth,NH:Heinemann Publishing Company,1999.

⑤ ARNOLD J. *Affect in language learning*. Cambridge:CUP,1999.

的动机①(焦虑②、抑制③、自尊④等因素)都会直接影响学习者的学习行为和学习效果,因此,解决情感问题有助于提高语言学习的效果。汤姆林森(Tomlinson)指出,语言学习材料必须从情感上能够"抓住"(engage)学生,能够激励他们,使他们感到语言学习轻松愉快,这样才能更好地促进语言的习得和发展。

二语习得研究成果数量大,理论观点多。除了前面提到的输入假说外,比较有名的还有输出假说、注意假说、互动假说、文化导入模式⑤等,不胜枚举。就教科书选材而言,能够提高互动性、交际性、体验性、注意力和富有挑战性的材料,会促使学生积极思考,主动参与,这样的材料当然有利于学生语言能力的发展。

传统上,外语教科书的编制深受外语教学思潮的影响,语言习得理论的应用考虑得不够。例如,受交际语言教学思想的影响,外语教学特别强调交际语言能力的培养,尤其是口头交际能力,为此,教学中以表达信息为主的实用型非文学类材料成为语言学习的核心素材,启迪心智、激发学生想象力、富含哲理和文化内容的文学类材料退居幕后。这样的教科书不能完成英语课程标准赋予的使命和任务。我们需要重新诠释交际语言能力:它不仅指学习者可以运用某种语言从事听、说、读、写各种交际活动,更重要的是能够对这门语言所承载的文化进行理性的思考;听、说、读、写不是孤立的语言技能,而是表达和交流思想的互补手段。因此,英语教科书的选材必须走语言和内容结合的路子。以内容取胜的教科书,不仅收获了思想,也收获了语言。

---

① GARDNER R, LAMBERT W. *Attitudes and motivation in second-language learning.* Rowley, Ma: Newbury House, 1972.

② OXFORD R L. "Anxiety in the language learner: New insights"//. ARNOLD J. *Affect in language learning.* Cambridge: CUP, 1999, pp.58-67.

③ ELLIS R. *Understanding second language acquisition.* Oxford: OUP, 1985.

④ DE ANDRES V. "Self-esteem in the classroom or the metamorphosis of butterflies"//. ARNONLD J. *Affect in language learning.* Cambridge: CUP, 1999, pp.87-102.

⑤ SCHUMANN J. "The acculturation model for second-language acquisition"//. GRINGAS R. *Second language acquisition and foreign language teaching.* Washington, DC: Center for Applied Linguistics, 1978, pp.27-50.

五、结语

本文基于对部分中学英语教师的调查，了解了他们对现行英语教科书的看法，分析了教科书存在的问题，讨论了他们心目中的教科书和教材选材的几条原则。虽然教科书的编制和评价不能完全建立在调查分析基础上，但教师的意见值得编者和出版者认真思考。

中小学英语教科书的编制是一项复杂的系统工程。需要从语言学、教育学、心理学、社会学、二语习得等多个学科汲取营养。目前的研究，如关于语言学习本质的认识，还有很多局限和盲区，这对教科书的编制带来一些困难。教学中分析某些语言现象，创设一些情景让学生模拟交际，通过完成某些任务检查学生的理解和表达能力，这些均属于"教学活动"，这些活动背后有我们熟知的各种教学方法，但英语教科书的编制，尤其是语言学习材料的选择不能由教学法左右，应首先服务于英语教育的目的和课程的目标，尤其要符合语言学习的规律。本文提出的"有趣""有意"和"有理"原则，可作为英语教科书的选材的参考。

然而，对于以文选为核心的英语教科书来讲，语言素材的选择只是编制的起点。材料选好以后，设计什么样的练习和活动，教师和学生如何利用这些素材开展活动，这涉及教学方法的问题，也是教科书编制者不能回避的问题，更是每一位英语教师必须了解的问题。否则，提高基础英语的教育教学质量将是一句空话。

（本文原载《外语教学理论与实践》2014 年第 2 期）

语言测试研究

语言测试：理论、实践与发展

一、引言

语言测试的主要目的是对被试的语言能力做出准确、公正的测量。那么，什么是语言能力？如何对语言能力进行测量？这是语言测试研究要解决的两个基本问题。本文综合分析关于这两个问题的研究情况，并结合计算机及网络技术等方面的进展，分析未来语言测试的发展。

二、什么是语言能力？

这是任何语言测试工作者首先面对并必须回答的问题。对于什么是语言能力，历史上不同时期人们的观点和看法不尽一致。在科学前语言测试时期，语言学虽然有了一定的发展，但尚未形成指导语言教学的系统理论，外语教学基本上是一种凭经验或遵循传统的教学。语言教师把语言当作一门知识在教，包括语音知识、语法知识和词汇知识。语言测试也就考察被试对这三方面知识的掌握情况。

20世纪40年代，结构主义语言学兴起。语言学家提出"语言是一套形式结构，一套符号系统"的论断。与此同时，行为主义心理学大行其道。受结构主义语言学和行为主义心理学的影响，人们认为学习语言就是要获得操作这套符号系统的技能，即训练对刺激做出正确反应的一套语言习惯。在这个时期，心理测量学理论对语言测试也产生了很大的影响。心理测量学坚持语言能力可分说，认为语言可以分解为语言技能和语言成分，人们运用这些语言技能和语言成分的能力就是一个人的语言能力。这个时期的语言测试称为心理测量学——结构主义语言学测试。与科学前语言测试相比，它更加注重听说技能，尤其是听的技能。这种测试在五六十年代占统治地位，到80年代甚至90年代初仍是主流。

60年代中期，乔姆斯基(Chomsky)①提出了语言能力和语言行为的概念。乔姆斯基(Chomsky)所说的能力，只是抽象的语言能力。不少语言学家指出，人们进行交往，光有抽象的语言能力是不够的，还会涉及许多超出语言能力的能力。如语言的运用涉及一系列的社会文化因素。另外，一些语言学家也提出了语言的功能作用。至此，人们对语言能力的认识扩大了，不仅认识到使用语言时考虑语境的重要性，同时还认识到语言的使用是一个动态的交际过程，由此便产生了交际能力这一概念。

由此可见，交际能力不仅包括语言能力，还包括超出语言能力的能力。交际能力，作为一个整体，是由哪些因素构成的呢？这个问题决定着教学和测试内容。在1979年举行的第一次语言测试研究研讨会上(Language Testing Research Colloquium，简称LTRC)，卡纳莱和斯温纳(Canale & Swain)②向大会提交了"交际语言能力的理论模式"。此模式充分吸收了许多研究者的成果，在80年代的外语教学界和测试界产生了深远的影响。卡纳莱和斯温纳(Canale & Swain)的交际语言能力模式由四个部分组成：1)语法能力；2)社会语言能力；3)语篇能力；4)交际策略能力。虽然这一模式在80年代很流行，但问题是它没有明确指出这四种能力之间的关系。进入90年代，巴克曼(Bachman)、③巴克曼和帕尔默(Bachman & Palmer)④又提出了一个全新的交际语言能力模式。他认为，交际语言能力就是把语言知识和语言使用的场景特征结合起来，创造并解释意义的能力(capacity)，它由语言知识(language knowl-

---

① CHOMSKY N.*Aspects of the theory of syntax*.Mass：MIT Press，1965.

② CANALE M，SWAIN M."Theoretical bases of communicative approaches to second language teaching and testing".*Applied linguistics*，1980，No.1.

③ BACHMAN L F.*Fundamental considerations in language testing*.Oxford：OUP，1990.

④ BACHMAN L F.PALMER A S.*Language testing in practice*.Oxford：OUP，1996.

edge)、策略能力(strategic competence)和心理生理机制(psychophysiological mechanisms)三部分组成:语言知识由组织篇章结构的知识和语用知识组成;策略能力指在具体的语言交际时,运用各种语言知识的心理能力(mental capacity),它是语言能力通向现实世界的桥梁,是将语言知识运用于交际目的的手段;心理生理机制则指把语言交际看作一种物理现象,运用语言交际时所牵涉到的神经和心理过程。

由此可见,以巴克曼(Bachman)等为代表的新模式与旧模式的区别主要是:第一,旧模式把语言看成是知识或一种体系,而新模式则认为语言是用来表达思想和办事情的手段。语言的使用不仅受制于语音、词汇、语法规则,还受使用环境、社会文化背景的影响。第二,旧模式认为考生的语言知识掌握得越多越全面,其语言运用能力就越强。而新模式认为,语言能力是一个动态的概念,不仅包括对知识的掌握,而且包括在交际时对所掌握的知识的运用,这就是所谓的交际语言能力,它意味着测试时要把涉及交际能力的各种因素结合成一个整体加以测试。

巴克曼(Bachman)的交际语言能力模式比旧模式确实有了质的改进,对近十年来的外语教学和测试产生了深刻的影响。但是,如何正确理解交际语言能力的各个方面,尤其是如何理解其中的语用能力和策略能力,它们之间的相互关系和相互影响,以及如何对它们做出有效的测量等,还有待语言测试工作者进一步探讨。

三、设计、开发语言测试的原则

(一) 一致性原则

语言测试的第二个基本问题是如何测量。这里我们不谈具体的测试方法,只是介绍设计或开发语言测试应该遵循的几条原则。巴克曼和帕尔默(Bachman & Palmer)在其新著①中指出,设计或开发一项新的考试时,应首先

①　BACHMAN L F.PALMER A S.*Language testing in practice*.Oxford:OUP,1996.

考虑语言测试行为要与语言的实际使用情况相一致。众所周知,语言测试的目的是根据被试的考试分数对其语言能力做出推断。此时必须能够证明被试的测试行为与在具体场景下的语言使用存在一致关系。要做到这一点,需要设定一套理论框架,使我们能够考虑把被试的测试行为视为语言使用的一个特例。

设计这个理论框架时需要考虑两方面的因素。首先要考虑的是语言使用任务和情景(language use task and situation)的特征及测试任务和情景(test task and situation)的特征。考虑任务特征的目的是为了确保并证明测试任务与语言使用任务相一致。此外,还要考虑语言使用者的特征和被试的特征,目的是为了证明这些特征在语言使用任务和测试任务中参与的程度有多大。因此,影响语言使用和测试行为的这两组特征是我们开发和设计考试时最关心的问题。个人特征与对语言能力做出推断的构念(construct)效度有关,而任务特征与确定所做推断的范围有关。这两组特征对语言使用和语言测试行为产生的影响可用图 1 表示:

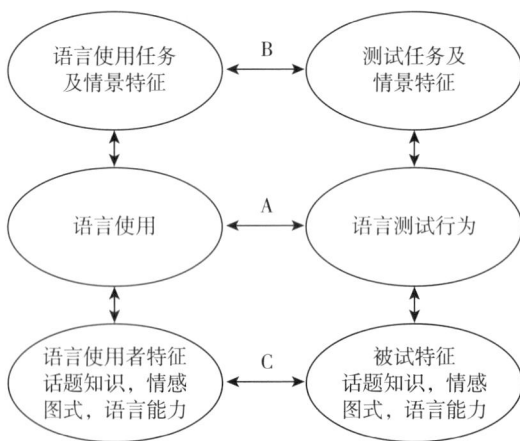

图 1　语言使用与语言测试行为的一致关系

如上图所示,横线 A 表示语言测试行为与非测试环境下的语言使用应存在一致关系,它是设计、开发及使用语言测试的核心问题。不管我们自己设计、开发一项测试,还是采用他人开发的测试,都需要证明语言使用任务与情景特征和测试任务与情景特征之间存在一致关系,这种关系在图中由横线 B

表示;此外,还要能够证明无论是语言使用者还是被试,他们之间也存在一致关系,这种关系由横线 C 表示。

图 1 显示,个人特征包括几个方面,其中最重要的是语言能力,因为它正是我们通过测试要作出推断的东西。另外两个特征是话题知识和情感图式。需要考虑这几个特征的理由有两条:第一,它们无论对语言使用或测试行为都有重要的影响;第二,这些特征应当有助于而不是妨碍被试语言水平的发挥。

(二) 有用性原则

设计、开发语言测试的第二条原则是,测试工作者要对测试有用性(test usefulness)的性质有一个正确的清晰的定义。在巴克曼(Bachman)看来,语言测试的有用性包括六个方面的特性,即:信度(reliability)+效度(validity)+真实性(authenticity)+交互性(interactiveness)+影响(impact)+可实践性(practicality)。

信度和效度是语言测试的两个基本概念,在此不再赘述。我们重点谈真实性和交互性。

语言测试的真实性指目标语言使用任务特征(target language use task)与测试任务(test task)特征的一致性。一致性越高,测试的真实性就越强。真实性是语言测试一个很重要的特征。测试任务越真实,与被试平时使用的语言或内容越接近,其测试行为就会发挥得越好,那么,根据测试结果(分数)对被试语言能力所做的推断就越准确,因而测试的构念效度就越高。测试任务真实还会使被试对测试产生良好的感觉,从而使其能力得到充分发挥。如果测试任务与被试平时所用的语言相去甚远,会对被试造成错觉,影响其水平发挥。因此,设计一件真实的测试任务,必须首先调查目标语言使用环境下语言任务的特征。

交互性指被试在完成一件测试任务时,涉及的个人特征类型及程度。与语言测试最有关的个人特征主要有语言能力、话题知识和情感图式。被试在完成一件测试任务时,这三个方面的特征是否都起作用? 抑或只是其中的一个或两个方面起作用? 各自起作用的程度有多大? 前面谈到,语言能力包括语言知识和策略能力(或称元认知策略),为了对被试的语言能力作出推断,测试任务的设计就必须能够激发被试运用其语言知识或认知策略来完成,否则就无法根据被试的测试行为对其语言能力作出推断。

影响指测试对社会、教育制度以及处于这个制度内的个人的影响。可实践性则指从物力或财力上测试是否得以实施,是否可行。如不可行,就必须对测试做出修改。上述六种特性不应在测试实施以后才加以考虑,而应贯穿测试质量控制的每个阶段,只有这样才能保证测试的有用性。

在测试界,传统的看法认为上述这些性质互不相干,或片面地强调其中一个特征。有的学者认为信度和效度是矛盾的,[①]或者认为同时兼顾真实性和信度是不可能的。[②] 而巴克曼(Bachman)的观点是,要充分认识到各种性质的互补性,从中找到平衡,根据不同情况又可有所侧重,以取得某一测试在整体上的有用性,因为任何测试都有其特定的目的,都是针对特定的被试和特定的语言使用范围。大规模测试通常对被试做出某种决策,因而注重测试的信度和效度。一般的随堂测试则更加注重测试的真实性、交互性和影响。

四、语言测试研究及发展方向

(一) 行为测试

通过对语言能力研究的回顾我们发现,语言测试由重视知识转向重视技能,再转向重视语言能力的实际运用,这种测试现在被称为交际能力测试或行为测试。其特点是对被试进行直接测量,如让被试写作文,或对被试进行口试等。巴克曼(Bachman)的语言测试理论模式为行为测试注入了新的特点,即强调测试任务和测试过程的真实性。

行为测试研究自70年代末逐渐成为测试界研究的热点。行为测试首先要解决的问题是确定测试构念,并把它与测试方法区分开来。如口语测试中,

---

① HEATON G B.*Writing English language tests*.2nd ed.London:Longman,1988.

② MORROW K."Communicative language testing:Revolution or evolution"//.PORTAL M.*Innovations in language testing*.Windsor:NFER-Nelson,1979,pp.1-13.

按照当今的语言能力模式,首先确定口语测试要测量什么,即确定口语测试的构念,而且还要能够解释方法因素,如测试任务或评分人因素对测试分数的影响。方法因素会使人们对测试分数的解释变得模糊。

关于测试方法对测试行为的影响,巴克曼(Bachman)①已提出一个模式。但应用到行为测试上来,米兰诺维奇(Milanovic)②认为除测试任务和参与者因素之外,还应考虑其他因素以及它们之间的相互影响。他提出的模式如图2所示:

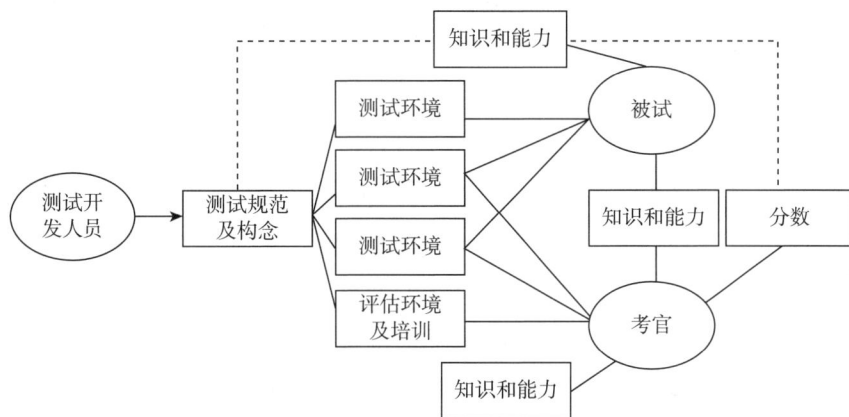

图2　行为测试中各种因素及其相互作用

图2显示了在行为测试(口语和写作)中涉及的各种因素及其影响。米兰诺维奇(Milanovic)认为,作为测试开发人员,应首先确定在某一特定环境下评估被试口语或书面表达能力的程序,按此程序操作便会得到被试的测试分数或对被试行为(表达能力)的描述,测试的结果由使用者作出解释。为了获得被试口语或书面语的真实情况,测试任务及环境的设定必须恰当合理,与评估条件相吻合。

与阅读和听力测试不同,口语和写作测试要求被试在特定的环境下讲出或写出一段话,然后由考官打分定级。定级需有定级量表,且考官必须经过严

---

①　BACHMAN L F.*Fundamental considerations in language testing*.Oxford:OUP,1990.

②　MILANOVIC M.SAVILLE N.*Performance testing*,*cognition and assessment*:*Selected papers from the 15th language testing research colloquium*,*Cambridge and Arnhem*.Cambridge:CUP,1996.

格培训。① 传统行为测试的研究重点是放在评估标准上面,认为这是保证测试信度的重要措施。但现在的研究重点则转移到研究评估过程本身。因此,测试开发或设计人员要清楚地预见到上图中各因素之间的相互作用。这些因素之间的关系相当复杂,被试的分数会受多种因素的影响。测试工作者更要花大气力对此进行研究。

(二) 研究方法

从对行为测试的研究方法上来看,既有定量方法,也有定性方法。有的研究则两种方法并用。需要指出的是,一些新的统计方法被应用到行为测试研究上来,如推断理论(Generalizability Theory)。② 推断理论又称泛化力理论,是经典测试理论(Classical Test Theory)的一种扩展。在所有行为测试中,几乎总是有一个或多个可能的误差源(error sources)。经典测试理论把这些误差源作为一个整体(entity)来对待,而推断理论则把它们分别对待,并采用方差分析的方法估计每个误差源对总体误差的贡献有多大。该理论在用来调查不同评分人(rater)对同一被试测试行为的打分情况时非常有用。

口头记录分析(Verbal Protocol Analysis, VPA)也是目前外语测试界经常用到的一种方法。它是根据被试讲出的话(verbalisation)来研究其思维过程。注意要把它和面谈(interview)及会话分析(Discourse Analysis)区别开来。VPA 指被试在特定环境下一边解决问题,一边把他脑子里想到的解决问题的思路讲出来(think aloud),而面谈和会话分析着重分析讲出来的话的内容和语言结构。VPA 属于一种定性研究方法,无须经过统计运算研究者就可根据所收集到的信息做出相关的推论,因为被试讲出来的话准确地记录了他完成某项测试任务涉及的各种信息。VPA 对研究测试的效度非常有用。例如,一项测试是不是测量了它要测量的东西,我们可以通过研究被试的口头记录来回答这个问题。

---

① ALDERSON J, NORTH B. *Language testing in the* 1990s. London and Basingstoke:Macmillan Publishers Limited,1991.

② BRENNAN R L. *Elements of generalizability theory*. Iowa City, IA:The American College Testing Program,1983.

当然,传统的测试研究及评估方法,如项目分析、项目反应理论、相关分析及因素分析等仍然是目前语言测试分析的主要分析方法。

(三) 被试特征研究

同外语教学界由研究教学方法转移到研究学习者本身上来一样,被试特征对测试行为的影响也是当前测试界十分关注的问题。被试特征包括文化背景、背景知识、认知能力、性别和年龄等。[①] 就笔者接触的材料来看,英国的UCLES(University of Cambridge Local Examination Syndicate)和美国的 ETS(Educational Testing Service)合作,就 FCE(First Certificate in English)和 TOEFL 进行对比研究,其中一个很重要的问题就是研究被试特征对测试行为的影响,它是目前该领域最大的一个研究项目。研究在 Milanovic 和 Bachman 的指导下进行,研究范围主要包括两个方面:第一,社会心理因素,包括态度、动机、焦虑感和努力程度四个因素;第二,策略因素,包括认知策略、元认知策略和交际策略。作为该研究的一个部分,库纳(Kunnan)[②]采用一种结构模式方式(structural modeling approach)着重研究了文化背景、接触英语的机会、学习英语的态度和动机及监察模式对测试行为的影响。

在谈到研究被试特征及测试方法因素对测试行为影响的意义时,Bachman 指出,随着个人特征及测试方法对测试行为影响研究的不断深入,测试开发人员对哪些特征因素与方法因素产生交互作用会了解得更透彻,并且在实践中能够设法减少这些因素对测试行为带来的影响,为被试最大限度地发挥其测试水平提供机会,这样我们就会更好地、更公正地测量其语言能力。

(四) 机助测试

计算机是 20 世纪一大发明,它对我们生活各个方面的影响是显而易见的,对语言测试的影响亦如此。计算机发明之后即被尝试应用到语言测试上来。早期的机助测试多属练习性质。随着教育测试技术的发展及计算机性能

① BACHMAN L F.*Fundamental considerations in language testing*.Oxford:OUP,1990.

② KUNNAN A J.*Test taker characteristics and test performance:A structural modeling approach*.Cambridge:CUP,1995.

的提高,新的机助测试系统被不断开发出来。以美国的 ETS 为例,其计算机化 TOEFL 考试已在北美和世界许多国家推广。2002 年我国引进了这种测试方式。英国剑桥大学考试委员会也开发出了基于计算机语言测试系统 Communi-CAT。与纸笔测试相比,计算机化测试有许多优点。它可以使用先进的测试模式,如自适应测试。计算机自适应测试(Computer Adaptive Testing)属于个体化的测试,它不仅节省测试项目,缩短测试时间,而且测量误差较低。

在 21 世纪,随着人们对语言运用理论更深刻的理解及因特网技术的发展,语言测试将会发生重大变革。因特网彻底消除了人们的时空观念,把地球上每个角落里的人都联系起来。将来,人们通过网络可足不出户对自己的语言水平进行测量。

(五) 电子评分系统

由于行为测试越来越受到重视,语言测试中会出现较多的主观性题目。主观题的批改既费时又费力,且标准不易掌握。研究者尝试用计算机来对被试主观题的答题情况进行评分。经过 5 年的努力,ETS 采用先进的计算语言学技术成功地开发出了一套电子作文打分系统(Electronic Essay Rater,简称 e-rater)。与人工阅卷相比,其准确率已达 87% 至 94%。e-rater 的开发和利用,大大降低了阅卷的成本,将会引起测试评分的革命。e-rater 系统的设计原理是,根据评分专家事先设定的评估作文成绩的标准,计算机自动分析被试作文的特征,并与专家设定的特征相对照,然后给出一个等级。该系统实行 6 分制。如果被试文章内容切题,结构合理,逻辑性强,句式、用词等富有变化,e-rater 可给出 5—6 分。如果被试作文不具备这些特征,得分自然很低。目前,e-rater 还不能完全取代人工阅卷,当 e-rater 和人工阅卷的结果出现较大差异时,ETS 再请第三位阅卷人对被试的作文进行评阅,因此也提高了作文阅卷的信度。他们的下一个目标是进一步提高 e-rater 的准确率,并开发其诊断和解释功能。可以相信,随着 e-rater 功能的不断完善,总有一天人们会对自动阅卷的思维过程有一个透彻的了解。而且随着语音合成技术的发展,这样的电子口语打分系统也将会实现。

　　e-rater 的开发和利用反映了测试领域的发展趋势,即把计算机技术、认知科学理论和人工智能技术结合起来探讨人们解决问题的过程,它将有助于我们更好地了解被试的答题思路和考官阅卷思路,这对了解被试的困难所在,改进教学或指导学习,提高测试评估的信度等有着深远的意义。

五、结束语

　　本文主要讨论了语言测试的两个基本问题及语言测试研究的发展方向。从中可以看出,语言测试总的发展趋势是:第一,从只看单一的语言能力到注意被试全面的能力;第二,从只测量假设的、不自然的语言项目到注意自然的、真实的语言运用;第三,从测试以设计者为中心到注意研究测试方法及被试特征对测试行为的影响;第四,从只看答卷结果到注意研究被试的答题过程;第五,开始纠正主观题阅卷中的固有毛病,结合最新电子技术开发智能型电子评分及测试系统。

（本文原载《外语教学与研究》2000 年第 1 期）

语言测试的新进展:基于任务的语言测试

一、引言

　　受语言学、语言教学和心理测量学的影响,语言测试大致经历了以教什么就测试什么为特征的前科学语言测试阶段;强调标准化和客观化的心理测量学——结构主义阶段;[1]强调单一语言能力和提倡综合测试法的社会语言学阶段;[2]以及 80 年代以后流行的以测试语言运用能力为目标的交际语言测试阶段。[3] 90 年代以来,交际教学法不再像过去那样时髦,基于任务的语言教学渐得人们的追捧。受此影响,基于任务的语言测试(task-based language assessment,以下简称 TBLA)随之成为研究热点。[4] 虽然我们不能由此认为语言测试进入了一个全新的发展阶段,但不可否认,它至少代表了一种新的趋势。2000 年在加拿大温哥华召开的第 22 届国际语言测试研讨会,其中一个主题就是"Putting tasks to the test"。*Language Testing* 于 2002 年第 4 期出专刊讨论基于任务的语言测试,这足以说明 TBLA 受到关切的程度。本文拟对 TBLA

　　① LADO R.*Language testing*.New York:McGraw-Hill,1961.

　　② OLLER J W JR.*Language tests at school*.London:Longman,1979.

　　③ BACHMAN L F,PALMER A S.*Language testing in practice:Designing and developing useful language tests*.Oxford:OUP,1996.

　　④ BRINDLEY G."Task-centred assessment in language learning:The promise and the challenge"//.BIRD N,FALVEY P,TSUI A,et al.*Language and learning:Papers presented at the Annual International Language in Education Conference(Hong Kong,1993)*.Hong Kong:Hong Kong Education Department,1994,pp.73-94.

出现的背景及其基本问题做一分析和探讨。

二、基于任务的语言测试的兴起

语言测试是随语言教学发展而来的,考察语言测试的演变不能脱离语言教学的发展背景。自 20 世纪 80 年代起,传统的基于语言(形式)的教学思路(linguistically-based approach)开始受到批判,研究者提出了多种基于任务的教学大纲(task-based syllabus),如"程序教学大纲"(Procedural syllabus);① "过程教学大纲"(Process syllabus);② "任务教学大纲"(Task syllabus)③等,一时任务教学成为讨论和研究的热门话题。

传统语言教学问题出在哪里呢? 传统教学理念认为,语言是可分的,把这些分离的语言形式教给学习者,让其反复操练,最后就会学得这门语言。这种理念背后的假定是,"输入"(input)和"吸收"(intake)之间存在一种直接联系,呈现给学习者的东西可以被直接掌握,并转化为可使用的技能。二语习得研究清楚表明,"输入"和"吸收"之间并没有直接联系,语言学习者并非完全按照呈现给他的东西来学习语言。④ 自科德(Corder)⑤和塞林格(Selinker)⑥以来的研究者均认为,人们无法预测输入如何影响学习者的语言发展。有意识地学到的语言知识不一定会必然地转化为自发的、自动的语言运用已是共识。批评者⑦认为,以语言形式为纲(focus on forms)的教学,不考虑学习者的

① PRABHU N S.*Second language pedagogy*.Oxford:OUP,1987.

② BREEN M P."Process syllabuses for the language classroom"//. BRUMFIT C J. *General English syllabus design*.Oxford:Pergamon/The British Council,1984,pp.47-60.

③ NUNNA D.*Language teaching methodology*.London:Prentice Hall,1991.

④ ELLIS R.*The study of second language acquisition*.Oxford:OUP,1994.

⑤ CORDER S P." The significance of learners' errors ". *International review of applied linguistics*, 1967, No.4.Reprinted in CORDER S P.*Error analysis and interlanguage*.Oxford:OUP,1981.

⑥ SELINKER L."Interlanguage".*International review of applied linguistics*,1972,No.3.

⑦ LONG M H."Focus on form:A design feature in language teaching methodology"//.DE BOT K,GINSBERG R,KRAMSCH C.*Foreign language research in cross-cultural perspective*. Amsterdam/Philadelphia:John Benjamins,1991,pp.39-52.

需求,让其孤立地学习各种语言形式,这种做法容易导致学习者产生厌倦情绪,造成学习效果不佳,因为这种教学通常是在不考虑学习者心理语言准备是否充分的基础上进行的。

认识到操练语言形式的办法无法使人习得一门语言后,研究者倾向于认为学习者自身有一个内部大纲(internal syllabus),如儿童自然习得自己的母语,是其内部大纲在起主要作用。于是,语言形式被搁置一边,课堂被设置成类似儿童习得母语一样的环境,由教师提供可理解的、综合的而不是分离的语言材料,让学习者在具体情境中学习和交流,并通过分析输入的材料自己归纳出各种语法规则。在这种以语意为核心(focus on meaning)、过分强调交际和表达的教学思想指导下培养出来的学习者,其表达的流利性得到了提高,但语言准确性受到了影响。

于是,研究者提出了语意和形式兼顾的第三种方案,称为"focus on form"。[①] 其特点是,语言教学仍以有目的的交际和语意表达为核心,但不忽视语言形式的学习。尤其当学习者在交际活动中出现理解或表达困难时,需要将其注意力短暂地集中到语言形式上来。语言形式的学习不是受制于某个外部的语言形式大纲,而是学习者自身内部大纲的作用使然,是学习者出于表达的需要。语言教学的目标是帮助、引导学习者构建一个语意系统,语言形式的学习是为了更好地交流。同时顾及语意和形式的方案考虑到了学习者的需求,而且学习是在学习者心理语言准备就绪的基础上进行的。以上这些观点成为基于任务的语言教学模式的理论依据。

基于任务的语言教学得益于二语习得研究的成果,同时也汲取了交际教学法的思想。其核心思想可归纳为通过"任务"这一教学手段,让学习者在实际交际中学会表达思想,在此过程中,学习者不断接触新的语言形式,发展自己的语言系统。其研究课题包括如何选择合适的任务、如何对任务进行编排、教学中如何做到"意形"结合地实施任务等。Skehan[②] 提出了如何平衡流利

---

① LONG M H,ROBINSON P."Focus on form:theory,research,and practice"//.DOUGHTY G, WILLIAMS J.*Focus on form in classroom second language acquisition*.Cambridge:CUP,1998,pp.15-41.

② SKEHAN P."A framework for the implementation of task-based instruction".*Applied linguistics*,1996,No.1.

性和准确性的发展及中介语重建(interlanguage restructuring)的理论模式。Willis① 则拿出了详细的、可操作的课堂活动方案。朗和诺里斯(Long & Norris)②指出,设计、实施任务教学,应首先对学习者当前或未来的交际需求作出分析,确定哪些任务是必须掌握的,然后确定任务的类型和难度,将其变成"有血有肉"的教学材料(任务)(pedagogic tasks),进而形成基于任务的教学大纲,并在实际课程中贯彻实施。

有教学就要有评估,对基于任务的教学进行评估既应包括形成性的,又要包括终结性的;既有过程评估,又有结果评估,但核心是对学生的学习成绩作出评价,由此便产生了基于任务的语言测试。

三、基于任务的语言测试的基本问题

通过上面的讨论不难看出,在以语言形式为核心的语言教学基础上发展起来的测试,虽不能完全讲只考语言知识,不考语言运用,但在很大程度上是以考核语言形式为主,而且测试手段通常是高度结构化的客观试题,每次只能测到一个语言成分或一项语言技能。在重交际、重表达教学思想的影响下发展起来的"直接测试"或称"行为测试(performance test)",通常是由经过培训的考官直接观察应试者完成任务的行为,采用整体评估方式,按照一个综合语言水平量表给应试者确定级别。与此不同,在基于任务的教学基础上发展起来的测试既不考核应试者对语言知识的掌握程度,亦不对其语言水平评定等级,而是考察他们能否使用语言完成目标任务。

在谈到 TBLA 与其他类型语言测试的区别时,朗和诺里斯(Long & Norris)指出:真正的基于任务的语言测试是以任务为核心,把它作为分析的基本单位,测试项目的选择从任务出发,测试工具的编写以任务为基础,测试所

---

① WILLIS J.*A framework for task-based learning*.London:Longman,1996.

② LONG M H,NORRIS J M."Task-based language teaching and assessment"//.BYRAM M.*Encyclopedia of language teaching*.London:Routledge,2000,pp.597-603.

要评定的是应试者完成任务的表现(task performance)。TBLA 不是简单地拿现实中的任务来引发应试者语言系统的某个方面,对其进行测量或评估;相反,测试的构念(construct)是应试者完成任务的表现。

对于设计和实施基于任务的语言测试,朗和诺里斯(Long & Norris)提出六个步骤:首先确定测试的预期用途,包括谁将使用通过测试获得的信息、测试应提供哪些信息、测试的目的是什么、哪些人会因测试受到影响、测试会带来哪些后果等。其次是根据需求分析确定目标任务,并按任务特征对其进行分类。然后根据对任务特征进行分析得到的信息,设计出测试及项目规范。接下来是确定详细的评定标准,以便对应试者完成任务情况做出评价。第五步是从测试的预期用途及其效率、合适程度和效果几个方面对测试任务、工具、步骤及评定标准进行评估。最后而且是最重要的一步就是对测试进行系统的、不间断的效度研究。

"基于任务的语言测试"的核心是"任务",但该词不是语言测试领域的独创,它实际上来自二语习得和语言教学研究,在测试领域得到了应用。既然 TBLA 的核心是"任务",正确理解"任务"一词对设计和开发基于任务的语言测试就显得十分重要的。

在语言教学中,"任务"指的是为达到某一具体的学习目标而设计的活动。在测试界,诺里斯(Norris)[1]等把"任务"定义为"人们在日常生活所从事的各种活动,但这些活动需要靠语言来完成"。这里所说的"任务"实际上就是一种真实世界的活动(real-world activity),Norris 等把其等同于测试任务。描述任务特征时,他们采用了斯凯恩(Skehan)[2]的模式。

巴克曼和帕尔默(Bachman & Palmer)[3]把"语言使用任务"(language use task)定义为"在特定场景下人们运用语言实现某一特定目标或达到某一特殊目的的活动"。同 Norris 等一样,Bachman 和 Palmer 在定义任务时都强调完

---

① NORRIS J M, BROWN J D, HUDSON T, YOSHIOKA J. *Designing second language performance assessments.*(*Vol. SLTCC technical report #18*). Honolulu: Second Language Teaching and Curriculum Center, University of Hawaii at Manoa, 1998.

② SKEHAN P. *A cognitive approach to language learning.* Oxford: OUP, 1998.

③ BACHMAN L F, PALMER A S. *Language testing in practice: Designing and developing useful language tests.* Oxford: OUP, 1996.

成任务必然涉及语言。不同之处在于,后者提出的任务必须具有目的性,必须处在一个特定的场景中。巴克曼和帕尔默(Bachman & Palmer)认为,他们所提出的"任务"概括性强,不仅包括测试中所指的任务,而且包括各种目标语言使用(target language use)任务,即在非测试环境下使用的语言任务,实际上包含了用于教学和学习目的的各种任务。

广义来讲,非测试环境下使用的语言任务,即实际生活中的语言任务是多种多样,不计其数的。既然语言测试以任务为核心,测试中使用的任务只能被看作是现实生活中使用的语言任务的取样,因此,设计和开发基于任务的语言测试必须解决这两个问题:1)如何精确地确定、选择和描绘现实中的任务;2)如何解释测试中使用的任务与现实中的任务之间的相关关系。对这两个问题的回答不仅影响到测量的准确性,而且影响到根据测试所作推论的有效性。

对于第一个问题,巴克曼和帕尔默(Bachman & Palmer)提出的解决方案是确定"目标语言使用域"(target language use domain)。目标语言使用域指的是"应试者在非测试环境下可能遇到的一系列具体的语言使用任务",是测试者从中选择具体测试任务的基础。他们认为,目标语言使用域可大致分为两类,一类是"现实生活域"(real-life domains),主要用于交流;另一类是"语言教学域"(language instruction domains),主要用于教学。应特别指出的是,设计 TBLA 时,如果测试者对应试者的背景了解清楚,目标语言使用域的界定就比较容易,测试任务的选择也相对容易;如果应试者来自不同背景,使用语言的目的和需求不一,此时目标语言使用域的界定就很难,测试任务的选择就带有较强的主观性,测试内容的相关性和代表性就会受到影响。

目标语言使用域确定以后,接下来的问题是选择测试中使用的任务。一些学者①②建议采用需求分析法。但巴克曼和帕尔默(Bachman & Palmer)认

---

① LONG M H."A role for instruction in second language acquisition:Tasked-based language teaching"//.HYLTENSTAM K,PIENEMANN M.*Modelling and assessing second language acquisition.* Clevedon:Multilingual Matters,1985,pp.77-100.

② LONG M H,NORRIS J M."Task-based language teaching and assessment"//.BYRAM M. *Encyclopedia of language teaching.*London:Routledge,2000,pp.597-603.

为,即使已经有了一个明确的语言使用域,从中选取具体任务作为测试任务的做法仍有问题。以现实生活域为例,拿其中的任务作为测试任务有时就不合适。首先,不是每个目标语言使用任务都会涉及要测的语言能力的各个方面;其次,某些任务在测试中可能不便实施;第三,某些任务需要应试者具有相关方面的经验,对于缺乏这方面经验的应试者来说,让其完成这些测试任务显得不公平。更重要的是,目标语言使用域中有众多任务,选择任务的标准是什么? 如何保证选取的任务有充分的代表性?

以上这些问题可以说是基于任务的语言测试必须回答的问题,我们没有一个现成的、完美的答案。巴克曼和帕尔默(Bachman & Palmer)在提出设计和开发语言测试须遵循的一条重要原则,即语言测试任务特征必须和实际生活中的语言运用任务特征相一致的原则时,提供了一个详尽的、可供参考的目标语言使用任务特征项目表,但在具体操作层面上仍有诸多问题。斯凯恩(Skehan)①就指出,其模式虽然详尽清楚,但没讲清楚其中哪些项目轻,哪些项目重,而且认为缺乏心理语言学基础。

四、语言测试是以任务为核心还是以能力为核心?

尽管我们承认 TBLA 是在基于任务的语言教学这个大背景下发展起来的,但不可否认,它与 20 世纪 70 年代以来出现的以考核语言技能为核心的行为测试具有一定联系。行为测试的核心让应试者模拟规范的现实场景(criterion situation),②而模拟是通过具体的交际行为并以完成任务的方式实现的。近年来,一些学者尤其倡导测试中使用与非测试环境下特征一致的"真实"(authentic)任务,认为应试者应把测试当作真实的语

---

① *A cognitive approach to language learning*.Oxford:OUP,1998.

② FITZPATRICK R,MORRISON E J."Performance and product evaluation"//.THORNDIKE R L.*Educational measurement*.2nd ed.American Council on Education. Washington D.C:American Council on Education,1971,p.237-270.Reprinted in FINCH F L.*Educational performance assessment*.Chicago:The Riverside Publishing Company,1991.

言运用。① 不管他们是否承认这类测试实际上就是基于任务的语言测试,但测试中都用到了"任务"。因此,从语言测试发展的角度看,把"任务",尤其是"真实的语言使用任务(authentic language use task)"作为测试的手段已成为共识。

但在以"任务"为手段的语言测试目标是什么这个问题上,不同测试者之间,包括教育测量者之间持有不同看法。以朗和诺里斯(Long & Norris)②为代表的一派认为,TBLA 的目标就是对应试者完成任务的表现做出评价,明确坚持测试"以任务为中心"。我们姑且称其为"任务中心论"(task-centred approach)。其他学者则认为,TBLA 的目标是应试者潜在的"语言能力"或"使用语言的能力"。布林德利(Brindley)③在定义 TBLA 时明确指出,"语言水平不仅包括语言知识,而且包括使用语言的能力"。麦克纳马拉(McNamara)④在谈到行为测试的构念效度时也指出,"基于任务的语言测试,不管其如何看待内容效度,仍要面对效度检验的根本问题,即通过应试者的测试行为来验证我们对测试所作的推论"。巴克曼和帕尔默(Bachman & Palmer)认为,"多数情况下语言测试的目标是对应试者的语言能力或语言能力的某个方面作出推论"。斯凯恩(Skehan)⑤是 TBLA 的倡导者,也明确指出测试所作的推论是应试者"潜在的语言能力","因此我们需要做的是……设计这样的测试程序,它能够探查到学习者很大范围上的能力,即能用来处理一系列现实任务的能力"。我们把这些人的观点称为"能力中心论"(ability-centred approach)。

---

① SPOLSKY B."The limits of authenticity in language testing".*Language testing*,1985,No.1; MCNAMARA T T."Performance testing"//.CLAPHAM C,CORSON D.*Encyclopedia of language and education*,*volume 7*:*Language testing and assessment*.Dordrecht:Kluwer Academic Publishers,1997,pp.131-139.

② LONG M H,NORRIS J M."Task-based language teaching and assessment"//.BYRAM M. *Encyclopedia of language teaching*.London:Routledge,2000,pp.597-603.

③ BRINDLEY G."Task-centred assessment in language learning:The promise and the challenge"//.BIRD N,FALVEY P,TSUI A,et al.*Language and learning*:*Papers presented at the Annual International Language in Education Conference*(*Hong Kong*,1993).Hong Kong:Hong Kong Education Department,1994,pp.73-94.

④ MCNAMARA T T.*Measuring second language performance*.London:Longman,1996.

⑤ SKEHAN P.*A cognitive approach to language learning*.Oxford:OUP,1998.

对于上述相左的看法,巴克曼(Bachman)①认为根本原因不是测试所用的任务不同,而是根据测试结果所作的推论不同。朗和诺里斯(Long & Norris)等人实际上是透过应试者完成测试任务的表现预测他们完成现实世界中任务的情况,即应试者将来能够做什么(what test-takers can do),其他人推论的是应试者语言能力的高低。

通常,人们把根据测试行为所作的推论或解释称为测试的构念。上述两种不同的看法实际上也反映了测试者不同的构念观。夏佩尔(Chapelle)②认为,测试界,包括二语习得研究领域存在三种构念观。其一是特质观(trait perspective),持这种观点的人把反应一致性(response consistency)归结为应试者特征的影响,从应试者特征的角度定义构念。他们认为,应试者特征是一种相对稳定的个人特征,是潜在的特质,不随环境变化而变化,测试分数是潜在特质的符号,测试的目的就是确定应试者这些潜在特征(implicit characteristics)。第二种是行为主义观(behaviorist perspective),持此观点的人把反应一致性归结为环境因素的影响,从行为发生的环境来定义构念。换句话讲,他们把测试分数解释为反应类别样本(samples of response classes)。③ 他们认为,测试无法确定应试者的潜在特征,只能观察其测试行为,而测试行为又是应试者在类似环境下出现的一种行为样本。第三种构念观为交互观(interactionalist perspective),从特质(trait)、情景特征(context features)及其相互作用的角度来定义构念。由此可见,朗和诺里斯(Long & Norris)等人所持的是行为主义构念观,因为他们认为 TBLA 关注的只是应试者完成任务的情况。而其他学者的观点则属于特质观,因为他们认为测试推测的是应试者的语言能力,而语言能力是一种潜在的、无法直接观察到的个人心理属性。对于两者的不同,巴

① BACHMAN L F. "Some reflections on task-based language performance assessment". *Language testing*, 2002, No.4.

② CHAPELLE C. "Construct definition and validity inquiry in SLA research"//.BACHMAN L F, COHEN A D. *Interfaces between second language acquisition and language testing research*. New York: CUP, 1998, pp.32-70.

③ MESSICK S. Validity//.LINN R L. *Educational measurement*. 3rd ed. New York: American Council on Education and Macmillan, 1989, pp.13-104.

克曼(Bachman)①用下图表示。他同时指出,坚持"以能力为中心"的构念观
既考虑测试推测的是应试者的语言能力,同时也对应试者完成现实任务的情
况做出推测;而"基于任务"的构念观主要着眼于应试者完成测试任务的情
况。相比较而言,TBLA 的概括性就差一些,不考虑应试者潜在的语言能力,
因此不能完全准确地预示其在非测试环境下能够完成哪些具体的语言任务。

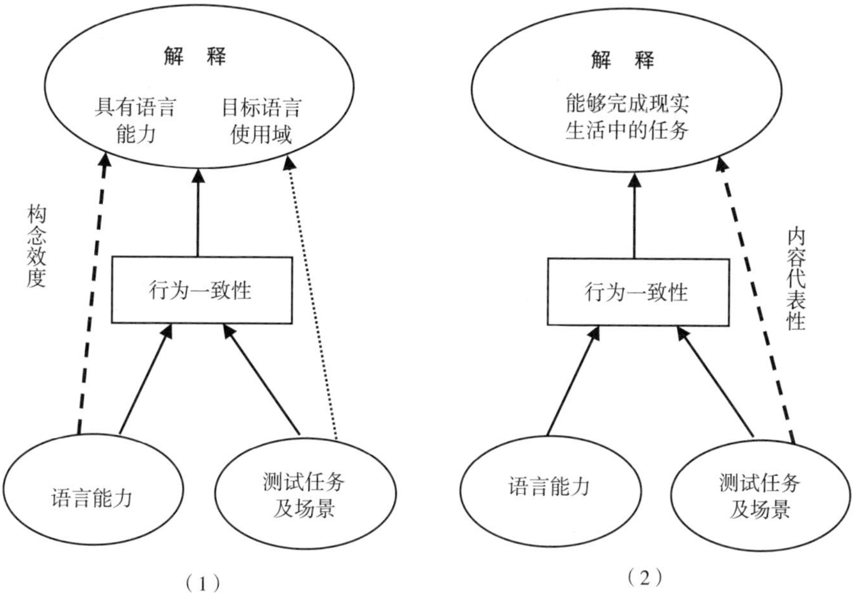

图1　对语言测试任务反应一致性的不同解释;
(1)"以能力为中心"所作的推论;
(2)"以任务为中心"对完成现实任务所作的预测

　　语言测试发展到今天,对测试中采用"真实的语言使用任务"这一点大家
是赞同的。但是,以"任务"为手段的语言测试到底测什么,学者之间有争论,
争论的焦点在对测试行为的解释上。"以任务为中心"的构念观直白、清楚,
但显得有点极端;"以能力为中心"的构念观有高度概的语言能力理论模式,
有大量前期研究的基础,便于大家接受。

---

　　①　BACHMAN L F."Some reflections on task–based language performance assessment".
Language testing,2002,No.4.

五、结语

语言测试测什么,怎么测,是语言测试研究永恒的主题。在以任务为基础的语言教学背景下发展起来的 TBLA,为探究这一主题提供了新的视角,可以说代表了语言测试发展的方向。本文讨论的有关 TBLA 的设计及其构念等问题虽然没有现成答案,但很多学者已在这些方面做出了努力,并将其应用或将要用到实际测试中。涉及 TBLA 测量学方面的问题,尤其是测试任务的难度如何确定,我们另文再谈。

(本文原载《外语教学与研究》2003 年第 5 期)

语言测试效度及其验证模式的嬗变

任何语言测试的开发或使用者都希望自己的测试质量可靠。长久以来，效度是评价一项测试质量的重要标准。奥勒(Oller)①曾指出，没有效度的测试不能称其为测试，效度的重要性可见一斑。但效度究竟指的是什么？如何了解、验证一项测试的效度？换言之，如何评价一项测试的质量？为了回答这几个问题，本文将结合教育测量理论的发展脉络，从分类、整体、论证三个视角对效度的本质与验证模式进行探讨，重点讨论凯恩(Kane)、②夏佩尔等(Chapelle et al.)③及巴克曼和帕尔默(Bachman & Palmer)④所推崇的基于论证的效度验证模式。

一、效度分类观及其验证模式

（一）教育与心理测量学关于效度的定义

语言测试的效度是从教育与心理测量学借来的概念。较为明确的效度概

---

① OLLER J W.*Language tests at school*.London：Longman，1979.

② KANE M. Validating high – takes testing programs. *Educational measurement*：*Issues and practice*，2002，No. 1；KANE M. Validation//. BRENNAN R L. *Educational measurement*. 4th ed. Westport，CT：Greenwood Publishing，2006，pp.17-64.

③ CHAPELLE C A，ENRIGHT M K，JAMIESON J M.Test score interpretation and use //.CHAPELLE C A，ENRIGHT M K，JAMIESON J M.*Building a validity argument for the test of English as a foreign language*. London：Routledge，2008，pp.1-25.

④ BACHMAN L F，PALMER A. *Language assessment in practice*：*Developing language assessments and justifying their use in the real world*.Oxford：OUP，2010.

念形成于 20 世纪 20 年代。凯莉(Kelly)①曾提出,"效度问题指一项测试是否测量了它所要测量的东西。"此定义简单明了,但确定要测的东西是什么并非易事。宾汉(Bingham)②给出了效度的操作定义:"一项测试的成绩与采用其他客观方法测量的结果之间的相关系数就是该测试的效度。"吉尔福德(Guilford)③与其观点基本相同,也认为"一项测试的效度就是那个和它相关的东西"。丘尔顿(Cureton)④干脆把效度定义为"实际测试分数(actual test scores)与'真实'标准分数('true'criterion score)的相关程度"。效度验证就是设法回答一项测试在多大程度很好地估算了该标准。20 世纪 50 年代之前,这种"相关即有效"的效度观及验证模式是教育与心理测量学普遍持有的观念和做法。但一项测试往往与多种事物相关,如何寻找并确定那个能够作为"标准"的客观测试(criterion measure)? 如何证明"标准"自身的可靠性? 仅靠"相关性"界定和验证测试的效度,虽然易于操作,但极有可能得出无意义的结果。

后来,不同学者针对测试的性质与过程提出了不同类型的效度。1954 年,美国心理学会(APA)撰写的《关于心理测验和诊断的技术建议》(*Technical recommendations for psychological tests and diagnostic techniques*)包括四种效度:预测效度(predictive validity)、共时效度(concurrent validity)、内容效度(content validity)和构念效度(construct validity)。1966 年,美国心理学会、美国教育研究学会(AERA)及国家教育测量委员会(NCME)联合出版了《教育与心理测验的标准与指南》(*Standards for Educational and Psychological Tests and Manuals*),把预测和共时效度合并,简称效标关联效度(criterion-related validity)。至 70 年代末,效标关联效度、内容效度与构念效度成为教育与心理测量领域评价测试质量的重要标准。

---

① KELLEY T L.*Interpretation of educational measurements*.New York,NY:World Book,1927.

② BINGHAM W V.*Aptitudes and aptitude testing*.New York,NY:Harper & Brothers,1937.

③ GUILFORD J P.New standards for test evaluation.*Educational and psychological measurement*,1946,No.4.

④ CURETON E E.Validity //.LINDQUIST E F.*Educational measurement*.Washington,D.C.:American Council on Education,1951,pp.621-694.

（二）Lado 等人的效度观及其验证模式

按照希诺福蒂斯(Hinofotis)①的划分,科学的语言测试形成于 20 世纪五六十年代。拉多(Lado)在 1961 年出版的《语言测试》(*Language Testing*)是这个时期的代表,也是现代语言测试的奠基之作。拉多(Lado)②认为:"效度本质上是一种关联。一项测试测量了它要测量的东西吗? 如果答案是肯定的,那么它就是有效的。"或许受其影响,此后的语言测试著作基本仿效了他的观点来定义效度。③ 希顿(Heaton)指出,一项测试的效度可分表面效度、内容效度、构念效度和实证效度(即共时和预测效度)四种类型。菲诺焦力和赛科(Finocchiao & Sako)④也持类似观点,并认为效度和测试目的有关,不同类型的测试需要收集不同类型的效度证据。由此可见,这一时期语言测试界对效度的看法与教育和心理测量领域的研究一脉相承。

拉多(Lado)的贡献不仅在于首先明确了语言测试的效度概念,他提出的效度验证模式亦为后人所效。例如,准确列出学生在语言学习方面存在的问题;选择、设计与内容相关、与学习问题相关的题目;修订因非语言因素导致难度增加的题目;以及把测试拿给受过教育的本族语者或掌握这门语言的非本族语者进行试测,删除或修改他们答错的题目,等等。此外,选取一项有效的测试或标准,再选择一组有代表性的学生样本,把自己开发的测试让他们试测,根据两次测试的成绩计算相关系数,即可确立测试的效度。⑤

受拉多(Lado)的影响,分析测试内容、计算效标关联系数是开展语言测试效度验证的基本做法。把信度作为效度的必要条件,将测试—再测信度与测试题目内部一致性的估算引入语言测试,也是拉多(Lado)对语言测试效度

---

① HINOFOTIS F B."Perspectives on language testing:Past,present and future".*Nagoya cakuin*,*kyoiku kiyo*,1981,No.4.

② LADO R. *Language testing*.London:Longman,1961.

③ VALETTLE R M.*Modern language testing*.New York,NY:Harcourt,Brace & World,1967;HEATON J B.*Writing English language test*.London:Longman,1975.

④ FINOCCHIARO M,SAKO S.*Foreign language testing:A practical approach*.New York,NY:Regents Publishing Company,Inc.,1983.

⑤ LADO R. *Language testing*.London:Longman,1961.

验证做出的重要贡献。

二、效度整体观及其验证模式

（一）梅西克(Messick)的效度整体观

20世纪80年代,教育测量界关于效度的认识发生了变化,采用分类方法验证测试效度所得结果不仅零散,且缺乏对测试成绩的价值含义及社会后果的考虑。由此,梅西克(Messick)[1]提出了整体效度概念(unitary concept of validity),认为效度只有一个,但证明效度的证据可以来自多个方面。林恩(Linn)[2]曾提出,效度研究应始于"对分数所做的解释和使用。"该观点在梅西克(Messick)[3]为《教育测量》(*Educational Measurement*)第3版撰写的"效度"一章里得到充分阐释,他认为,"经验证据和理论依据在多大程度上支持对分数的解释与使用,对这个问题进行的综合评价就是效度。"构念效度是整体效度概念的核心,其他效度是用来支持构念效度作为整体效度的证据。为形象地说明这种"一元多维"的效度观,梅西克(Messick)采用分层效度框架(facets of validity)对其进行描述(见表1)。

表1 分层效度框架(改自 MESSICK S.Validity//.LINN R.*Educational measurement.* **3rd ed.Washington,D.C.:American Council on Education,1989:20.**)

	测试解释	测试使用
证据基础	构念效度	构念效度+相关性/实用性
后果基础	价值含义	社会后果

---

① MESSICK S."The once and future issues of validity:Assessing the meaning andconsequences of measurement"//.WAINER H,BRAUN H.*Test validity.* Hillsdale,NJ:Lawrence Erlbaum Associates, 1988,pp.33–45.

② LINN R L."Issues of validity for criterion-referenced measures".*Applied psychological measurement*, 1980,No.4.

③ MESSICK S."Validity"//.LINN R.*Educational measurement.*3rd ed.Washington,D.C.:American Council on Education,1989,pp.13–103.

梅西克(Messick)把上述框架又称为效度"渐进矩阵"(progressive matrix),从左上的构念效度出发,往右下的社会后果演进,在每个层面增加一个新的成分。在此矩阵的每个单元格中,构念效度是核心。因此,对某项测试分数的解释进行评价,不但要收集证明构念效度的证据,还要考虑这一解释的价值含义,使用该测试的相关性、实用性以及使用考试分数带来的社会后果。

在梅西克(Messick)[1]看来,测试的效度实际上指的就是构念效度,但其内涵和外延已不同于传统的构念效度。一元多维的构念效度由相互关联的若干方面组成(包括构念的组成内容、测试后果等),是考量教育和心理测验效度的重要标准。梅西克(Messick)的效度观丰富并深化了效度的内涵,使人们认识到效度的验证不是对测试本身及分数的评价,而是对测试结果解释和使用的评价,评价时还要关注测试使用的价值含义和社会后果。此外,测试开发和使用者都有举证责任,最终目的无非是控制构念代表性不足及与构念无关的内容。从此,效度验证不再是传统的以结果为导向的研究,而是一个持续不断的考问过程。

(二) 巴克曼和帕尔默(Bachman & Palmer)的测试有用性框架

梅西克(Messick)的效度理论为语言测试的开发和研究带来了重大变革。1990 年,Bachman 在《语言测试要略》(*Fundamental Considerations in Language Testing*)中详细讨论了 Messick 的效度理论,为语言测试界正确理解效度和效度验证开启了一个新视角。夏佩尔和道格拉斯(Chapelle & Douglas)[2]、卡明和贝里克(Cumming & Berwick)[3]及库纳(Kunnan)[4]等人的讨论,也促使梅西克(Messick)的效度观逐渐为语言测试界了解、接受。但梅西克(Messick)的

---

① MESSICK S."Validity and washback in language testing".*Language testing*,1996,No.3.

② CHAPELLE C A,DOUGLAS D."Foundations and directions for a new decade of language testing"//.DOUGLAS D,CHAPELLE C.*A new decade of language testing research.Arlington*,VA:TESOL Publications,1993,pp.1-22.

③ CUMMING A,BERWICK R.*Validation in language testing*.Clevedon,England:Multilingual Matters,1996.

④ KUNNAN A J.*Validation in language assessment:Selected papers from The 17th Language Testing Research Colloquium,Long Beach*.Mahwah,NJ:Lawrence Erlbaum Associates,1998.

效度理论抽象、复杂,效度验证涉及的因素众多,且缺少具体实施步骤。为解决这一问题,巴克曼和帕尔默(Bachman & Palmer)①提出了语言测试有用性框架(test usefulness),用以指导语言测试的开发与使用。测试的有用性框架由以下质量属性组成:

测试的有用性=信度+构念效度+真实性+交互性+影响力+可行性

图 1　测试有用性框架

其中,信度指测试结果的稳定性。构念效度指在多大程度上对测试分数所做的解释是有意义的、恰当的。真实性指语言测试任务特征和目标语言使用特征之间的吻合程度。互动性指完成测试任务时,考生的哪些个体特质参与其中以及被激活的程度如何。影响力则指考试对社会、教育制度以及个人带来的各种后果。可行性指在测试设计、开发和使用过程中所需的资源和可用资源的关系。

巴克曼和帕尔默(Bachman & Palmer)指出,应用上述框架应遵循以下原则:6条质量属性共同构成测试有用性,应力求测试整体有用性的最大化,不以牺牲某些质量属性为代价去追求其他;各质量属性之间如何平衡不能事先确定,而应根据测试自身的实际特征和使用情境通盘考虑。

可以说,巴克曼和帕尔默(Bachman & Palmer)的测试有用性模型是在用一种通俗的方式阐释梅西克(Messick)的效度理论,使其在语言测试实践中具有可操作性。过去的十几年中,该框架已经成为指导语言测试效度验证的权威模式。② 但有用性框架中,质量属性之间的关联不甚明确,在证据收集的过程中如何"拿捏分寸",巴克曼和帕尔默(Bachman & Palmer)并未给出令人信服的操作步骤。有用性框架突出了操作性,却牺牲了理论的连贯性,③多少偏离了教育测量界"效度整体观"的主流趋势。即便如此,该框架毕竟代表了一种转向,尤其使语言测试界充分意识到了构念、构念效度及测试后果的重要

---

① BACHMAN L F,PALMER A.*Language testing in practice*.Oxford:OUP,1996.

② WEIGLE S C.*Assessing writing*.Cambridge:CUP,2002.

③ MCNAMARA T F."Knowing your limits:Conceptual and policy constraints on evidence centered test design in language testing research".*Measurement:Interdisciplinary research and perspectives*,2003.No.1.

性。有用性框架中提出的质量属性其实就是测试开发者对测试质量的"承诺"或"主张"。但如何明确属性间的关系？如何整合各类证据？人们期待着一个新视角的出现。

三、效度论证观及其验证模式

（一） 凯恩(Kane)的解释性论证与效度论证

受教育测量理论的影响,语言测试常以某种语言理论(构念)为基点进行试题开发与分数解释,但学界对语言能力的定义从未达成一致。到头来,人们对证据收集的种类、数量、时间等问题仍无所适从。1999 年版的《教育与心理测验标准》(*Standards for Educational and Psychological Testing*)(简称《标准》)把效度看作"证据及理论对测试成绩解释与使用的支持程度",明确指出效度验证就是对"分数的预期解释与使用的论证"。① 但这一版《标准》只讨论了证据的来源,未能提出完整的论证模式,致使效度验证近似证据罗列。

近年来,教育测量界不断思索如何在效度验证中组织证据的方法,②③凯恩(Kane)④⑤提出的基于论证的验证模式(argument-based approach to validation),厘清了人们对测试产品质量监控过程的认识,明确了证据的类别与数量,使效度验证成为一个有始有终的论证过程。Kane 的验证模式包含两步不同性质的论证,第一步:解释性论证(interpretive argument)——搭建理论框架;第二步:效度论证(validity argument)——检验理论框架。进行解释性论证

① AREA,APA,NCME.*Standards for educational and psychological testing*.Washington,D.C.:American Psychological Association,1999.

② KANE M,CROOKS T,COHEN A."Validating measures of performance".*Educational measurement:Issues and practice*, 1999,No.2.

③ MISLEVY R J,STEINBERG L S,ALMOND R G."Design and analysis in task-based language assessment".*Language testing*,2002,No.4.

④ KANE M."An Argument-based approach to validity".*Psychological bulletin*,1992,No.3.

⑤ KANE M."Current concerns in validity theory".*Journal of educational measurement*,2001,No.4.

其实就是构建一个环环相扣的理论框架（例1），列出每一段推理中关于分数解释与使用的主张、预设等推理论证过程的要素，对推理合理性的证明（如相关证据收集等）就是所谓的效度论证。

例1.解释性论证举例①

推理过程1：评分——用观察到的考生表现推断观察分

主张：观察分能够反映考生对测试任务的完成情况

预设：评分准则制定合理；评分过程准确且一致

理由：对考生任务完成情况的观察可用于评估观察分

反驳：评分准则制定不够合理，评分过程存在疏漏

推理过程2：概化（generalization）——用观察分推断全域分（universe score）

主张：全域分能够反映考生在类似测试任务上的表现

预设：对考生表现的抽样具有代表性；样本数量充足可以控制误差

理由与反驳：（略）

推理过程3：外推（extrapolation）——用全域分推断目标域分（domain score）

主张：所得分数能够解释考生的某种能力，并能推断考生在真实环境中完成任务的情况

预设：考生完成测试任务所需的能力被确认；测试任务与真实任务相似

理由与反驳：（略）

推理过程4：使用（utilization）——用目标域分做决策（decision）

主张：考生所得分数得到了合理、公平的使用

预设：考生分数得到了正确的解读；测试和对测试结果的使用能带来正面反拨

理由与反驳：（略）

上述推理过程可简化为图2，推理好似在主张间架桥。在解释性论证中，

---

① KANE M."Validation"//.BRENNAN R L.*Educational measurement*.4th ed. Westport, CT: Greenwood Publishing,2006,pp.17-64.

观察到的考生表现(如完成某个口试任务的表现),通过评分得到观察分(即原始分);观察分包含测量误差,通过概化方法得到全域分(类似经典测量理论中的"真分数");全域分借由外推方法预测目标域分(用抽样结果推断考生在真实情景中的表现);最后,使用目标域分做决策。由此可见,解释性论证植根于概化理论。概化理论是一种能较好控制测评误差的现代测量理论,同时具备区分考生并评估其能力的功能,在处理宏观问题(如用测试结果做推论)的时候显得更为有效。①

图 2　解释性论证的推理链

(改自 KANE M. Validation// . BRENNAN R L. *Educational measurement*. 4th ed. Westport, CT: Greenwood Publishing, 2006, p.17-64.)

如何论证所架桥梁(推理过程)是否牢固(合理)呢? Kane 采用了图尔敏(Toulmin)②的实用推理模型(practical reasoning model)(图 3)论证主张间的推理过程。实用推理模型认为推理是由事实(data)推导结论的过程,推导过

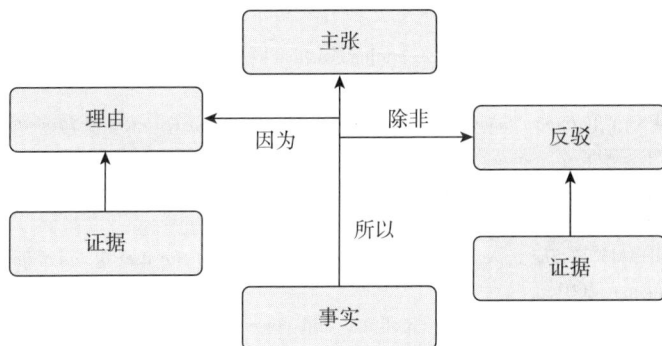

图 3　图尔敏(Toulmin)实用推理模型

(改自 TOULMIN S E. *The uses of argument*. updated ed. Cambridge: CUP, 2003.)

---

① 杨志明、张雷:《测评的概化理论及其应用》,教育科学出版社 2002 年版。

② TOULMIN S E. *The uses of argument*. updated ed. Cambridge: CUP, 2003.

程应遵循一定的规则,即要有理由做支撑,而理由本身也要有相关证据加以证明。推理的可信程度可能会被限定,如存在例外甚至不成立的情况,即允许反驳成立。但在现实推理过程中,限定、反驳,乃至证据都不是必要条件,所以被称为备选要素。在图2表示的各段推理中,先前的一个主张经证明成立后,在下一段推理中即变为事实,依此类推。所以,效度论证就是对解释性论证每段推理的可靠性进行检验的过程。

(二) 巴克曼和帕尔默(Bachman & Palmer)的测试使用论证

以测试结果为依据进行决策是人们在现实世界中使用测试的主要目的。测试的使用以及决策的制定都会给相关人员(如考生、家长、教师、机构等)带来影响,高风险测试的影响犹大。遗憾的是,大量研究表明积极与消极影响并存,①②消极影响甚至占据主导。③ 消极影响的根源纷繁复杂,有些源自试题本身的缺陷,有些因为对测试及其结果的误用。当然,还有更深层面的社会、政治等因素,但这已超出测试研发者所能掌控的范畴。对测试开发及使用者而言,应对测试质量及结果使用负责。近年来,语言测试的伦理、公正性,尤其是影响力(后果)等议题越发受到关注。④⑤ 梅西克(Messick)⑥效度整体观也促使语言测试领域出现了囊括"后果"的效度验证模式,⑦但这些模式普遍缺

---

① WALL D,ALDERSON J C. "Examining washback:The Sri Lankan impact study". *Language testing*,1993,No.1.

② HAWKEY R. *Impact theory and practice:Studies of the IELTS test and Progetto Lingue* 2000. Cambridge:CUP,2006.

③ 亓鲁霞:《意愿与现实:中国高等院校统一招生英语考试的反拨作用研究》,外语教学与研究出版社2004年版。

④ SHOHAMY E.. *The power of tests:A critical perspective of the uses of language tests*. Harlow, Middlesex:Longman,2001.

⑤ MCNAMARA T F. "The socio-political and power dimensions of tests"//.SHOHAMY E, HORNBERGER N H. *Encyclopedia of language and education(Vol.7):Language testing and assessment*. 2nd ed.New York:Springer,2008,pp.415-417.

⑥ MESSICK S. "The once and future issues of validity:Assessing the meaning and consequences of measurement"//.WAINER H,BRAUN H. *Test validity*. Hillsdale,NJ:Lawrence Erlbaum Associates, 1988,pp.33-45.

⑦ KUNNAN A J. "Test fairness"//.MILANOVIC M,WEIR C. *European language testing in a global context*.Cambridge:CUP,2004,pp.27-48.

乏评价测试开发与使用全过程的逻辑机制。人们迫切需要一个对测试开发与使用同时具有指导意义的理论框架。

1. AUA 及其功能

巴克曼(Bachman)于 2003 年提出的"测试使用论证"框架(Assessment Use Argument,简称 AUA)正是对上述需求的回应。AUA 框架在吸收前人理论①②的基础上,经历九十余次修改,最终在《语言测评实践》(*Language Assessment in Practice*)③一书中得以充分阐释(图 4)。AUA 不仅为测试开发提供了新视角(如始于对"后果"的考量),更为传统意义上的效度验证提供了可付诸实践的理论模式,而后者是 AUA 最重要的功能。需要特别指出的是巴克曼和帕尔默(Bachman & Palmer)使用了"assessment justification"(测试有用性论证)一词,而不是"validation"(效度验证)。他们认为在语言测试文献中,"validation"通常专指收集证据以支持构念与成绩间关系的过程,而"justification"则包含了构建 AUA 以及评价 AUA(收集证据用以支持 AUA 主张)的全过程。

图 4 中自上而下与自下而上两个方向的箭头分别代表对测试开发与使用的指导。表面上看,AUA 呈现的是一个双向线性框架,但不能就此把 AUA 理解为一个简单的流程图,现实的测试开发与使用论证是极其繁复的非线性动态过程。简言之,测试有用性论证类似基于论证的效度验证模式,也包含两个过程,即构建并评价 AUA。但 AUA 中的"解释"(interpretations)不同于解释性论证中的"解释"(explanation),前者是"静态的"推理结果(inferences/outcomes),后者是"动态的"推理过程(inference)。此外,AUA 中的"测试记录"(assessment records)不是成绩报告单(report),而是依照评分标准及程序得到的结果,可以用分数或文字描述的形式呈现。

---

① KANE M,CROOKS T,COHEN A. "Validating measures of performance". *Educational measurement*:*Issues and practice*, 1999,No.2.

② KANE M. "Validation"//. BRENNAN R L. *Educational measurement*. 4th ed. Westport, CT: Greenwood Publishing,2006,pp.17-64.

③ BACHMAN L F, PALMER A. *Language assessment in practice*:*Developing language assessments and justifying their use in the real world*.Oxford:OUP,2010.

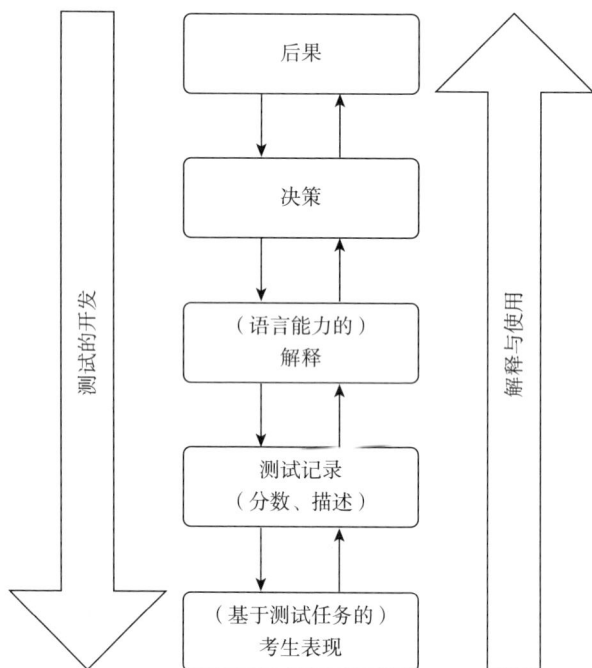

图 4　AUA 框架①

2. AUA 的构建与评价

构建 AUA 亦如构建解释性论证,需要列出关于测试解释与使用的声明,即列出关于"后果""决策""解释""测试记录"四个方面待论证的要素,包括主张、理由及反驳。AUA 中的主张是对基于事实的推理结果与预期的质量属性(qualities)所作的声明,故每项主张由结果加属性组成,如 XX 考试的测试记录(结果)保持一致(属性)。AUA 中的理由是关于主张(质量属性)的具体声明,如 XX 考试的评分方法保持一致,不因场合或施考群体而改变。而 AUA 中的反驳指否定或削弱主张的声明,如 XX 考试采用了自动评分,而人工评分准则不适用于自动评分。

AUA 的推理过程与解释性论证的推理过程相似,遵循了"事实→主张"的

① BACHMAN L F, PALMER A. *Language assessment in practice*：*Developing language assessments and justifying their use in the real world*.Oxford：OUP，2010.

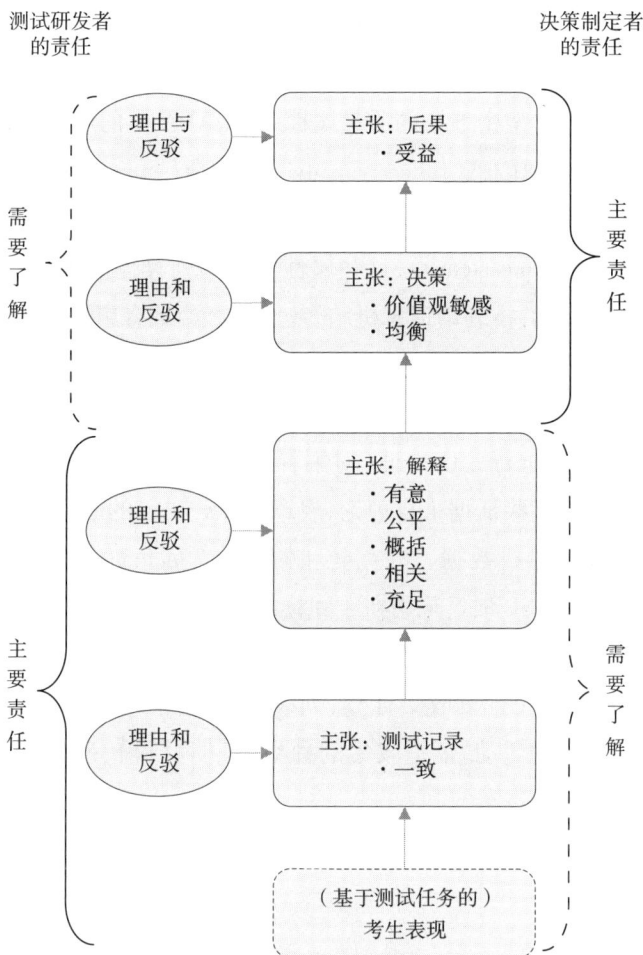

图 5　AUA 推理链①

推理机制，即上一推理过程的结论（即主张）经论证即成为下一推理过程的事实。这种推理机制也源自 Toulmin② 的实用推理模型。所以，AUA 用考生（完成任务的）"表现"作为推理链的出发点（图 5），即事实；通过对任务完成情况的评估得到测试记录；利用测试记录与语言能力（构念）间的关联得到关于语

---

① BACHMAN L F, PALMER A. *Language assessment in practice：Developing language assessments and justifying their use in the real world*. Oxford：OUP，2010.

② TOULMIN S E. *The uses of argument*. updated ed. Cambridge：CUP，2003.

言能力的"解释";依照对语言能力解读的结果制定相关"决策";最后,测试的使用及决策的实施产生预期的"后果"。

与测试有用性框架中涉及的质量属性不同,AUA 中的质量属性包括受益(beneficence)、价值观敏感(values sensitivity)、均衡(equitability)、有意(meaningfulness)、公平(impartiality)、概括(generalizability)、相关(relevance)、充足(sufficiency)、一致(consistency),这些属性由一系列具体的主张与理由体现,并通过 AUA 框架中的推理论证有机结合。所以,测试有用性论证概念与测试使用论证(AUA)框架的提出绝非传统效度理论或验证模式的重新命名,而是对其进行的扬弃。

评价 AUA 亦如进行效度论证(对解释性论证的评价),也要收集证据支持所声明的理由。有些证据来自理论、规章、文献、先前的研究结论等,有些源自施测后得到的信息或数据。巴克曼和帕尔默(Bachman & Palmer)书中第9—12 章以某大学 ESL 项目采用在线阅读测试为例,详细说明了构建与评价 AUA 的全过程。此外,巴克曼和帕尔默(Bachman & Palmer)还建议应根据所构建的 AUA,制定一个证据收集计划,列表说明在测试开发与使用的各阶段人们收集反馈信息的活动、证据收集的种类(证明材料)、所支持的主张或理由以及主要负责人。

四、评价

长久以来,人们用效度"高低"形容测试质量,这种习惯蕴含着一种普遍认识,即把"测试产品"看作效度验证的对象,并把效度当作"测试产品"自身的属性。Messick 整体效度观改变了人们对于效度的认识,但他未能明确阐述效度验证的操作步骤,使效度理论与验证模式在某种程度上成了"两张皮"。诚然,效度观的转变在语言测试领域催生出一些验证的新模式,[1][2]但这些模

---

① BACHMAN L F,PALMER A.*Language testing in practice*.Oxford:OUP,1996.

② WEIR C J. *Language testing and validation:An evidenc based approach*. New York, NY: Palgrave Macmillan,2005.

式通常把各类质量属性的累加当成测试的整体质量。那些已经完工的"测试产品"(如试卷、任务)往往备受关注,而"设计"、"生产"与"使用"产品的过程却无人问津。正因为产品"质量监控"(即效度验证)成为"事后诸葛亮",所以人们对其先天的质量缺陷束手无策。Kane 效度论证观及验证模式有望在这些问题上取得突破。

客观地讲,凯恩(Kane)①与梅西克(Messick)②的"效度观"在本质上是一致的,都认为效度不是测试本身的属性,不是一种单一的"程度"概念,而是关于分数的预期解释与使用的综合评价。但从形式上看,梅西克(Messick)的出发点是"构念",而凯恩(Kane)的出发点是"解释性论证",解释性论证可被看作经过设计的效度(design validity)。③ 凯恩(Kane)完整地阐述了基于论证的验证模式后,人们才明确了验证的对象(关于分数解释与使用的主张、预设、理由所组成的推理链)以及证据采集的时间、种类、数量,这正是凯恩(Kane)在教育测量理论方面的重要贡献。

凯恩(Kane)提出了三条评价解释性论证的标准:一、论证的清晰度,指推理过程中的主张、预设、理由等应以具体、清晰地方式表述;二、论证的连贯性,指各主张间的推理应环环相扣,形成一个有说服力的完整推理过程;三、推理与预设的合理性,指所提出的推理及预设应合理、可行。

凯恩(Kane)的解释性论证(图2)似乎可以规避"构念定义"这个棘手的问题,例如,从考生完成某项任务的表现逐层推理,最终得出他是否具备完成该项任务的某种能力。但对构念的定义方法(即语言能力本质的探究)一直是语言测试的核心议题,况且语言测试解释性论证中的要素离不开语言学基本理论的支撑。④

与解释性论证框架不同的是,AUA 更强调测试"后果"的重要性。换言

---

① KANE M.Validating score interpretations and uses.*Language testing*,2012,No.1.

② MESSICK S.Validity//.LINN R.*Educational measurement*.3rd ed.Washington,D.C.:American Council on Education,1989,pp.13-103.

③ BRIGGS D C.Comment:Making an argument for design validity before interpretive validity. Measurement,2004,No.3.

④ CHAPELLE C A.Validation in language assessment //.HINKEL E.*Handbook of research in second language teaching and learning volume II*.New York,NY:Routledge,2011,pp.717-730.

之,与分数的解读相比,AUA 更看重对测试(测试分数、决策及测试本身)使用合理性的论证,这也是 AUA 之所以被称为"测试使用论证"的根本原因。巴克曼和帕尔默(Bachman & Palmer)除了明确 AUA 对语言测试的"双向"指导作用(开发与使用)外,更强调在现实世界中(特别是通过衡量"后果")评价一项测试的有用性,而不单纯依靠冷冰冰的技术指标。

虽然 AUA 是针对语言测试提出的论证框架,但它的基本架构(后果、决策、解释、测试记录)高度抽象,几乎适用于任何测试。与解释性论证近似,AUA 每段论证的主张也以上一论证的主张为事实依据。然而,从具体的论证要素(主张、理由及反驳)来看,AUA 是对四个"静态"结果(后果、决策、解释、测试记录)进行的论证,而解释性论证却是对"动态"推理过程(如评分、概化、外推、使用等)进行的论证,这或许是巴克曼和帕尔默(Bachman & Palmer)未给 AUA 推理过程命名的原因。由此看来,AUA 不能等同于解释性论证,照搬 Kane 的三条标准评价 AUA 并不合适。

此外,AUA 把考生表现直接作为"事实"处理,考生表现是观察到的具体行为,体现了测试任务的完成情况,可以看作对考生语言能力的抽样。在图尔敏(Toulmin)的实用推理模型中,事实不言自明,所以无须论证,这或许是 AUA 对考生表现未做论证的原因,但这样处理是否得当,值得商榷。本文中提到 AUA 的"理由"被定义为关于主张的质量属性所做的具体声明,这似乎背离了图尔敏(Toulmin)①对"理由"原始定义。实用推理模型中的"理由"指推理的规则(rules、principles、inference-licences),而 AUA 中的"理由"更像是解释性论证中的"预设"。不仅如此,巴克曼和帕尔默(Bachman & Palmer)还使用了"generalizability"(概括性)一词来说明测试任务特征与 TLU 任务特征的关联程度,Kane② 对该词的使用表示担忧,认为极有可能与"概化理论"中的"概化"相混淆,甚至造成学科间的分歧。

---

① TOULMIN S E.*The uses of argument*.updated ed.Cambridge:CUP,2003.

② KANE M."Book Review:Language assessment in practice:Developing language assessments and justifying their use in the real world".*Language testing*,2011,No.4.

五、结语

纵观语言测试的效度及验证模式,其发展几乎完全遵从了教育测量理论的演变。《标准》和《教育测量》这两部举足轻重的纲领性文件一直是语言测试领域效度理论及验证模式变迁的风向标。依其对效度及验证模式的阐释,可以看出,人们从 20 世纪 60 年代对内容效度、评分信度的格外关注,转向世纪末对构念效度的依赖,再到 21 世纪初对分数意义多面性的重新认识。中文习惯将"validity"译为"效度",这种译法强调了"程度"内涵,多少反映了人们的效度观。毫无疑问,效度观念的转变影响了人们对效度验证模式的探究。构念在效度验证模式中的角色因此发生了变化,这不仅影响其自身的定义方法,也扩展了分数解释的范围(如心理语言加工策略等因素的加入),并改变了分数解释的重心(如成绩使用的后果)。

基于论证的效度验证模式在一定程度上规避了构念定义的困境,允许研究人员不拘泥于抽象理论,而是以理论为基础,参照现实需求(如 TLU 域)定义构念,其验证的对象不再是关于分数解释与使用的各类"固定"议题,而是经过"设计"的效度框架。各类证据也不再是简单罗列,而被推理链整合,形成证据链。这种效度验证模式类似自然科学对理论的检验过程,因为解释性论证的提出其实就是对理论的构建,而效度论证正是对其进行的检验。① 然而,对测试质量的研究工作一般由开发单位自己完成,正因如此,基于论证的效度验证模式也很可能倾向"证实"。换言之,验证模式本身并不能防止"避重就轻"现象的发生。单靠 Kane 提出的三条标准很难保证解释性论证以及具体验证过程的客观性,引入第三方力量共同参与测试质量的检测或许在一定程度上可以规避"证实"的倾向,但考虑到成本、保密等现实因素,第三方介入能否实现仍是个未知数。

20 世纪 90 年代,巴克曼(Bachman)最先把梅西克(Messick)效度整体观

---

① KANE M."Validating score interpretations and uses".*Language testing*,2012,No.1.

引入语言测试领域,并以此为基础提出了"测试有用性框架",改变了语言测试界对测试质量的认识。21世纪初,巴克曼(Bachman)又把凯恩(Kane)的效度论证观系统地介绍语言测试从业人员,创造性地提出了"测试使用论证"框架(AUA),用以指导测试的开发与使用。巴克曼和帕尔默(Bachman & Palmer)在具体阐释AUA的构建与评价时,有意回避"validity"、"reliability"及"validation"等字眼,但这些传统概念的本质特征都被AUA消化、吸收。AUA能否成为指导测试开发与使用的新范式有待时间的检验,但巴克曼和帕尔默(Bachman & Palmer)这种勇于探索的精神着实令人钦佩。遗憾的是,人们的"旧观念"根深蒂固,已建立的"游戏规则"不愿意轻易打破。当前,只有少数考试机构(如ETS、Cambridge ESOL、Pearson等)本着对考生及社会负责的态度,投入巨大精力实施考试效度的验证工作,所取得的丰硕成果不仅引领了语言测试界的走向,甚至丰富了教育测量界对传统观念的认知。据悉正在修订的最新版《标准》将会专门讨论语言测试的效度议题。反思我国的考试机构严重缺乏对高风险测试设计与使用质量的全面研究,这种现状亟待改善。

(本文原载《外语教学与研究》2013年第3期)

动态评价理论、模式及其在
外语教育中的应用

一、什么是动态评价?

动态评价(dynamic assessment)又称学习潜能评价(learning potential assessment),是对在评价过程中通过评价者和学生的互动,尤其在有经验的评价者的帮助下,探索和发现学生潜在发展能力的一系列评价方式的统称。[①]

动态评价这一术语由维果斯基(Vygotsky)的同事鲁利亚(Luria)[②]最先提出。福伊尔斯坦等(Feuerstein et al.)[③]在 70 年代末开发出一系列有影响的评价工具,极大地推动了动态评价的研究和发展。近四十年来,动态评价已成为西方心理学和教育测量研究与应用领域的一大热点。

动态评价的渊源可追溯到 20 世纪前的智力测验。1905 年,阿尔弗雷德·比奈(Alfred Binet)和他的同事发表了世界上第一个关于儿童智力水平测验的量表。但不久他就认识到,智力测验不应只看结果,还应对儿童的认知

---

① LIDZ C. " Dynamic assessment (Learning potential testing: Testing the limits)"//. FERNÁNDEZ - BALLESTEROS R. *Encyclopedia of psychological assessment*. London: SAGE, 2003, pp.337-343.

② LURIA A. "Study of the abnormal child". *American journal of orthopsychiatry: A journal of human behavior*, 1961, No.1.

③ FEUERSTEIN R, RAND Y, HOFFMAN M. *The dynamic assessment of retarded performers: The learning potential assessment device, theory, instruments, and techniques*. Baltimore: University Park Press, 1979.

过程和学习过程进行评估。① 尽管当时他对这一想法怀有热情,但始终没有拿出可行的方案。

智力测验从出现之日起就存在很大问题,它只是"静态地"反映个体发展的结果。巴金汉姆(Buckingham)②曾指出,智力从教育的观点看应该被视为一种学习的能力,学习过程和学习产物都应是智力测验的组成部分。桑代克(Thorndike)曾提出测量个体学习能力的重要性。雷伊(Rey)、鲁宾斯坦(Rubinstein)都提出过类似观点,这些实际上体现的就是动态评价的基本思想。1950 年代皮亚杰(Piaget)关于儿童认知发展的观点和智力评估的过程趋向为动态评价提供了理论上的准备,而真正推动动态评价发展的是维果斯基(Vygotsky)提出的社会文化埋论,其"最近发展区"(Zone of Proximal Development,简称 ZPD)概念是动态评价的核心思想。

二、动态评价与静态评价之异同

比奈(Binet)于 1905 年提出、1911 年修订完成的智力测验量表问世后,引起了各国心理学家的兴趣,相关研究到 1940 年代发展到顶峰,它对其他层面的心理测验及教育测验也产生了重大影响,在此基础上发展出来的各种测验统称为静态测验,或叫静态评价(static assessment),海伍德和利兹(Haywood & Lidz)③称之为标准化测验(normative/standardized assessment)。斯腾伯格和格里戈连科(Sternberg & Grigorenko)④指出:

在静态测验里,测试者分次或同时向受试呈现一组测验题目,受试在规定

---

① HAYWOOD H,TZURIEL D. "Applications and challenges in dynamic assessment". *Peabody journal of education*,2002,No.2.

② LIDZ C. *Dynamic assessment: An international approach to evaluation learning potential*. New York:Guilford Press,1987.

③ HAYWOOD H,LIDZ C. *Dynamic assessment in practice: Clinical and educational applications*. New York:CUP,2007.

④ STERNBERG R,GRIGORENKO E. *Dynamic testing: The nature and measurement of learning potential*.Cambridge:CUP,2002.

的时间内对相继呈现的测验题目进行作答,没有任何反馈或干预。测验结束后,每个受试得到的唯一反馈就是分数报告。届时,受试又为下一次测验或更多的测验做准备。

可见,静态测验的工具和过程都是标准化的,用统计数字表示个体的能力。它测量的是个体已经形成的能力,评价的只是学习的结果。古尔德(Gould)①指出,标准化测验在美国流行由来已久,早期主要用来筛选移民和评估新征入伍士兵,后被用于其他领域。现今流行的 SAT、ACT、GRE 等均属静态测验范畴。

动态评价是指把测量和干预结合起来,通过提示、指导和反馈等手段让受试积极参与到测验活动之中,对其思维、认知、学习和解决问题能力进行评价的过程,它关注的是学习者未来的发展。海伍德和利兹(Haywood & Lidz)②认为,动态评价与静态评价的区别主要是:

第一,评价对比对象不同。动态评价是拿自己和自己进行对比,静态评价是将自己与他人进行对比。

第二,评价所关心的问题不同。动态评价关心的是学生在新的条件下如何学习,其学习和行为表现怎样才能够得到提高,能提高多少,达到理想的水平需要克服哪些障碍。静态评价主要关心学习的结果以及学生能做什么,不能做什么;与同类人相比,其水平如何。

第三,就评价结果来讲,动态评价关心的是学生的潜能,即克服学习障碍后学生能够达到什么水平。如何克服这些障碍? 在有经验的干预者的帮助下学生如何活动和表现? 动态评价强调的是测验时学生学习和改变的心理过程。静态评价把 IQ 作为学生能力的总体估计,用它反映学生在所属群体中处于什么位置,且只关心学生独立活动时所达到的水平。

第四,从评价过程来讲,动态评价的特点是个性化,关心学生学习新知识和新技能的过程,对其行为表现给予反馈。静态评价则采用对每个人都相同的标准化评价方式,只关心在先前知识和技能影响下形成的结果,对学习者的

---

① GOULD S.*The mismeasure of man:Revised and expanded*.New York:W.W.Norton,1996.

② HAYWOOD H,LIDZ C.*Dynamic assessment in practice:Clinical and educational applications*. New York:CUP,2007.

行为表现不给予任何反馈。

第五,在对评价结果的解释上,动态评价侧重弄清学习中有何障碍,克服这些障碍需要花多大力气,以及如何克服这些障碍等。静态评价则看学习的局限在哪里,学习者在能力上与他人有何区别,未来测验的需求等。

第六,测验者扮演的角色不同。在动态评价中,测验者给出问题,判断学习者存在什么困难,必要情况下教给学生元认知策略,积极参与并促进学生发生变化。在静态评价中,测验者始终保持中立,只是给出问题,记录学生的反应,不进行任何干预。

静态评价以客观、量化为特征,设计精密、结构性强。它着重描述学生的现有成绩,偏重学习结果,只提供学生的成败信息,且以评价者为中心。动态评价强调评价者与学生之间的互动,强调评价和教学的结合,突出了解学生的认知过程和认知变化的特点,着重考查学生潜在的认知发展水平。

三、动态评价的理论基础

动态评价的理论基础源于维果斯基(Vygotsky)的社会文化理论。该理论认为,人的心理机能是社会学习的结果,是文化和社会关系内化的结果,社会文化因素在人类认知发展过程中起着核心作用。维果斯基(Vygotsky)[1]指出,"儿童心理机能的发展均两次登台:首先是社会的,作为一种心理间范畴的人与人之间的关系,其次是心理的,儿童内部的心理范畴……所有高级心理机能都是社会关系的内化。"他认为,内化是一个渐进的过程,始于有经验的成年人或同伴的帮助。随着儿童变得主动,成年人不断改进指导方式。当儿童能够独立调适自己的学习过程时,成年人仅仅扮演辅助的角色。

维果斯基(Vygotsky)创立的社会文化理论突出了社会、文化、历史对儿童心理发展的影响,他还创新性地提出了中介(meditation)、最近发展区以及支架(scaffolding)等概念。这些概念对动态评价的发展产生了重要影响,其中最

---

① RIEBERT R.*The collected works of Vygotsky*(*Vol.*83). New York:Plendum Press,1998.

有影响的是"最近发展区"这一概念。

"儿童独立解决问题的实际水平与在有经验的成年人指引下或与能力高的同伴合作解决问题时所体现出的潜在水平之间的差距,这个差距被称为该个体的最近发展区"。① 最近发展区也就是个体未来可能的认知发展。维果斯基(Vygotsky)指出,把儿童独立解决问题的能力作为衡量其心理机能的唯一有效指标是不正确的,它揭示的只是儿童心理发展的部分机能,即他的实际发展水平。"评估儿童的实际发展水平不仅没有反映其发展全貌,而且常常包含的是不重要的部分"。② 他强调指出,儿童对于成人或同伴给予的帮助做出的反应是了解儿童认知能力一种不可或缺的特征,它预测了儿童最近未来的发展态势,即儿童在帮助之下现在能够做什么,未来他就能够独自完成什么。他曾举例说道:

假定我们对两个孩子进行测验,结果确定其心理年龄都是 7 岁。这意味着两个孩子解决问题的能力可达到 7 岁孩子的水平。但如果对这两个孩子的测验再往前走一步,给出一些超出他们实际年龄的任务,结果会发现他俩之间有实质区别。在提供范例或演示的情况下,其中一个孩子能够容易地完成超出其实际年龄 2 岁的孩子完成的任务,而另一个孩子只能完成超出自己半岁的孩子完成的任务。③

在维果斯基(Vygotsky)看来,这两个孩子的能力既相同,也不相同:

从他们独立完成活动的角度来说,他们的能力是相同的。但从最近潜在发展能力的角度来看,他们的能力又完全不同。在成年人的帮助下能够完成任务的孩子让我们了解到他的最近潜在发展能力。这意味着依此方法,我们不仅可以了解今天孩子发展已完成的过程、已结束的发展周期和已成熟的过程,而且可以了解正在形成的态势、逐渐成熟的态势和正在发展的态势。

所以,全面评估某一个体能力的发展,仅关注其实际发展区是不够的,要

---

① VYGOTSKY L.*Mind in society*:*The development of higher psychological processes*.Cambridge,MA.:Harvard University Press,1978.

② VYGOTSKY L S.The problem of age //.RIEBER R W.*The collected works of L.S.Vygotsky*(*Vol.*5):*Child psychology*.New York:Plenum,1998,pp.187-206.

③ WERTSCH J V.*Vygotsky and the social formation of mind*.Cambridge,MA:Harvard University Press,1985.

重视最近发展区,即看他明日能够形成什么,能够变成什么。了解到这一点,评估也就最大限度地接近了认知发展过程本身。最近发展区概念为动态评估理论和实践奠定了扎实的基础。

四、几种有代表性的动态评价模式和方法

与动态评价有关的研究始于20世纪30年代,但大量专业化的研究在60至70年代才出现,在90年代后期达到高潮,主要代表人物有福伊尔斯坦(Feuerstein)、巴道夫(Budoff)、卡尔森(Carlson)、坎皮恩(Campione)、布朗(Brown)、斯托得(Stott)和利兹(Lidz)等。由于不同学者所强调的理念和侧重点不同,形成了一系列不同的动态评价模式。兰托夫和博纳(Lantolf & Poehner)①认为,这些模式可大致分为两类:干预式(interventionist)和互动式(interactionist)。在干预模式中,帮助的形式是标准化的。它关注评价的"量化"指标:学习的速度指数(index of speed of learning)②和学习者迅速有效地达到事前规定的学习目标所需要的帮助的量。在互动模式中,帮助出现在评价者和学习者的互动过程中。艾利康宁(Elkonin)③曾举火车的例子阐述这两者的区别。他指出,干预式动态评价对学习速度和效率感兴趣,强调的是火车如何沿着轨道快速驶向终点。互动式动态评价更接近Vygotsky的思想,对火车如何沿着已建好的轨道行驶的速度不感兴趣,强调如何帮助学习者自己铺设新的轨道,从而通向一个又一个规划好的车站。

(一) 干预式动态评价

依据评价过程中辅导方式的不同,斯腾伯格和格里戈连科(Sternberg &

---

① LANTOLF J, POEHNER M. "Dynamic assessment: Bringing the past into the future". *Journal of applied linguistics*, 2004, No.1.

② BROWN A, FERRARA R A. "Diagnosing zones of proximal development"//. WERTSCH J. *Culture, communication and cognition: Vygotskian perspectives*. New York: CUP, 1985, p.225−256.

③ ELKONIN D. Epilogue. *The collected works of L. S. Vygotsky* (*Vol. 5*): *Child psychology*. New York: Plenum, 1998.

Grigorenko)①把干预式动态评价分为两类："三明治式"(sandwich format)和"蛋糕式"(cake format)。前者就像传统的实验研究设计,先是前测环节,然后是实验处理,最后是后测。斯腾伯格(Sternberg)将凡是把指导环节安置在前测与后测之间的测验(评价)程序统称为三明治型,指导的内容完全依赖前测的结果。在后测阶段,评价者可以看出通过辅导学习者取得了多大进步。

巴道夫(Budoff)等人提出的"测验—训练—测验"模式就属于三明治型。巴道夫认为,通过训练,个体的测验成绩得到了提高,这一变化本身就反映了他的学习潜能,这种评价个体从训练中的获益能力,就是巴道夫提出的学习潜能评价(learning potential assessment),迄今已发展出 12 个标准的动态测验,②每个测验都有一套特定的操作程序。这些测验可单独使用,亦可团体施测,前测之后的训练环节尤为重要。巴道夫指出,缺少中间训练环节,个体解决问题能力的改善就不能得到证明。训练时要特别注意引导学生的注意力,指导学生掌握解决问题的策略,给予学生展示解决问题的能力和通过训练提高操作成绩的机会。该模式采用"残差获益分数"(residualized gain scores)计分,依据获益分数把受试分为高分者、获益者和无获益者。高分者指前测和后测成绩俱佳者,获益者指后测成绩取得明显进步者,无获益者指后测成绩无显著进步者。巴道夫设计的测验程序创造性地把静态评价融入动态评价之中,在动态和静态评价结合方面做出了重要尝试。

"蛋糕式"动态评价指在测验过程中对受试在每一测验项目上的反应逐项进行指导,包括明示的和隐性的指导,这种辅导就像在蛋糕(测验项目)上涂抹一层奶油(暗示),因此被称为"蛋糕型"。测验时,测试者向受试逐一呈现测验项目,如果受试能够作答,就呈现下一项目;如果受试不能回答或解决问题,就给他呈现一系列暗示,直到能够正确作答或放弃为止,然后再呈现下一项目。在此过程中要注意观察受试的表现,给予多少帮助或什么类型的帮助要视情况而定,而且要有详细记录。

---

① STERNBERG R,GRIGORENKO E.*Dynamic testing*:*The nature and measurement of learning potential*.Cambridge:CUP,2002.

② GRIGORENKO E,STERNBERG R."Dynamic testing".*Psychological bulletin*,1998,No.1.

兰托夫和博纳(Lantolf & Poehner)①指出,较成熟的蛋糕型评价程序有两个,一个是古特克(Guthke)等人于1982年在莱比锡大学开发的学习测验程序(the Leipzig Learning Test,LLT),另一个是布朗(Brown)等人设计的逐步提示评价程序(the Graduated Prompt Approach,GPA)。LLT最早叫Lerntest,由多项测验组成,包括语言测验。② 其语言学能测验程序是,给受试呈现一组几何图形,与之相配的是一组人造语言词汇,要求受试通过完成任务的方式找出其中的模型。如果受试首次尝试失败,先给他较模糊的提示,让他想一想。第二次不成功,提示稍明确些。若再不成功,提示再明确些。最后答案还不正确,就告诉其正确的模型,并给出正确解释。报告测验结果时除结合提示次数和所花时间给出分数之外,还要报告所犯的错误、获得的帮助和提示过程。古特克认为,在教师的帮助下,儿童的每项认知功能都能在ZPD内形成、发展并内化。因此,他们开发的多种不同类型的测验均特别强调在训练环节突出测验者重复、鼓励和提供系统反馈的作用。古特克③及其同事还开发了电脑版的LLT,尝试在大规模范围内实施。

GPA按照"前测、学习或训练、迁移、后测"的程序来了解学生学习和迁移的能力。此程序也采用了标准化的提示系统,其独特之处在于增加了迁移任务。测验的第一步先呈现给学生一些题目和任务,了解其当前水平。学生如有困难,就给予暗示、指导或建议,帮助他们发现解决问题的规律,并应用这些规律去解决问题。一旦学生能够独自解决问题,就给他呈现一系列迁移问题,先是与前面的问题或任务相同但稍做变化的"近迁移"(near transfer),然后是有较大变化的"远迁移"(far transfer),最后是更加复杂的、有大幅变化的"极

① LANTOLF J,POEHNER M."Dynamic assessment:Bringing the past into the future".*Journal of applied linguistics*,2004,No.1.

② GUTHKE J,HEINRICH A,CARUSO M."The diagnostic program of 'syntactical rule and vocabulary acquisition' — A contribution to the psychodiagnosis of foreign language learning ability"//.KLIX F,HAGENDORF H.*Human memory and cognitive capabilities:Mechanisms and performances.*Amsterdam:Elsevier,1986,pp.903-911.

③ GUTHKE J,BECKMANN J F."The learning test concept and its applications in practice"//.LIDZ C S,ELLIOTT J G.*Dynamic assessment:Prevailing models and applications.* Amsterdam:Elsevier,2000,pp.17-69.

迁移"(very far transfer)。迁移过程完成后,实施后测,这样就可以评价出学生最大可能的表现水平。在计分与评价方面,可根据提示量的多少核算,提示量越多,表明学生学习能力越低,迁移能力越低。反之,提示量越少,说明学生的学习能力越强,迁移能力越强。该模式的特点是,它不但可以让我们了解学生学会新东西的速度有多快,也能告诉我们学生在多大程度上能把所学的规则和原理用于解决新的问题。①

（二）互动式动态评价

米尼克(Minick)②指出,在维果斯基(Vygotsky)看来,ZPD 不是评估学生学习潜能的途径或测量学习效率的方法,而是"了解学生在下一个或最近的发展阶段所能具备的各种心理过程(潜能)的手段,是确认学生实现这些潜能需要什么样的指导或帮助的手段。"与强调量化的干预式动态评价不同,互动式动态评价更侧重对学生心理潜能发展的质性评价。

福伊尔斯坦(Feuerstein)是动态评价范式的奠基人物,是互动式动态评价模式的坚定支持者。他认为,必须放弃传统测验中测验者和被测验者的关系,取而代之的应是一种师生关系。为了学生的最终成功,师生应该共同合作。福伊尔斯坦(Feuerstein)所提模式的核心是"中介学习经验"(Mediated Learning Experience,简称 MLE)理论。他认为,学习是一个相互作用的过程,教育者、学习者和学习任务三者之间不断相互作用。教育者作为中介者有意图地选择、安排和重复那些对学习者认知发展重要的刺激,唤起他的好奇心,保证"学习者能以某种方式体验到这些刺激之间的关系"。③ 通过中介者带有明确意图的互动,学习者增长了经验,领悟到了其中蕴含的规则,会较容易地将所学到的经验、知识和技能内化到原有的认知结构中。学习者把已内化的

---

① BROWN A,FERRARA R A."Diagnosing zones of proximal development"//.WERTSCH J. *Culture,communication and cognition:Vygotskian perspectives*.New York:CUP,1985,pp.225-256.

② MINICK N."Implications of Vygotsky's theories for dynamic assessment"//.LIDZ C.*Dynamic assessment:An interactive approach to evaluating learning potential*. New York:Guilford Press,1987, pp.127-142.

③ FEUERSTEIN R,RAND Y,RYNDERS J.*Don't accept me as I am:Helping retarded performers excel*.New York:Plenum,1988.

东西应用到解决新的具体问题中,会形成解决问题的能力,最终促成其经验的内化。

福伊尔斯坦(Feuterstein)等人提出的基于 MLE 的动态评价程序叫做"学习潜能评估程序"(learning potential assessment device,简称 LPAD),这是一个多水平、多维度、多侧面结合的测验工具,成套的 LPAD 由 15 个子测验组成。在 LPAD 实施过程中,测验实施者随时根据对学习者的观察调整呈现任务的频率、顺序、复杂程度和测验的情境,以引起学习者的好奇心和兴趣,并极力促进学习者认知结构改变的发生。测验者实际上起到中介的作用,他随时对学习者的行为做出反应,他关注的是学习者认知结构的转化,而非行为表现的水平。可见,LPAD 设计上与干预紧密相连,是过程取向而非结果取向,强调测验者和学习者的互动,指出学习者如何通过帮助取得成功。

米尼克(Minick)①认为,福伊尔斯坦(Feuterstein)的模式反映了维果斯基(Vygotsky)的 ZPD 思想,给测验者较大的自由和学习者互动,通过一系列有针对性的帮助使学习者的潜能得到发展。这种模式还可清楚地诊断学习者的行为表现及其思考过程,这正是传统测验无法做到的。

五、外语教育领域的动态评价研究及应用

在心理学和普通教育领域,动态评价的研究硕果累累,但在外语教育领域则刚刚起步。兰托夫(Lantolf)正带领一批人专门从事二语动态评价方面的研究,出版了由博纳(Poehner)撰写的首部关于二语动态评价的著作(*Dynamic Assessment:A Vygotskian Approach to Understanding and Promoting L2 Development*),详细探讨了如何把动态评价用于解决学生二语发展过程中出现的问题。他们编制的《动态评价教师操作手册》(*Dynamic Assessment:A Teacher's*

---

① MINICK N."Implications of Vygotsky's theories for dynamic assessment"//.LIDZ C.*Dynamic assessment:An interactive approach to evaluating learning potential*. New York:Guilford Press,1987,pp.127-142.

Guide)配有实例和录像,系统介绍了中介互动的做法,并把这些做法搬到了大学附近的小学西班牙语课堂,边应用,边改进,同时发表了一些相关研究。[1]

柯祖林和格尔巴(Kozulin & Garb)[2]也在动态评价研究方面做了积极的尝试。他们把动态评价程序引入到基于课程的 EFL 阅读教学中,设计了包括前测、中介学习和后测三个阶段的动态评价程序,研究对象为 23 名因学业有困难没有通过中学英语考试的学生。其基本做法是,先让学生阅读一篇短文并回答问题,前测之后,课堂老师作为中介和学生一起检查学生做过的题目,"有针对性地帮助他们掌握回答每个问题的策略,和他们共同弄清回答每个问题的过程,并引导他们把解决问题的策略应用到新的任务上去"。他们还采取了其他形式的中介干预和帮助,最后让学生完成和前测平行的后测。柯祖林和格尔巴(Kozulin & Garb)认为,只靠前测不能完全了解学生实际水平,通过有针对性的中介干预不仅可帮助学生掌握解决问题所需的技能,还可确定学生从中获益多少,为此他们设计了一种叫做 LPS(learning potential score)的公式,量化前测后测之后学生的进步情况。他们认为只有这样才能了解学生能力的全貌和每个学生的具体情况,才能采取有针对性的指导,更好地促进学生的发展。这是一种典型的干预式动态评价。

安东(Antón)[3]和吉本斯(Gibbons)[4]的研究属于互动式动态评价。安东(Antón)把动态评价用于大学西班牙语高级课程的分班测试中。他通过评估学生在语法和词汇方面的准确性了解学生的语言水平,在此过程中通过和学

---

① POEHNER M, LANTOLF J. "Dynamic assessment in the language classroom". *Language teaching research*, 2005, No.3; LANTOLF J, POEHNER M. "Dynamic assessment: Bringing the past into the future". *Journal of applied linguistics*, 2004, No.1; ABLEEVA R. *Listening comprehension in foreign language instruction.* (*CALPER Professional development document* 0810). University Park, PA: The Pennsylvania State University, Center for Advanced Language Proficiency Education and Research, 2008.

② KOZULIN A, GARB E. "Dynamic assessment of EFL text comprehension of at-risk students". *School psychology international*, 2002, No.1.

③ ANTÓN M. *Dynamic assessment of advanced foreign language learners.* Paper presented at the American Association of Applied Linguistics, Washington D.C., March 2003.

④ GIBBONS P. "Mediating language learning: teacher interactions with ESL students in a content-based classroom". *TESOL quarterly*, 2003, No.2.

生的互动进一步诊断学生的实际水平,以便将其编入合适水平的班级中。由于学生的 ZPD 不同,互动时所需指导亦不相同。

吉本斯(Gibbons)的研究环境是基于学科内容的外语教学,研究对象是两位老师和他们 8 岁及 9 岁的学生。在有关吸引力的物理教学实验中,两位老师对学生进行了充分讲解和说明。Gibbons 发现,两位老师给出的大部分中介提示(mediation)对学生的 ZPD 非常有效。通过中介干预,学生对这一物理现象的表述由使用日常词汇逐渐转变为较为专业的词汇,表明教师帮助学生在两种不同的话语间建立了一座桥梁,中介互动促进了学生二语的发展,尤其是帮助学生建立并发展了一套新的专业语言。兰托夫和博纳(Lantolf & Poehner)[1]认为,"从动态评价的角度看,这一研究表明学生能够从他们当前实际的水平(用日常用语描述某一现象)发展到更高的水平(使用专业术语更加清晰地描述某一现象)。这一发展当然是教师中介干预的结果,没有中介干预,人们可能会低估学生的能力,更无从指导学生未来的潜能。"

目前正在进行的一些研究虽不属二语习得领域,但也代表了动态评价在理论和方法论层面的发展。杜瓦尔(Duvall)[2]把动态评价用于研究母语阅读困难的学生,他把干扰和互动两种评价模式都用在实验中,在找出学生阅读障碍的同时,帮助学生克服这些障碍。把动态评价技术用于延缓老年人认知水平的下降或治疗老年痴呆虽和语言教育无关,[3]却是心理学家十分感兴趣的话题,这显示了动态评价技术在脑损伤、智障等特殊群体教育中的应用价值和作用。

---

① LANTOLF J,POEHNER M."Dynamic assessment:Bringing the past into the future".*Journal of applied linguistics*,2004,No.1.

② LANTOLF J."Dynamic assessment"//.SHOHAMY E,HORNBERGER N.*Encyclopedia of language and education*(*Vol.7*):*Language testing and assessment*.2nd ed.Berlin:Springer Verlag,2008,pp.273-284.

③ CALERO M,NAVARRO E."Relationship between plasticity,mild cognitive impairment and cognitive decline".*Archives of clinical neuropsychology*,2004,No.5.

六、结语

斯腾伯格(Sternberg)①指出,动态评价是自 Binet 测验以来心理测验领域少数真正有价值的突破之一。这是因为传统的智力测验和评价方式在实践中暴露出诸多问题:传统的、用数量表示人的能力的方法,测量的是个体已形成的能力,而不是个体的潜能。这种静态的、指向过去的、"以结果为取向"的评价模式不利于个体的发展。从教育层面来讲,它除了给个体贴上一个标签之外,对教学不能提供更多有价值的信息。当今流行的各种考试,包括外语考试无不只是报告一个分数,除此之外,无其他信息。传统的静态评价不考虑个体的文化背景、经济地位等社会文化因素,对个体的能力采取单纯量化的方式也易造成对来自社会底层人群的歧视。

基于社会文化理论的动态评价强调互动和干预,强调评价与教学相结合,将传统评价所关注的"结果取向"转变为"过程取向",侧重对个体认知策略的培训和潜能的开发,通过中介互动探索学生的最近发展区,使评价本身最大限度地接近了个体认知发展过程,②让我们了解到学生的未来"所能"。这种评价模式对有效塑造学生的认知结构和指导教学均有积极的促进作用。

动态评价正是由于要求在评价过程中进行干预和互动,因而对评价人员的素质要求较高,评价过程亦耗时费力。评价的动态性也带来了信度和效度难以兼顾的问题。对动态评价持质疑态度的人正是看到了这一点而对其进行批评,布切尔和沙恩霍斯特(Büchel & Scharnhorst)③认为测验没有标准化,就

---

① STERNBERG R J. *Dynamic testing:The nature and measurement of learning potential*. New York:CUP,2002.

② LIDZ C. "Dynamic assessment approaches"//. FLANAGAN D, GENSHAFT J, HARRISON P.*Contemporary intellectual assessment:Theories,tests and issues*. New York:Guilford Press, 1997, pp.281-296.

③ BÜCHEL F, SCHARNHORST U. "The learning potential assessment device (LPAD): Discussion of theoretical and methodological problems"//.HAMERS J,SIJTSMA K,RUIJSSENAARS A. *Learning potential assessment:Theoretical,methodological and practical issues*. Amsterdam:Swets & Zeitlinger,1993,pp.83-111.

谈不上有什么信度。从事动态评价的研究者显然注意到了这一点,干预式动态评价就试图通过标准化中介训练的过程提高测验的信度。但利兹(Lidz)①指出,"动态"一词本身意味着变化和非固定,传统的静态测验"故意"选择稳定的题目测试学习者,这种做法本身无法准确反映"真实"世界的稳定和变化。照此看法,传统的"信度"概念需要进行修订了。谈到效度,兰托夫(Lantolf)②认为,从维果斯基(Vygotsky)关于"发展"的角度看,动态评价程序旨在促进学生的发展,而且很大程度上也做到了这一点,因此也就最大限度地体现了测验的构念效度。这只是理论上的论证,要有更多实证层面的支持才有说服力,尤其是透过评价过程收集反映学习者心理过程的相关信息对构建和验证评价的构念效度最有意义。由于动态评价对学生潜能的发展带来很大益处,其后果效度(consequential validity)无疑值得称道,但效度检验中的校标问题往往是现行动态评价面临的最大挑战。

基于社会文化理论的动态评价不仅是一种理念,也是一种方法,它把评价与教学、辅导、诊断、培训、矫正有机地结合在一起,在心理、教育、临床等领域已有广泛应用,在外语教育领域只是刚刚开始。动态评价虽然在理论和实践层面还有很多问题亟待解决,但从"文化公平"和"人的发展"角度来讲,其应用前景是广阔的。

(本文原载《外语教学与研究》2009 年第 6 期)

① LIDZ C.*Practitioner's guide to dynamic assessment*.New York:Guilford Press,1991.

② LANTOLF J,POEHNER M.*Dynamic assessment in the foreign language classroom*.University Park,PA:CALPER Publications,2007.

结构方程模型及其在语言测试中的应用

结构方程模型（Structural Equation Modeling，SEM），又称"协方差结构分析"（Analysis of Covariance Structure）、"因果建模"（Causal Modeling）、"线性结构方程"（Linear Structure Equation）等，是一种新的线性统计建模技术，最早出现于 1921 年 Wright 发表的一篇论文。其应用始见于 20 世纪 60 年代后期，90 年代初得到广泛应用。从本特勒（Bentler），①奥斯丁和乌尔夫（Austin & Wolfe），②特伦布莱和加德纳（Tremblay & Gardner），③以及奥斯丁和卡尔德隆（Austin & Calderón）④收集的文献来看，SEM 在生物、教育、经济、医学、心理学和社会学等领域应用甚广，而在外语教育研究领域可谓凤毛麟角。库纳（Kunnan）⑤认为，造成这种现象的主要原因是从事外语教育研究的人不熟悉这种统计分析技术，对其优缺点了解不够。本文主要结合库纳（Kunnan）的一项研究，向国内同行引介这项技术。

---

① BENTLER P M."Structural modeling and psychometrika：A historical perspective on growth and achievement".*Psychometrika*，1986，No.1.

② AUSTIN J T，WOLFE L M."Annotated bibliography of SEM：Technical work".*British Journal of mathematical and statistical psychology*，1991.No.1.

③ TREMBLAY P F，GARDNER R C."On the growth of SEM in psychological journals".*Structural equation modeling*，1996，No.2.

④ AUSTIN J T，CALDERÓN R F."Theoretical and technical contributions to SEM：An updated bibliography".*Structural equation modeling*，1996，No.2.

⑤ KUNNAN A J."An introduction to structural equation modelling for language assessment research".*Language testing*，1998，No.3.

一、结构方程建模概述

穆来克和詹姆斯（Mulaik & James）①认为，SEM 是一种呈现事物客观状态的数学模型。用统计学的术语来讲，它是用来检验观测变量（observed variables）和潜在变量（latent variables）之间关系的一种多元统计方法。

观测变量是指可以直接被测量的变量。如一个人受教育的年限、收入、职业等可直接观测，属观测变量。潜在变量指那些不能被直接观测的潜在的因素或特质，这些潜在变量可能是某种理论构想或研究假设，或是尚不能用现存的方法精确并直接测量的客观存在。例如一个人的语言能力就属潜在变量，无法直接观测，但可通过观测他用语言完成任务的情况，通过观测他听、说、读、写几项语言技能的表现来推断其语言能力的高低。

变量又有内源变量（endogenous variables）和外源变量（exogenous variables）之分。受其它变量影响的变量称为内源变量，即因变量（dependent variables），把"引起"其他变量且自身变化又假定由系统外其他因素所决定的变量称为外源变量，即自变量（independent variables）。内源变量的变化通常是外源变量和其余内源变量共同作用的结果。

任何研究，尤其是探索性研究，通常是为了寻找变量之间的关系，以揭示事物变化的内在规律。研究变量之间关系时，相关分析、回归分析、因素分析和路径分析（path analysis）等是常用的统计方法。但这些方法均存在许多不足：如两个变量间的相关值，不能作因果解释，因为即使出现高相关，可能有多种解释，如互为因果或共同受两变量之外某其他变量的影响，它只能作为判断因果关系存在的一个必要条件。回归分析虽同时考虑较多变量，但与两个变量之间的相关一样，由于变量之间没有明确的时间顺序，作因果解释也是危险

---

① MULAIK S A, JAMES L R. "Objectivity and reasoning in science and structural equation modeling" //.HOYLE R H. *Structural equation modeling：Concepts，issues and applications*. Thousand Oaks, CA：Sage，1995，pp.118–137.

的。此外,回归分析在数学上假设每个变量测量时,没有测量误差存在,而这一点在人文社科研究领域很难保证。路径分析虽克服了回归分析未能考虑变量间时间先后的缺点,将变量按客观事物发生的先后顺序建立关系,间接推论变量间之因果关系,但它所使用的变量也存在与回归分析一样的缺陷,即假设对变量的测量无误差。

因素分析是一种相当受欢迎的统计分析技术,常用来从实验或调查获得的一批复杂的观测变量中抽取一些共同因素(common factors),用以呈现可能存在于这些变量背后的因素结构,从而揭示事物之间最本质的联系。传统的因素分析主要用来探寻一些相关变量背后可能存在的因素结构,被称为探索性因素分析(Exploratory Factor Analysis,EFA)。EFA 主要用于研究活动的前期阶段,具有试探性质,只能作为初步形成理论模式之用。此外,EFA 还存在这些缺点:(1)结果解释常常受数据本身限制;(2)所有潜在因素之间的关系要么都相关,要么都不相关,过于绝对,缺乏灵活性;(3)因素分析假定测验项目之间的误差是不相关的,但事实上,许多测验项目之间的误差来源是相似的。

SEM 正是在解决上述统计方法的不足时提出来的,与 EFA 相比,SEM 的优点是:(1)可依据理论,事先假定哪些变量相关,哪些不相关,甚至将这些相关设定为相等关系;(2)可依据理论,确定哪个观察变量受哪个特定潜在变量或哪几个特定潜在变量影响,而不是受所有潜在变量影响,使结构更清晰;(3)可指定哪些特定变量误差之间是相关的,而不是假定所有特定变量误差无相关;(4)在对每个潜在因素进行多方法测量时,可排除测量方法的误差;(5)可对整体因素模式作统计评估,了解依据理论建构的因素模型与实际观测数据的拟合程度。所以说,SEM 是一种理论模型检验(theory-testing)统计方法。

一个完整的 SEM 包括两种基本形式,一种是描述观测变量与潜在变量之间的测量关系,称为测量模型(measurement model);另一种是描述潜在变量之间的结构关系,称为结构模型(structure model)。通过测量模型,可以由观测变量来定义潜在变量,换句话讲,测量模型可视为观测变量对潜在变量的度量程度,因此也被称为验证性因素分析(confirmatory factor analysis,CFA)。结构模型又称潜在变量模型(latent variable model)或线性结构关系(linear structural relationships),主要用来建立潜在变量与潜在变量之间的关系。SEM 中变量与变量之间的关系是以结构参数(structure parameters)来呈现的,结构参数是提供变量间因果关系的不变性常数,既可以描述观测变量与观测变量之间的关系,也可以描述观测变量与潜在变量之间、潜在变量与潜在变量之间的关系。

在 SEM 中,通常用路径图(path diagram)直观地表现 SEM 分析中变量间的相互关系(如图1)。按照 LISERL、EQS 等的规定,观测变量用方框或长方框表示,潜在变量用圆形或椭圆表示,变量之间的关系用线条表示,如果变量之间没有连线则假设变量之间没有直接联系。单箭头线条表示一个变量(起点)对另一个变量(终点)的直接影响,假设两个变量之间有因果关系;双箭头(或曲线)表示两个变量可能互为影响,或这两个变量是相关的,不存在因果关系。

二、应用结构建模的几个步骤

传统的探索性分析技术是从已有的数据中探索、发现事物的客观规律,即根据调查或实验获得的数据建立模型。SEM 属于验证性分析技术,先建模型,后用数据去验证模型。其基本思路是:研究者首先根据先前的理论和已有知识,经过推论和假设,形成一个关于一组变量之间相互关系的模型,然后经过对观测变量的测量,获得一组观测变量数据和基于此数据形成的协方差矩阵,这个协方差矩阵称为样本矩阵。结构方程模型就是要将前面形成的假设模型与样本矩阵进行拟合性检验,如果假设模型能很好地拟合样本数据,说明模型可以接受;否则就要对模型进行修正,如果修正之后仍然不符合拟合指标的要求,就要否定假设模型。需要指出的是,SEM 虽然属于验证性分析,但研究过程中不排除使用探索性分析,因为理论的发展往往是"先通过探索性分析建立模型,再用验证性分析去检验和修正模型"。① 验证性分析和探索型分析是研究过程的两个阶段,不能截然分开,只有两者结合研究才更具深度。

博伦和朗(Bollen & Long)②指出,应用结构方程建模分五个步骤:模型设

---

① ANDERSON J C, GERBING D W. "Structural equation modeling in practice: A review and recommended two-steps procedure". *Psychology bulletin*, 1990, No.3.

② BOLLEN K A, LONG J S. *Testing structural equation models*. Newbury Park, CA: Sage, 1993.

定(model specification)、模型识别(model identification)、模型估计(model estimation)、模型拟合度检验(testing model fit)和模型再界定(model respecification)。下面我们结合库纳(Kunnan)①的研究来介绍这五个步骤。

第一步:模型设定。此步骤是研究者根据已有的理论和知识设立一个关于一组变量之间相互关系的理论模型,并以 SEM 的形式表达。SEM 模型有两类,即前面提到的测量模型和结构模型。作为分析的第一步,研究者用路径图画出各种变量以及代表它们之间相互关系的各种参数。

库纳(Kunnan)的研究是调查受试个性特征(test taker characteristics)对测试行为(test performance)的影响。他设计了一份含有 45 个问题的问卷,在 1448 名受试(英语习者)中进行了调查,实际有效问卷为 985 份。经过对数据的初步整理和探索性因素分析,并结合以往的研究和相关理论,最后确定影响测试行为的 12 种受试个性特征(12 个观测变量)。这 12 种个性特征分别代表 4 种潜在变量:在所来国家接受过正式外语学习(Home Country Formal Instruction,简称 HCF),在所来国家接受过非正式外语学习(Home Country Informal Exposure,简称 HCI),来自讲英语国家或地区(English Speaking Country,简称 ESC)以及监控(Monitoring,简称 MON)。

对受试英语水平的测量使用了四种工具,分别是:FCE(First Certificate in English)、TOEFL(Test of English as a Foreign Language)、TEW(Test of English Writing)和 SPEAK(Speaking Proficiency in English Assessment Kit)。通过探索性因素分析,并结合 Bachman 等(1996)的研究,库纳(Kunnan)根据 13 个观测变量提取出反映受试语言水平的 4 种潜在变量(因素),分别是:RW1(Reading-Writing 1-FCE 试卷)、RW2(Reading-Writing 1-TOEFL 第 2、3 部分及 TEW)、LS1(Listening-Speaking 1-交互型,FCE 试卷 4、5 及 TOEFL 第 1 部分)、LS2(Listening-Speaking 2-非交互型,SPEAK)。

通过对数据的初步分析,可画出受试个性特征的测量模型(图 1)和测试行为的测量模型(图 2)。以图 1 为例,V1-V12 为(外源)观测变量(用长方形

① KUNNAN A J.*Test taker characteristics and test performance:A structural modelling approach.* Cambridge:CUP,1995.

表示),代表 12 种受试个性特征观测变量;HCF、HCI、ESC 和 MON 为(外源)潜在变量(用圆形表示)。依据理论,观测变量 V1、V2、V3 反映潜在变量 HCF,设定单向箭头由 HCF 指向这三个受试个性特征观测变量。而且这三个变量只能反映潜在变量 HCF,不允许反映其他几个潜在变量。依据假设,观测变量皆有测量误差存在,因此假定各有一个测量误差影响一个观测变量(E1—E12)。每个观测变量与潜在变量的因素负荷量就是要估计的自由参数。从数据中估计出来的参数称为自由参数(free parameters),模型指定的参数无须估计,称为固定参数(fixed parameters),它们的值通常为零。图 2 是依据探索性因素分析获得的测试行为测量模型。图 3 表示外源潜在变量(HCF、HCI、ESC 和 MON)与内源潜在变量(RW1、RW2、LS1 和 LS2)之间的关系结构模型,同时也显示了外源潜在变量间的相关关系(图中用双箭头表示)。图 4 与图 3 稍有不同,其中 HCF、HCI、ESC 影响 MON,MON 反过来又影响 RW1、RW2、LS1 和 LS2,这两个模型也是在探索性因素分析的基础上建立的。需要指出的是,很多研究者往往对同一组数据同时设定几个不同的、互相嵌套的模型(nested models),通过比较不同模型对数据的拟合程度,对某些结构参数的重要性进行检验。[①]

第二步:模型识别。模型设定后就要进行识别,如果模型可以识别,则表示理论上模型中的未知(自由)参数皆可由观测数据求得的唯一解(观测样本的方差协方差)作为估计值。模型识别的情形有三种:低识别(under-identified)、恰好识别(just-identified),以及过度识别(over-identified)。以 $X+Y=10$ 这个二元一次方程为例,如果没有任何其他条件限制,X 和 Y 会有无限个解,因此无法获得唯一解。也就是说,当一个方程式有两个未知数(即模型里有两个要估计的参数)时,会出现低识别情形。依此类推,当所要估计的参数多于方程式的数目,就会形成低识别的结果。解决此问题的办法是增加模式的限制,使其形成至少与估计参数相同数目的方程式。如我们再增加一个限制:$X-Y=4$,形成一个联立方程,会求得 $X=7$,$Y=3$,获得唯一解,这种情形称为恰好识别。如果再增加一个方程式:$2X+3Y=13$,使方程数目多于所要估计

————————

① BENTLER P M."Multivariate analysis with latent variables:Causal modeling".*Annual review of psychology*,1980,No.1.

的未知参数,会出现什么结果呢? 此时发现把刚才获得的 X=7,Y=3 带入此方程,发现答案不符。按最后一个方程求解得 X=17,Y=-7,无法满足第二个方程的解。这种现象称为过度识别。低识别的模型是不可信的,因为参数的估计不稳定。只有恰好识别和过度识别的模型才能得到准确的参数估计和假设检验。在 SEM 里,经常会遇到方程式数目多于所要估计参数的数目情形,所以常会出现过度识别的模型。对此,统计学家提供了一个处理此问题的方法,称为 t 规则:$t \leqslant 1/2p(p+1)$,p 为观测变量的数目,t 为待估计的模型自由参数的数目。假设模型包含 6 个观测变量,那么要使模型可以识别,就必须满足"模型自由参数数目不多于 21 个"的条件。

第三步:模型估计。模型估计的目的是根据观测变量的方差协方差对模型中的参数进行估计。SEM 的基本假设是,观测变量的方差协方差矩阵是一套参数的函数,固定参数值和自由参数值的估计将被带入结构方程,然后推导出一个方差协方差矩阵(称之为引申的(implied)方差协方差矩阵),使矩阵中的每一个元素都尽可能地接近于样本观测变量的方差协方差矩阵中相应的元素。在参数估计的方法中,多元回归是其中之一,但 LISERL、EQS、AMOS 等都青睐更复杂的方法,如最大似然法(maximum likelihood,ML)、广义最小二乘法(Generalized Least Squares,GLS)等迭代法。

第四步:模型拟合度检验。此步骤是用估计出来的模型参数去预测观测变量的方差协方差,然后再用预测的方差协方差去匹配观测方差协方差(observed variances/covariances),匹配的程度决定了结构方程模型拟合样本数据的程度。当预测的方差协方差非常接近观测方差协方差时,残差矩阵各元素就接近于零,此时可认为模型拟合了数据。

拟合度检验可分整体模型拟合度检验、测量模型拟合度检验及结构模型拟合度检验。关于整体模型拟合度检验有许多测量标准,常用的拟合度指标是拟合优度的卡方检验(χ^2 goodness-of-fit test)。需要注意的是,此检验与传统的统计检验相反,希望得到的是不显著的卡方值,所以对 SEM 而言,卡方检验是一种"拟合劣度"(badness of fit)的测量,因为很小的卡方值说明拟合很好,而很大的卡方值却说明拟合不好。卡方值为零时,残差矩阵的所有元素都为零,说明模型对观测数据完美拟合。但由于卡方值对样本规模相当敏感,样本数愈大,卡方值愈容易达到显著,导致理论模型遭到拒绝。因此,为减小样本规模对拟合检验的影响,有一个直接与卡方相联系的粗略常规,即如果卡方值与自由度之比小于2,则可以认为模型拟合较好。

除此之外,用以检验模型拟合度指标还有拟合优度指数(Goodness-of-Fit Index,GFI)、调整的拟合优度指数(Adjusted Goodness-of-Fit Index,AGFI)、比较拟合指数(Comparative Fit Index,CFI)、Bentler 和 Bonett 提出的规范拟合指数(Bentler-Bonett normed fit index,BBNFI)等多种,显示模型拟合度检验是一个非常复杂的问题。一般认为,GFI、AGFI、CFI、BBNFIT 值在 0—1 之间,越接近1,表明整体模型拟合度越好。但研究者首先要重视的还是理论优于统计数值,在决定拟合程度时不要牺牲理论,屈就统计数值。

第五步:模型再界定。此步骤又称模型修正(model modification)。当整体模型拟合度未达到可接受程度,或拟合程度可接受但是不满意时,需要对模型重新界定。在修正模型之前,研究者必须反问自己这个模型在什么地方错了,怎样修正才能使其拟合得较好。要改进一个拟合度不好的模型,可以改变其测量模型,增加新的结构参数,或删除某些参数,或设定某些错误差项(measurement errors or structural errors)相关,或限制某些结构参数。但我们应该只对那些有意义的、能够合理解释的参数进行改变。为慎重起见,每次可只增加或删除一个参数,重新验证后再看对模型的评价,如果不满意再进行修改,直到满意为止。对模型的再验证,提倡用另一样本或同一样本的另一半随机样本进行交叉验证(cross-validation),以保证验证性分析的合理性。

再来看库纳(Kunnan)①的研究。研究者依据 SLA 的有关理论和对数据的探索性因素分析建构出图 1 和图 2 两个测量模型,并对所有变量及潜在变量间的相关进行了估算。图 1 显示了反映受试个性特征的 12 个观测变量和4 个潜在变量之间的关系,表 1 中的模型拟合优度显示此模型可以接受。图 2 显示了反映受试语言水平的 13 个观测变量和构成测试行为的 4 个潜在变量间的关系,表 2 中的模型拟合优度亦显示此模型可以接受。

① KUNNAN A J.*Test taker characteristics and test performance:A structural modelling approach*. Cambridge:CUP,1995.

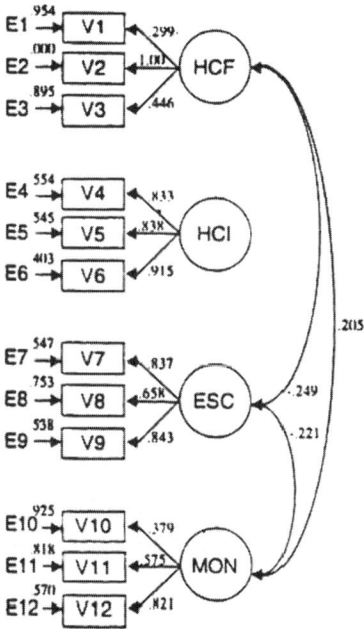

图1 受试个性特征测量模型

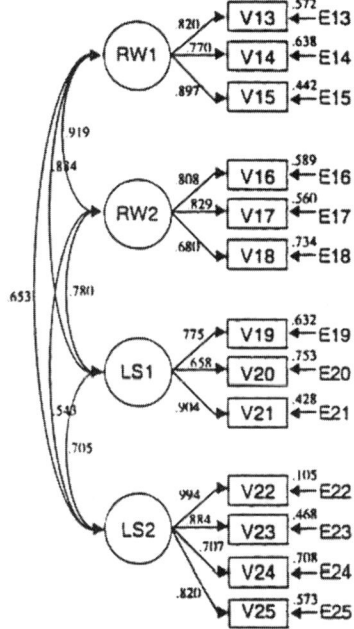

图2 测试行为测量模型

表1 受试个性特征测量模型拟合优度

χ^2	67.90	df = 51
p<	0.057	
χ^2/df	1.33	
SBχ^2	67.85	
BBNFI	0.95	
CFI	0.99	

表2 测试行为测量模型拟合优度

χ^2	221.70	df = 59
p<	0.001	
χ^2/df	3.76	
SBχ^2	220.78	
BBNFI	0.94	
CFI	0.95	

图 3 显示的是受试个性特征与测试行为之间的结构模型。此图显示了观测变量与潜变量之间,潜变量与潜变量之间,外源观潜在测变量与内源潜在测量变量之间的关系(相关系数及路径系数)及其测量误差,表 3 中的拟合优度值显示此模型可以接受。图 4 与图 3 不同之处在于,模型建立后,库纳(Kunnan)依据加德纳(Gardner)①的社会教育模型(socio-educational model)对此模型进行了调整,因为 HCF、HCI 和 ESC 三个变量会对 MON 产生影响,MON反过来再影响受试的测试行为。此图同时显示了各变量间的关系,表 4 中的拟合优度值也显示此模型可以接受。

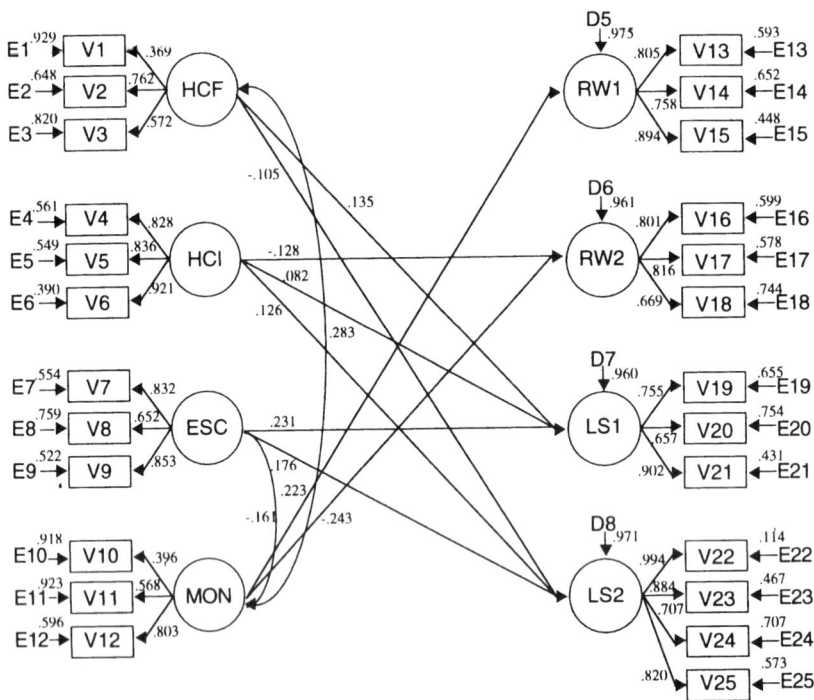

图 3　受试个性特征与测试行为结构模型及其估算 1

---

① GARDNER R C. "The socio-educational model of second language learning: Assumptions, findings and issues". *Language learning*, 1988, No.1.

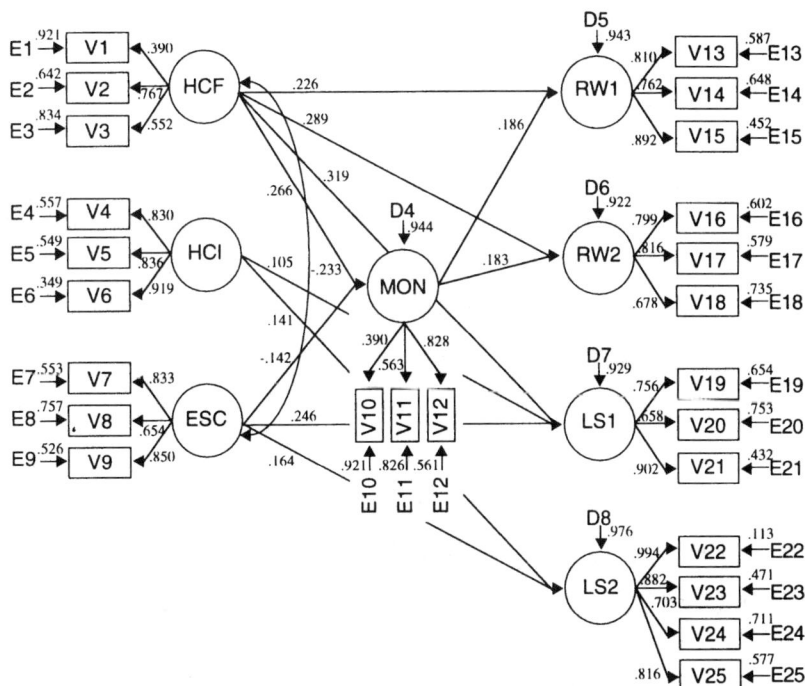

图 4　受试个性特征与测试行为结构模型及其估算 2

表 3　受试模型 1 拟合优度

χ^2	577.66	df = 258
p<	0.001	
χ^2/df	2.24	
SBχ^2	568.07	
BBNFI	0.89	
CFI	0.94	

表 4　受试模型 2 拟合优度

χ^2	556.38	df = 257
p<	0.001	
χ^2/df	2.17	
SBχ^2	398.77	
BBNFI	0.90	
CFI	0.94	

三、结构方程模型的应用

在外语教育领域,尤其是语言测试领域,斯温顿和波维斯(Swinton & Powes)①最早应用 SEM 研究语言能力的结构,巴克曼和帕尔默(Bachman & Palmer)曾用此技术来研究 FSI 口试的构念效度,②交际语言能力的构成③及交际语言能力的自我评估。④ 这些研究均是 SEM 在语言测试领域的开先河之作。在二语习得研究领域,加德纳(Gardner)等人是先驱者,他们曾用它来研究动机、学能及态度对二语习得的影响,并取得了显著的成绩。⑤⑥ 在语言测试研究领域,近年来应用 SEM 的几项重要研究是:佐佐木(Sasaki)⑦用它来调查第二语言水平、外语技能及智力之间的关系;本文介绍的库纳(Kunnan)⑧的研究;普尔普拉(Purpura)⑨用它来研究被试认知及元认知策略的运用与第二语言测试行为之间的关系;金瑟尔和史蒂文斯(Ginther & Stevens)⑩用它来

① SWINTON S S,POWES D E.Factor analysis of the TOEFL.*TOEFL Research Report* 6.Princeton,NJ:Educational Testing Service,1980.

② BACHMAN L F,PALMER A S."The construct validation of the FSI oral interview".*Language learning*,1981,No.1.

③ BACHMAN LF, PALMER A S. " The construct validation of some components of communicative proficiency".*TESOL quarterly*,1982,No.4.

④ BACHMAN L F,PALMER A S."The construct validation of self‐ratings of communicative language ability".*Language testing*,1989,No.1.

⑤ GARDNER R C."The socio‐educational model of second language learning:Assumptions, findings and issues".*Language learning*,1988,No.1.

⑥ ELY C M."Language learning data:A description and causal analysis".*Modern language journal*,1986,No.1.

⑦ SASAKI M."Relationships among second language proficiency,foreign language aptitude and intelligence:A structural equation modeling approach".*Language learning*,1993,No.3.

⑧ KUNNAN A J.*Test taker characteristics and test performance:A structural modelling approach.* Cambridge:CUP,1995.

⑨ PURPURA J E.*Modeling the relationships between test takers' reported cognitive and metacognitive strategy use and performance on language tests.* Unpublished Ph. D. dissertation. Los Angeles:University of California,1996.

⑩ GINTHER A,STEVENS J."Language background,ethnicity,and the internal construct validity of the Advanced Placement Spanish Language Examination"//.KUNNAN A J.*Validation in language assessment.*Mahwah,NJ:Lawrence Erlbaum Associates,Inc.,1998,pp.169-194.

调查一项西班牙语测试的因素结构。

在谈到语言测试研究者如何更好地应用 SEM 时,库纳(Kunnan)指出可在这几个方面开展工作:

第一,通过深入调查,进一步探究测试行为的因素结构。虽然以巴克曼(Bachman)为代表的研究者在这方面已经取得了很大的成绩,但他相信,透过对大量相近语言测试数据的挖掘,对语言能力的因素结构及其构成会有更加深入的了解。

第二,进一步加强应试者个性特征与测试行为之间关系的研究。应试者个性特征包括很多方面,涉及的因素很多,包括个人属性(性别、年龄、种族、母语背景等),教育背景(受教育水平、父母受教育水平、能力水平),家庭背景(社会经济地位、父母职业及收入),心理特征(动机、态度、人格特征、焦虑感等),认知特征(学习方式及学习策略、场独立/依存)等,这些都值得研究。虽然西方学者在这方面已经取得了一些成果,但在不同文化背景下,不同样本之间是否存在相同的结构模型,如果存在,其差异在统计上是否显著,这些都需要进一步验证。

第三,在效度检验方面,因素分析及多特质、多方法(Multi-Trait Multi-Method,MTMM)模型是目前常用的方法,但 SEM 可以作为补充,与因素分析和 MTMM 一起作为有效的分析工具进行效度检验。

第四,在研究应试者完成测试任务时的思路及语言能力发展变化方面,SEM 也大有用武之地。

四、结语

在本文中我们结合库纳(Kunnan)的研究介绍了 SEM 的基本概念和建模步骤,并指出了这项技术在语言测试研究领域的应用前景。作为回归分析和因素分析的拓展,SEM 的优点在于它引入了潜变量,用多重指标全面评估并考虑测量误差,使研究者对实验结果有更深入的了解,成为理论发展的重要工具。同其他统计方法一样,SEM 也有其应用前提和局限性。如应用 SEM 时,研究者首先要有完善的理论框架,理论框架不完善甚至错误,再好的方法和模型也难于发挥有效的作用。应用 SEM 仍要考虑抽样问题,如果使用的样本不具代表性或有偏样本,那么 SEM 所得的结论是不可靠的,不能推广到更大的总体中去。一般认为,应用 SEM 样本总数不能少于 150。其次,SEM 要求数据基本呈正态分布,而且变量间呈线形关系,但有许多情况下,这种假设难于保证,从而导致应用困难。此外,SEM 的拟合指数也易受样本大小影响。这些问题有待进一步解决。尽管如此,随着 SEM 的应用和普及,外语教育界的研究者应注意它,重视它,以提高我们的研究水平。

(本文原载《现代外语》2006 年第 1 期)

关于高考外语考试改革的宏观思考

一、高考的性质与定位

高考改革是一项复杂的系统工程。高考外语考试改革是这个系统工程改革的一部分。在讨论高考外语改革之前，有必要明确高考的性质和定位，再这个前提下讨论外语考试的改革。否则，就外语考试本身谈改革，体现不了系统的完整性，也无法评价其改革举措的有效性。

2014 年 9 月 4 日，国务院发布了《关于深化考试招生改革的实施意见》（以下简称《实施意见》），这是在继《国家中长期教育改革和发展规划纲要》（2010—2020 年）后进一步明确高考改革的一份重要文件，被视为改革开放 30 多年来关于高考改革最重要的一份文件，引起了整个教育界乃至全社会的关注。一份关于高考改革的文件，为什么会产生如此巨大的影响？这是由高考的性质决定的。所谓高考，指的是普通高校的招生考试制度。《实施意见》指出，这种制度属于国家基本教育制度。对高考进行改革，实际上是对这一制度进行改革，或者说是对教育体制进行改革，绝不是单纯的考试改革。

高考作为一种教育制度涉及哪些重要因素或活动呢？首先，它衔接基础教育（高中）和高等教育（大学），是学生成长和发展不同阶段的一个重要衔接。[①] 由于历史、文化和体制等方面的原因，这种衔接直接影响基础教育和高等教育的改革与发展，进而影响人才培养的质量。正确处理好衔接问题是教

---

① 谢维和：《高考改革：定位、形态与变量》，《中国高等教育》2014 年第 10 期。

育体制改革的关键,是战略问题。比如,高考是高等教育的一部分还是基础教育的一部分? 是独立于两者之外还是侧重一方? 再比如,高中教育应该设置多少门课程? 高考应该设置多少个科目的考试? 考试科目的设置谁说了算? 带有高考选拔功能的美国 AP 考试涉及 37 个学科,而英国的 A Level 则涉及 70 多门课程。加拿大的高中课程也是五花八门,超过 70 余种,但并无高考,学生凭高中成绩申请大学。此次高考改革方案取消文理分科,语数外全国统考,其他 6—7 门课程选考 3 门计入总分,外加综合评价等举措,从形式上来讲有了一定的变化,但这种改革还是渐进式的,并未真正触及高中教育的功能这一核心问题。尽管如此,它对持有传统观念的高中教育,对教师、学生和家长也会带来很大影响。

其次,高考承载着重要的社会功能,是作为社会分层的工具用于国家筛选人才,与历史上的科举制度功能相似。作为一种公正公平的选拔标准,它是维护社会安定,保证社会公平,主持社会公正的一种重要手段,也是促进社会阶层合理流动、提升社会活力的一种举措。但是,我国地域辽阔,各地经济发展水平和教育水平不一,高考这把公平的尺子如何制作? 大学招生名额如何分配? 谁来分配? 这绝不是一个简单的数字问题。

最后,高考改革涉及考试本身和录取制度的变革,它关乎人才选拔的科学性。就考试本身来讲,既有理论层面的问题,也有技术层面的问题。比如,高考外语考试到底该考什么? 依据是什么? 依据背后的理据是什么? 命题人员的资质如何? 这些都是非常专业的问题,需要政府、高校等不同机构进行通盘考虑。绝非是实行"一年两考"能够回答的。录取制度的变革更重要、更难。期待在过渡期内政府和高校能够拿出切实可行而又科学的方案。

高考是中国特有的一种教育制度,是多种利益相关方相互交织的复杂系统。宏观上涉及国家教育方针和目标;体系上涉及高中教育(乃至整个基础教育)和高等教育,关乎人才培养;操作层面涉及命题、阅卷、成绩的报告和使用、报名、招生、录取、政府相关部门的管理等,牵动方方面面。高考改革"牵一发而动全身",虽然不能脱离国情,但一定要抓住要害,重点突破,进而推动中国教育事业的发展。

二、高考外语考试改革的重点与难点

就高考改革的系统性而言,其中包括高考应该有哪些科目,外语考试在其中的位置。2013 年下半年以来,部分省市关于降低外语(主要指英语)在高考中的分值乃至退出高考的意见发布后,引起了全社会的动荡。例如,2013 年底北京市关于英语中考和高考改革的征求意见刚刚披露,部分中学和小学立即调整英语课时、减少英语教师招聘计划,这一变化反过来又影响高校英语专业生的就业。英语在高考中的权重降低了又影响中学生学习英语的积极性,进而会影响到高校人才选拔和培养的质量。外语在高考中的权重到底占多大,不是一个简单的行政命令问题,更不是"影响母语学习的绊脚石",它涉及国家语言政策,关乎国家发展。我们需要思考的是:一、在当今世界,外语能力是不是一个国家总体语言能力的重要组成部分? 二、从全球范围来看,我国国民总体外语水平是低还是高? 对国家"走出去"战略有无影响? 三、对待外语的态度是"从国家看世界"还是"从世界看国家"? 在这些大是大非问题上,中央审时度势,在《实施意见》中明确提出外语仍属全国统考科目,分值保持不变,等于明确表示,外语对国家发展至关重要,不再争论,重要的是做好外语考试改革工作。

那么,高考外语考试改革的重点是什么呢?《实施方案》给出了明确回答:"深化高考考试内容改革。依据高校人才选拔要求和国家课程标准,科学设计命题内容,增强基础性、综合性,着重考查学生独立思考和运用所学知识分析问题、解决问题的能力。改进评分方式,加强评卷管理,完善成绩报告。加强国家教育考试机构、国家题库和外语能力测评体系建设。"这段话十分重要,涉及外语考试考什么和怎么考这两大核心问题。

先谈第一个问题,高考外语考试考什么。它涉及两个层面:一是考试目标,二是考试内容。考试目标又称测量目标,根据心理和教育测量的原理,测量目标通常指被测者的某种心理特质,又称构念,如人格、能力、动机等。明确测试所要测量的心理特质,须依据相应的理论进行界定,并根据测试目的对其进行具体化和操作化。对语言测试而言,界定测量目标,就是给出语言能力的操作化定义。① 从这个意义上讲,高考外语考试的设计需要明确采用何种语言能力模型? 自 20 世纪 60 年代 Lado 提出"语言知识+语言技能"这一模型以来,至今有六七种语言能力模型可用于指导外语考试设计。仔细研究我国现行高考外语考试发现,其设计理念与框架仍较为保守,再加上应试教学的影响,在一定程度上导致了外语学习"费时低效"的状况。

在教育测量领域,测试目标还有另外一层含义,它指学生经过学习在认知、情感、技能等方面所取得的行为变化的结果。这类测试目标的设置一般采用教育目标分类学的研究成果。Anderson 主持的《学习、教学和评估的分类学:布卢姆教育目标分类学(修订版)》把认知过程分记忆、理解、运用、分析、评价和创新 6 个水平,每一认知过程又分若干过程,这一认知教育目标分类体系是拟订各类教育测试测量目标的重要参考依据。数学、物理等学科的考试大纲对测量目标的描述十分清楚。受传统语言能力框架的束缚,外语考试大纲在拟定测量目标方面仍不够清晰,指向不够明确。从运用的角度讲,语言能力是借助语言理解和表达意义的能力,而意义的理解和表达就是认知的过程,参照认知教育目标分类体系确定外语考试目标是可行的,也是合理的。

明确了外语考试的测量目标之后,就要考虑考试内容的设计。对外语考试而言,考试内容指什么呢? 再来观察语言运用的实际状况。在人际交往中,人们用语言来交流意义,而意义的交流通常体现在各种各样的语言交流活动中,既有互动性的口头和书面交流活动,也有非互动性的阅读或听的活动,还有听说结合、听写结合、听读结合、读说结合、读写结合等各种综合性活动,这些活动称为语言运用活动,或语言使用任务。现代语言测试通常把这些活动或任务作为考试内容,通过考查考生完成任务的表现评价其语言能力的高低。现行两大国际外语水平考试托福和雅思,均采用真实的语言使用任务作为考试内容。反观我们的高考,包括语文考试,还囿于字词句层面,不符合《实施意见》提出的"增强基础性、综合性,着重考查学生独立思考和运用所学知识

---

① 韩宝成、张允:《高考英语测试目标和内容设置框架探讨》,《外语教学研究》2015 年第 3 期。

分析问题、解决问题的能力"这一要求。

测试中语言使用任务的选取和设计既要考虑高校对学生外语能力的需求和课程标准的要求,还要考虑与测量目标的匹配,这对命题者提出了很高要求,也能反映命题者的思维高度。我们以英国高中 A Level 汉语课程考试的写作为例,同样是外语考试,该考试大纲给出的样题是:在一个半小时内从下面 5 个话题中任选一个题目,写 200 到 400 个词。这 5 个话题和题目分别是:(1)工作和休闲:毕业后你会不会去做义务工作?为什么?(2)媒体:请讲一讲网上社交平台给人们的生活带来什么样的变化?(3)环保:你认为我们应该采取什么样的措施来保护环境?(4)教育:假如你是大学校长,你会制订什么样的招生标准?(5)文化和传统:在经济不景气的情况下,政府应不应该减少在文化艺术方面的开支?为什么?这样的写作题目在语言、思考问题广度和深度方面远远超过我们高考英语作文的要求。王初明教授指出,高考英语考试长度限制在区区 100 词左右,根本无法释放学生的创造力、想象力和语言表达能力。他建议作文长度应该在 500 词左右,以释放学习者运用英语表达思想的能力,同时提高作文的权重,利用高考超强反拨功能,倒逼学生提高英语的应用能力。① 写作不仅是个长度问题,更重要的是写什么。

第二个问题,高考外语考试怎么考。这实际上是关于题型设计的问题。自"标准化考试"20 世纪 80 年代引入我国后,被广泛应用到各类考试中。其主要特点是,大量使用选择题,尤其是"四选一"的选择题。它的好处是可以机器阅卷,成本低,效率高,最大弊端是无法直接考查学生实际运用语言的能力。受应试教育影响,学生花大量时间以做选择题代替正常英语学习,结果是高分低能。这种成本低的测试方式是商业性语言考试的做法,大面积用到事关国家人才培养和选拔的高利害考试中,其危害是不言而喻的。总的改进原则是:语言是怎么用的,就应该怎么考。要针对高考外语考试的测量目标科学设置题型,题型的设置应最大限度地服务于对测量目标的考查("雅思"仅阅读考试就有 14 种题型),不能简单地为追求阅卷效率而牺牲考试效度;要让能够考查英语能力的综合题型取代传统的、侧重考查语言知识的单一题型,综

---

① 王初明:《提高外语教学效率最重要》,《外国语》2015 年第 1 期。

合考查学生听说读写各方面的能力,以促进素质教育的实施和创新人才的培养为宗旨,科学确定题型。

《实施意见》提出高考外语考试一年两考,它为考生提供了多次机会,可有效降低考生心理负担,但面临考试等值问题,试题不等值,多次考试的分数就失去了比较的意义。等值的做法无外乎"锚题"或"锚人",这两种办法在中国很难行得通,这是高考外语改革面临的一大难点。另一个难点涉及作文、口语等主观试题的评分信度。对这类考查能力的主观题的评阅需要高水平的评分员,评分员的选拔和培训十分重要。高考是高校选拔人才,阅卷和评分任务应主要由高校老师承担。高考是高校招生,要科学制定阅卷和评分细则和流程,严格要求,让有经验的高校教师来做,要增加投入,提高阅卷和评分质量。

为推进高考外语改革,《实施意见》提出加强"外语能力测评体系建设",包括两项主要任务:一是建立中国英语能力等级量表,为我国的英语学习、教学和测试提供一个国家统一的参照标准,实现我国英语教育教学和测评"车同轨、量同衡";二是国家英语能力等级考试的建设,以科学培养和选拔多样化的高素质人才为主要目标,发挥对教学的积极导向作用。教育部正在积极推进这两项工作,这就要求高考外语考试从设计理念、考试内容和方法等方面进行改革。只做"加法减法",或仅盯"考务管理"是治标不治本。

(本文删节版原载《中国高等教育》2015 年第 12 期,题目为《外语改革不是只做"加减法"》)

高考英语测试目标和内容设置框架探讨

一、引言

开发一项测试,设计者需首先明确测试的目标和内容。巴克曼(Bachman)[①]指出,测试的开发始于对测试内容或能力范围的界定。这里所说的"能力范围",也可理解为测试目标范围。唐宁(Downing)[②]认为,明确界定一项测试的目标,等于给出了测试构念的操作定义,对于指导测试开发过程中所做的与效度相关的各种决策,包括测试内容及其范围的界定十分重要。

高考英语考试属于高利害大规模外语考试,其测试目标和内容(包括测试方式,即题型)对中学英语教学的反拨效应是巨大的。从某种程度上来讲,高考英语科目测试目标和内容的设置决定着中学英语教学的成败。几十年来,我国高考虽不断改进,但仍存在许多问题,如"缺乏大学入学标准,考试结构效度和内容效度证据不足,主观题考试结果可解释性低"[③]。2014年9月,《国务院关于深化考试招生制度改革的实施意见》明确提出,"深化高考考试内容改革,科学设计命题内容,着重考查学生独立思考和运用所学知识分析问题、解决问题的能力"。本文结合教育测量和语言测试的相关理论,以及对国际大规模外语测试的分析,探讨合理设置我国高考英语科目测试目标和内容的基本思路。

---

① BACHMAN L F.*Fundamental considerations in language testing*.Oxford:OUP,1990.

② DOWNING S M.Twelve steps for effective test development //.DOWNING S M,HALADYNA T M. *Handbook of test development*. Mahwah,NJ:Lawrence Erlbaum,2006,pp.3-24.

③ 周群:《基于效度的中美大学入学考试开发比较研究》,《中国高教研究》2010年第11期。

二、设置测试目标和内容的基本原则

（一）测试目标

根据心理和教育测量的原理,测试目标通常指被测者的某种心理特质,又称构念(construct),如人格、能力、动机等。明确测试所测的心理特质是什么,须依据相应的理论给予明确界定,并依据测试目的对其进行具体化和操作化,即将一种抽象的心理特质具体化为可以操作的层面或构成因素。因此,界定测量目标,对语言测试而言,就是给出语言能力的操作化定义。

除了依据某种理论界定测试目标之外,在教育测量领域,测试目标还有另外一层含义,它指学生经过学习在认知、情感、技能等方面所取得的行为变化的结果。这类测试目标的设置一般采用教育目标分类学的研究成果。布鲁姆等(Bloom et al.)①研制的《教育目标分类学第一分册:认知领域》是世界公认的第一个权威的教育目标分类系统,它既是描述学科教育目标和学生学习结果的一套完整的理论体系,也是评价和测量学生学习结果的通用框架。过去几十年,它对全球教育教学产生了重大而深远的影响。

布鲁姆等(Bloom et al.)的认知领域教育目标分知识(knowledge)、领会(comprehension)、运用(application)、分析(analysis)、综合(synthesis)和评价(evaluation)6个由低级到高级的水平(或类别),每个水平(或类别)又包含不同的亚类,构成一个完整的体系。它科学地概括了学生心理(认知)发展的主要品质和规律,提高了教育教学和学习成果测量的操作性,该体系各个水平及其亚类认知指标成为设置各类教育测量目标的主要依据。

该体系存在的问题是:学生掌握的知识和形成的能力(领会、运用、分析、综合、评价)被设定在了同一维度上,两者之间的关系问题未能得到有效解

---

① BLOOM B S,ENGELHART M D,FURST E J,et al..*Taxonomy of educational objectives*:*The classification of educational goals. handbook I*:*Cognitive domain*. New York:David McKay Company, 1956.

决。它仅将知识与记忆相联系,将能力与高级认知过程相联系,并假定只要求学生回忆的测试,所测量的是知识;凡要求超越记忆,需要较复杂认知过程的测试,所测量的是水平不同的能力。但知识和能力的本质是什么? 知识如何转化为能力? 布鲁姆(Bloom)等人没有给出令人信服的答案。

在汲取近半个世纪认知心理学研究成果的基础上,安德森等(Anderson et al.)[1]的《学习、教学和评估的分类学:布鲁姆教育目标分类学》(修订版)出版。修订后的体系按知识和认知过程两个维度分类。知识分事实性知识、概念性知识、程序性知识和元认知知识 4 个类别;认知过程分记忆(remember)、理解(understand)、运用(apply)、分析(analyze)、评价(evaluate)和创造(create)6 个水平。在这个两维框架中,每类知识分若干亚类(共 11 个亚类),每一认知过程也分若干亚过程(共 19 个亚认知过程)。修订后的分类框架在处理掌握知识与形成能力的关系问题上超越了原有框架,认为特定的知识类型有规律地伴随特定的认知过程。学生在利用诸如分析、评价和创造这些较为复杂的认知过程时,会愈加可能在知识各元素间建立联系,进而促进知识的记忆、理解和运用。修订后的认知教育目标体系正逐步取代原有体系,成为拟订各类教育测试测量目标新的参考依据。

(二) 测试内容

通常来说,测试的目的是考查学生实现预期学习目标的程度。但是,学生的学习目标涉及知识与技能、情感态度与价值观念等多个领域,每个领域都包含十分广泛的内容,一项测试通常无法对所有内容进行考查,只能从某一领域中选取有代表性的样本去评价学生,然后依据学生在样本上的表现推测其发展状况,作出有关解释与决策。

盖恩(Guion)[2]指出,一项测试在内容上可否接受取决于 5 个条件:(1)内

① Anderson L W, Krathwohl D R, AIRASIAN P W, et al..Taxonomy for learning, teaching, and assessing:A revision of Bloom's taxonomy of educational objectives(Abridged Edition).New York:Longman,2001.

② Guion, R. M. "Content validity: the source of my discontent". *Applied psychological measurement*,1977,No.1.

容范围必须能够反映某种行为,这种行为必须具有被普遍接受的意义;(2)内容范围必须明确界定;(3)内容范围必须与测量目标相关;(4)合格的审题专家必须一致认为测试内容取样充分;(5)对作答内容必须进行可靠的观察和评价。这 5 个条件大致分 3 个方面:测试内容的相关性、取样的充分性和评分的可靠性。菲兹帕特里克(Fizpatrick)、①巴克曼(Bachman)、②谢帕德(Shepard)③和富尔彻(Fulcher)④均做过类似的论述,研究表明确定或检验一项测试的内容需要从这 3 个方面考察。

基于论证的效度检验模式(Argument-based Approach to Validity)⑤和测试使用论证(Assessment Use Argument)(Bachman,2003;Bachman & Palmer ,2010)⑥均强调,效度检验需要对基于考生表现行为的一系列推理进行合理性论证。其中基于测试分数的推理是否有效,主要依赖是否对测试内容范围进行有效界定、对测试构念进行清晰描绘、对测试内容进行系统和充分取样。⑦内容太窄无法充分体现测试构念,太泛则会出现与构念不相关的因素,⑧这两种情况均会影响测试的构念效度,进而影响对测试分数的解释和测试的公平性。虽然内容相关效度证据(content-related validity evidence)从不同角度受到了批评,但分析测试的构念和内容可为评价测试分数解释过程中产生的推理和假设提供关键证据;内容相关效度证据虽自身不能完全证实分数解释的

---

① FIZPATRICK A R. "The meaning of content validity". *Applied psychological measurement*, 1983, No.1.

② BACHMAN L F. *Fundamental considerations in language testing*. Oxford: OUP, 1990.

③ SHEPARD L A. "Evaluating test validity" // . DARLING-HAMMON L. *Review of research in education*, *volume* 19. Washington, D.C.: AERA, 1993, pp.405-450.

④ FULCHER G. "Assessment in English for academic purposes: putting content validity in its place". *Applied linguistics*, 1999, No.20.

⑤ KANE M. "Validating score interpretations and uses". *Language testing*, 2012, No.1.

⑥ BACHMAN L F, PALMER A S. *Language assessment in practice*: *Developing language assessments and justifying their use in the real world*. Oxford: OUP, 2010.

⑦ DOWNING S M. "Twelve steps for effective test development" // . DOWNING S M, HALADYNA T M. *Handbook of test development*. Mahwah, NJ: Lawrence Erlbaum, 2006, pp.3-24.

⑧ MESSICK S. "Validity of psychological assessment: Validation of inferences from persons responses and performances as scientific inquiry into score meaning". *American psychologist*, 1995, No.50.

合理性,却是全面分析效度过程中不可或缺的一部分。①

唐宁(Downing)②指出,测试内容界定的严格程度主要取决于测试目的、相关决策带来的后果,以及支撑测试分数解释所需要的效度证据。对于低风险成绩测试,可由任课教师根据授课情况作出非正式判断;而对于高利害测试,内容的界定必须系统、全面、可靠,因为针对内容及其选取方式作出的所有决策都将成为效度证据的重要组成部分。

确保测试内容的相关性是为了使测试与其目标范围中界定的重要知识、技能或能力相关。③ 提高测试内容相关性的做法是,尽量减少与目标范围不相关的行为并确保测试(任务)的真实性。如果测试中包含有与目标范围不同的任务形式,在观察分(observed score)的基础上推断目标分(target score)时会出现系统性错误。

取样的充分性,又称样本的代表性,是支持测试使用合理性的重要证据。恰当的内容覆盖面是对测试分数进行合理推理的必要条件,是确保推理正确的关键元素,是支撑测试可靠性的基石。④ 内容取样是否充分,通常需要内容审查专家作出判断。凯恩(Kane)⑤认为,一般来说,支持样本代表性需要两方面的证据:努力使所选任务和观测条件尽可能地代表概化域;努力识别和消除各种不利因素,以免这些因素使样本在较大程度上无法代表概化域,并因此产生统计偏差。

行为样本的充分性还涉及考生作答。根据这一观点,内容效度取决于考

---

① KANE M. "Content-related validity evidence in test development"//.DOWNING S M,HALA-DYNA T M. *Handbook of test development*.Mahwah,NJ:Lawrence Erlbaum,2006,pp.131-153.

② DOWNING S M. "Twelve steps for effective test development"//. DOWNING S M, HALADYNA T M. *Handbook of test development*. Mahwah,NJ:Lawrence Erlbaum,2006,pp.3-24.

③ FULCHER G. "Assessment in English for academic purposes:putting content validity in its place".*Applied linguistics*,1999,No.20.

④ YALOW E S,POPHAM W J. "Content validity at the crossroads".*Educational researcher*,1983,No.8.

⑤ KANE M. "Validating the interpretations and uses of test scores". *Journal of educational measurement*, 2013,No.1.

生作答在多大程度上能够提供关于所测行为的充分样本。盖恩(Guion)①指出,评分的可靠性是支持内容效度的重要因素,这里的可靠性是指通过标准化程序来确保以同样的方式将测试素材展现给考生,并根据同样的标准来对作答内容进行评价。克劳泽(Clauser)②认为,评分主要涉及 4 个问题:(1)需要对考生行为的哪些方面进行评分? (2)对于识别出的考生行为的某些方面或构成要素,需要采用何种标准来评价? (3)这些标准是如何制定的? (4)这些标准应该如何执行? 这些问题相互关联,且每个问题均可分为若干个附属问题,这些附属问题会根据所选任务和测试的目的变化而有所不同。从这 4 个方面对评分进行完善,有助于强化支撑测试分数解释合理性的效度证据。

三、TOEFL iBT 和 IELTS 的测试目标和内容

(一) TOEFL iBT 的测试目标和内容

根据《TOEFL 2000 框架》,③TOEFL iBT 基于交际语言能力理论,目的是测量考生在能够反映北美大学生活的情景和任务中表现出的英语语言能力。其测试内容是学术环境下典型的语言使用任务,这些任务涵盖语法、词汇、语篇、语用等多种语言特征。TOEFL iBT 不再单独测量语言知识,相关知识和技能被融入语言使用任务中,完成这些任务需要理解、分析、综合、推断、解释和评价等多种认知能力,这些构成了它的测量目标(见表 1)。

---

① Guion, R. M. " Content validity: the source of my discontent ". *Applied psychological measurement*, 1977, No.1.

② CLAUSER B E. "Recurrent issues and recent advances in scoring performance assessments". *Applied psychological measurement*, 2000, No.4.

③ Jamieson J, JONES S, KIRSCH I, et al.. TOEFL 2000 framework: A working paper. (TOEFL monograph series report No.16). Princeton, NJ: Educational Testing Service, 2000.

表 1　TOEFL 2000 测试内容和测量目标

（改编自 PEARLMAN M.Finalizing the test blueprint //.CHAPELLE C A，ENRIGHT M K，
JAMIESON J M.*Building a validity argument for the Test of English as a Foreign LanguageTM.*
New York/London：Routledge，2008，p.55−96.）

	测试内容	具体测量目标
读	基本理解	能理解文本的词汇、句法和语义内容，以及主要思想；能理解重要的句子层面信息；能将信息进行局部关联。
	推理	能理解强烈暗示但没有明说的论点或思想；能识别具体阐述特征与作者修辞目的之间的联系；能理解语篇中多个连续的句子在词汇、语法和逻辑上的关系。
	以读促学	能串联整个文本中的信息；能识别文本的组织结构和目的，并理解相对重要的思想；能理解修辞功能和目的，并将重要的信息进行分类。
写	表述、解释和支撑观点	能就多种一般性话题阐明和交流观点，写出有一定长度且有组织的书面文本以表达和支撑基于个人知识和经验的个人观点，并同时考虑预期读者的知识。
	简述、描写	能连贯组织和准确表达学术材料的内容和结构，以展示能够理解阅读材料和讲座中关于某一学术话题的关键思想以及链接文本信息时所采用的修辞关系，如论断/反驳、问题/解决方案和建议/反建议。
说	个人相关	能根据个人经验和知识就普通日常话题清晰地表达个人见解；能恰当、清晰地表达对给定范围内的某一行为的偏好，并作出相应的解释。
	校园环境相关	能恰当、清晰地结合和传达与典型校园情景相关的阅读和听力文本中的关键信息；能恰当、清晰地传达有关校园典型问题的对话中的主要观点；能使用个人知识拓展已有信息。
	学术内容相关	能恰当、清晰地结合和传达代表学术课程内容的阅读和听力文本中的关键信息；能恰当、清晰地传达代表学术课程内容的讲座中的主要思想。
听	基本理解	能理解讲座和对话的主旨大意、重要观点和支撑这些观点的细节。
	语用理解	能理解讲座或对话中说话人做某一陈述时的目的；能理解说话人的立场，即其表达出的态度或确切程度。
	信息关联	能理解单一刺激中多个信息间的联系；能根据讲座和对话内容进行信息综合、推理、判断、概括和预测。

罗森菲尔德等（Rosenfeld et al.）①的研究对确定 TOEFL iBT 的测量目标和测试内容至关重要。该研究基于 TOEFL 2000 团队构建的理论框架，对学术环境下获取成功所需要的语言能力，从读、写、说、听 4 个方面进行了描述（包括 36 条任务陈述），并就其重要性在北美 21 所大学的 715 名人员中进行了调查。这 36 条任务陈述涵盖了完成北美大学学术环境下的典型语言使用任务应具备的语言能力。调查的结果成为拟定 TOEFL iBT 测试目标的来源，也为阅读、写作、口语、听力测试任务和评分标准的设计提供了依据。

ETS 在 TOEFL iBT 推出前用了 5 年时间对其效度进行了论证。② 例如，Biber et al.③收集了 4 所大学的 167 万词口语材料，对其语言特征进行了分析，以确保 TOEFL iBT 听力测试采用的讲座和对话的真实性和代表性。卡明等（Cumming et al.）④围绕综合测试任务（integrated test tasks）进行了研究，接受调查的 ESL 教师认为，综合测试任务真实、恰当地模拟了学术任务，其诱发的说、写行为样本充分体现了学生在英语课堂上的常见行为表现，佐证了综合测试任务的内容相关性和真实性。

（二）IELTS 的测试目标和内容

IELTS 旨在测量计划赴英语国家学习或工作的人士的英语语言能力。与传统英语测试相比，IELTS 将语言结构与语言使用目的相结合，着眼于语言使

---

① Rosenfeld M，LEUNG S，OLTMAN P K.*The reading，writing，speaking，and listening tasks important for academic success at the undergraduate and graduate levels.*（*TOEFL monograph series report No.*21）.Princeton，NJ：Educational Testing Service，2001.

② CHAPELLE C A，ENRIGHT M K，JAMIESON J M.*Building a validity argument for the Test of English as a Foreign Language*^{TM}.New York/London：Routledge，2008.

③ BIBER D，CONRAD S M，REPPEN R，et al.. *Representing language use in the university：Analysis of the TOEFL$^©$2000 spoken and written academic language corpus*（*TOEFL monograph series report No.*25）.Princeton，NJ：Educational Testing Service，2004.

④ Cumming A，GRANT L，Mulcahy－Ernt P，et al..*A teacher－verification study of speaking and writing prototype tasks for a New TOEFL* $^©$（*TOEFL monograph series report No.*26）.Princeton，NJ：Educational Testing Service，2005.

用特征,强调语言使用任务和产出。①

乌伊萨尔(Uysal)②指出,为了使 IELTS 的测试任务与目标领域的语言使用任务相匹配,确保测试内容(构念)的代表性和相关性,设计者听取了来自目标领域学术人员提供的专家判断,并从相关实证研究中寻求支撑。例如,摩尔和莫顿(Moore & Morton)③考察了 IELTS 学术写作任务 2 的真实性,收集了由本科生和研究生完成的 155 份作业,并从体裁、信息源、修辞功能和研究对象 4 个方面将其与 20 份 IELTS 作文进行了系统比较,发现 IELTS 测试任务与大学学习中的主要体裁——议论文(essay)有一定相似性,但在其他方面学生的写作与 IELTS 作文间存在较大差异。例如,IELTS 测试任务中的研究对象多为现实世界中的东西(情景、行动和实践),而大学中的写作任务更多关注抽象的东西(理论、思想和方法)。该研究为 IELTS 写作任务的设计和改进提供了实证支持。

IELTS 的最大特点在于它是一项涵盖 4 种语言技能、基于任务的综合性测试。它不单独考查语言知识,每部分主要测试一项语言技能,但在一定程度上也对多种技能进行综合考查。如阅读和听力测试中也涉及写的能力:考生需做笔记、填写表格或完成流程图,完成这些任务需要识别、理解、描述、比较、分析、评价等多种认知能力。这种综合性考查有利于提高 IELTS 测试任务的真实性。由于分数报告需要体现各项技能的成绩,为确保考试公平,IELTS 对测试任务的综合性进行了合理控制,以免考生某项技能的表现受其他技能的影响。IELTS 开发者认为,分模块使用独立的测试任务是一种较为合理的任务设计形式,也易于控制测试任务的难度,具体测试内容和测量目标见表 2。

---

① DAVIES A. Assessing academic English language proficiency:40 + years of U. K. Language Tests //.FOX J,WESCHE M,BAYLISS D,et al.*Language testing reconsidered*. Ottawa:University of Ottawa Press,2007,pp.73-86.

② UYSAL H H."A critical review of the IELTS writing test".*ELT journal*,2010,No.64.

③ MOORE T,MORTON J.*Authenticity in the IELTS academic module writing test:A comparative study of task 2 items and university assignments*(*IELTS research reports volume* 2).Canberra:IDP IELTS Australia,1999.

表 2　IELTS 测试内容和测量目标

（改编自 IELTS Information for Candidates 2013）

测试内容	具体测量目标
听	理解中心思想和特定事实性信息；识别说话人观点、态度和目的；追踪论点发展。
读	获取文章大意、中心思想和细节；理解推理和寓意；识别作者观点、态度和目的；追踪论点发展。
说	就日常话题、平常经验和情景交流观点和信息；就给定话题进行演讲，语言得当，思想连贯；表达和证明个人观点；对问题进行分析、讨论和推测。
写	任务 1：组织、呈现或比较数据；描述某一过程或程序的不同阶段；描述某一事物、事件或一系列事件；解释事物的工作方式。 任务 2：提供某一问题的解决方案；提出并证实某一观点；比较和对照证据、观点和蕴涵；评价和挑战观点、证据和论点。

四、高考英语考试测量目标和内容的设置框架

（一）关于高考英语考试的测量目标

前文提到，一项测试测量目标的设定有两层含义：一是给出测试构念的操作化定义，二是给出反映学生学习成果的具体指标。前者需依据反映某种心理特质的理论，后者通常参照教育目标分类学的理论。

就高考英语考试而言，需要首先对其测试构念，即对语言能力作出界定。巴克曼（Bachman）[1]的交际语言能力模型是当下语言测试界普遍接受的构念模型，由语言知识、策略知识和心理—生理机制 3 部分组成。后来，巴克曼和帕尔默（Bachman & Palmer）[2]完善并细化了交际语言使用框架及其涉及的各种因素，明确了各因素间的相互关系。巴克曼和帕尔默（Bachman & Palmer）把"语言运用"（language use）定义为个体对话语所要表达的意义的创造和解释，或在特定环境中两个或两个以上个体间围绕所要表达的意义进行的动态

---

① Bachman L F.*Fundamental considerations in language testing*.Oxford：OUP，1990.

② BACHMAN L F，PALMER A S.*Language assessment in practice*：*Developing language assessments and justifying their use in the real world*.Oxford：OUP，2010.

的和交互式的沟通;把"语言能力"(language ability)描述为能够使语言使用者生成和解释话语意义的能力。

我们认为,在运用语言的过程中,对意义的创造可理解为语言表达能力,对意义的解释可视为语言理解能力。据此,语言能力可以定义为学习者或使用者运用各种知识和策略,参与某一话题语言活动时所体现出的语言理解能力和语言表达能力。该定义中的知识既包括语言知识,也包括非语言知识,是形成、发展和体现语言运用能力的基础,策略指运用语言的方式、方法和技巧,是实现语言运用的条件,语言活动指各类语言使用任务。与现行交际语言能力模型相比,该定义从语言运用的角度定义语言能力,简洁明了,尤其清楚表明了语言知识与语言能力之间的关系。

认知心理学家格恩斯巴彻(Gernsbacher)①认为,语言的理解能力和表达能力均属认知能力范畴。从认知的角度对学生的能力进行测量,修订后的布鲁姆教育目标分类学提供了十分成熟的框架。语言测试开发者的任务是结合该框架(包括其他相关研究成果)对语言理解能力和语言表达能力给出详细界定,以确定语言测试的测量目标。

凯恩(Kane)②指出,具体学科测试目标的设定还需反映其教学内容、某种环境下需要的技能或关于某种内在特质的假设。因此,高考英语测试目标的设定不能脱离中学英语教学实际,还应考虑高校人才选拔要求。关于后者,可借鉴 ETS 提出的文献回顾法,分析学界关于高校大学英语教学和英语专业教学的培养目标,从中找出两类英语教学的契合点。

研究表明,大学英语教学应该注重培养学生的学术语言能力。③④⑤ 学术

---

① Gernsbacher M A. "Cognitive processes and mechanisms in language comprehension: The structure building framework"//. BOWER G H. *The psychology of learning and motivation*. New York: Academic Press, 1991, pp.217–263.

② KANE M. "Validating the interpretations and uses of test scores". *Journal of educational measurement*, 2013, No.1.

③ 韩宝成:《重构大学英语教学目标,完善大学英语课程体系》,《东北师大学报(哲学社会科学版)》2012 年第 1 期。

④ 杨惠中:《关于大学英语教学的几点思考》,《外语教学与研究》2012 年第 2 期。

⑤ 蔡基刚:《综合英语还是学术英语——一个必须正视的方向性问题》,《东北师大学报(哲学社会科学版)》2012 年第 1 期。

语言能力需要以思维能力培养为核心，"需要解决外语基本功培养、学术体裁能力培养和外语思辨能力培养 3 个层次的问题"，更确切地说，是培养在所有情况下（不限于任何特定的学术领域）用语言进行辩论、分析、解释和报道的能力。① 对于英语专业教学，黄源深②指出，"'思辨缺席'的痼疾不除，外语学生难有出头之日"。孙有中③也持类似观点。关于思辨能力，黄源深④做过间接论述，指出造成思辨缺席现象的原因是"缺乏分析、综合、判断、推理、思考、辨析能力"。

不难看出，学术语言能力和思辨能力是高校外语人才培养的重要目标，这两者在认知层面上的要求是相通的。因此，确定高考英语考试的测量目标，不能忽视这一需求。

（二）关于高考英语考试内容的设计

在现行高考英语考试大纲或考试说明中，测试内容和测量目标往往混为一谈，这不仅影响考试设计，也影响测试的效度评估。针对测试内容的选择，命题者往往想到的是课程标准的规定和教学内容，但这两者均是为教和学给出的要求和提供的材料，不能自动成为测试内容，需从中进行选择。受传统语言能力观和教学观的影响，测试内容通常从语言知识和语言技能的维度来界定，并采用分离式测试的办法。即使考虑课程标准和教学内容，也往往从知识和技能的角度进行界定。通过对 TOEFL iBT 和 IELTS 的分析发现，现代语言测试的内容是根据测试的目的选择有代表性的读、写、听、说语言使用任务，这样的测试又称任务型语言测试。它与传统的、高度结构化的、每次只测一个语言成分或一项语言技能的测试的区别是，测试内容的设计从典型语言使用任务出发，测试所要评定的是应试者完成测试任务的表现，这些表现可透过具体

---

① DAVIES A. "Assessing academic English language proficiency：40＋years of U. K. Language Tests"//. FOX J，WESCHE M，BAYLISS D，et al. *Language testing reconsidered*. Ottawa：University of Ottawa Press，2007，pp.73-86.

② 黄源深：《英语专业课程必须彻底改革——再谈"思辨缺席"》，《外语界》2010 年第 1 期。

③ 孙有中：《突出思辨能力培养，将英语专业教学改革引向深入》，《中国外语》2011 年第 3 期。

④ 黄源深：《思辨缺席》，《外语与外语教学》1998 年第 7 期。

的测量目标体现出来。

基于上述分析,高考英语考试的内容应为符合高考选拔目的的典型语言使用任务,测量目标是考生运用语言理解和表达意义的能力。因此,高考英语考试的设计框架由传统的语言知识和语言技能双向细目表变为基于典型语言使用任务和体现语言理解能力和表达能力的"任务—能力"框架。需要指出的是,语言使用任务可以按照听、读、说、写单独设计,也可有听说结合、读写结合、听读写、听读说等综合任务形式,任务可大可小。具体测量目标的设置也应科学合理。

根据前文论述,设计测试的内容,要结合测量目标明确界定测试的内容范围,以确保测试内容的相关性。结合巴克曼和帕尔默(Bachman & Palmer)①对目标语言使用范围(target language use domain)的分类,高考英语的测试内容范围属于教学范围,界定测试内容范围时需要依据中学英语教学内容和高校英语教学需求,只有将两者结合才能有效发挥高考英语考试的正向反拨作用。

界定内容范围,主要是为了从中选取目标任务,作为开发测试任务的基础。根据巴克曼和帕尔默(Bachman & Palmer),在设计高考英语测试任务前,需要编写详细的测试任务说明,其中包括每部分所要测量的构念、测试任务的环境特征、输入和输出特征以及输入与输出之间的关系,记录考生行为的方式和答题指示等多个任务特征。这些特征可用于描述目标语言使用任务以作为测试任务设计的基础,比较目标语言使用任务特征和测试任务特征以进行概化评价,以及作为一致性评价手段来描述不同的测试任务以确保它们之间的可比性,这些方面不仅会影响测试内容的相关性,而且会影响取样的充分性。

五、结语

根据巴克曼和帕尔默(Bachman & Palmer),在确定测量目标和测试内容

---

① BACHMAN L F,PALMER A S.*Language assessment in practice*:*Developing language assessments and justifying their use in the real world*.Oxford:OUP,2010.

上所做的一切努力都将成为测试使用合理化论证的依据。分析表明,国际大规模外语考试,如 TOEFL iBT 和 IELTS 成功的经验在于其测量目标和测试内容的确定均以大量的实证研究为基础,并反映了当代语言测试理念。相比之下,我国高考英语考试的设计还停留在传统框架基础之上,开发过程也缺乏足够的实证研究支撑,不仅测量目标不明确,测试内容的设置亦不够合理。本文从语言运用的角度重新界定了语言能力,并提出从读、写、听、说 4 个方面选取典型语言使用任务作为高考英语考试的内容,这一"任务—能力"设计框架体现了语言测试的新进展,为重新设置高考英语科目的测量目标和内容提供了有益的参考。

(本文原载《外语教学与研究》2015 年第 3 期)

高校学生英语能力测试改革势在必行

近年来,我国大学英语教学的发展取得了可喜的成绩。现在的大学毕业生对英语的驾驭能力同十年前相比,有了很大的长进。这是广大外语教师和教育主管部门共同努力的结果。但我们同时也应清醒地认识到,我国大学英语教学仍然存在费时低效、高分低能、"聋哑英语"等问题。因此有必要认真研究目前外语教育的现状,从不同的方面找出原因与对策。

我们认为,改革目前大学英语四、六级考试方式,是从根本上提高大学英语教学质量的重要措施之一。大学英语是我国高校学生的必修课程之一,为推动大学英语教学大纲的贯彻执行,提高我国大学英语课程的教学质量,按照学期的安排,教育部设置了"全国大学英语四、六级考试",简称"四、六级考试"。该考试于1987年开考,至今已进行了15年,已发展成国内最大的外语测试。不可否认,大学英语四、六级考试对提高学校乃至社会对外语教学和学习重要性的认识起到了重要作用,对促进我国大学英语教学的发展起到了一定的积极作用,用"功不可没"来形容四、六级考试的功绩并不过分。但是,随着众多高校把学生的四、六级考试成绩与学位挂钩以及社会对外语证书的看重,正常的英语教学已经演变成应试教学,这项考试对我国大学英语教学带来始料不及的负面影响,说得严重一点,它已成为我国大学英语教学向前发展的绊脚石。

首先是制度问题。在我们这么大的国家,各高校的情况千差万别,学生入学水平、教师教学水平和学校管理水平不一,用同一个模式去衡量全国大学英语教学水平的做法是不科学的。统考必然导致应试教育,因为有了统考,各级领导部门就要追求通过率,追求通过率必然影响教师正常的教学活动,使他们把很大的精力投入到提高学生的通过率上来。尤其是很多学校将四、六级考试成绩与学生毕业挂钩，与教师的业绩挂钩，客观上对应试教学起到了推波助澜的作用。这一点从我们的调查中也得到了印证。

其次是考试本身的问题。我们都知道，测试是教学过程的一个重要组成部分。有教学就要有考核和评估，作为考核和评估的一种手段，科学的、合理的测试会对教学起到积极的反拨作用，反之则会带来负面的影响。大学英语四、六级考试自 1987 年开考以来，考试形式虽有所变化，但本质上走的还是一条结构主义的老路子。从测试的理论基础来看，它是基于第二代语言测试理论模式，其特点是重视语言知识和语言形式，忽视语言能力的实际运用，不符合现代语言测试的发展方向。以 1999 年 6 月的四级考试为例，除作文和简答题外，其余 70 个题目均属离散型题目，其中包含考词汇和语法知识的 30 个题目，这些题目均为四选一的多项选择题。多项选择题是语言测试发展史上第二个阶段的产物，无法直接考查语言运用。因此，四、六级考试走的是一条以知识和结构为纲的老路子。从测试实践上看，它重视测试的信度，忽视测试的效度。题型单调不合理，语言能力测试项目不全，比如，作为一项语言考试，它不考"语"和"言"（"语"和"言"本身都指"说话"），不符合语言运用的实际情况。目前我国每年有五六百万人参加四、六级考试，大部分获得通过，但实际情况是，很多人怀揣四、六级证书，却不能开口，不能下笔。这就充分说明了这种考试的缺陷。

大学英语考试应如何改革？我们认为，应首先确定大学生英语能力标准，然后根据不同的能力标准设置不同等级的考试。目前这种按照学期划分等级的办法是不合理的。如上所述，全国大学生虽然具有相同的学期，但各学校的学生水平和教学水平不一，因此不能搞一刀切，不能要求全国各高校参加统一的英语水平考试。教育主管部门应拿出不同等级的英语能力标准，这个标准既是教学标准，也是考核标准，由各高校根据自身的实际情况选择不同等级的考试。

其次，我们认为应将大学英语考试和专业英语考试合二为一，制订一个全国统一的高校学生英语能力考核标准。除了前面论及的大学英语四、六级考试外，目前我国还有针对英语专业学生的"四、八级考试"。这两种考试都称为教学考试。从教学的角度讲，将这两种考试分开是有道理的，但理论上却讲不通。因为语言能力只有高低之分，没有专业之分。专业四、八级考试对考生能力要求高一些，非专业四、六级考试对考生能力要求低一些。如果说当初这两种考试分开设置有一定理由的话，经过十余年的发展，这两种考试分别存在下去的必要性已不复存在。第一，社会的发展对大学毕业生，无论是专业毕业生还是非专业毕业生，都提出了更高的要求。换句话说，对于非英语专业毕业生，除了要求具备较强的阅读能力外，还要求具备一定的听、说、写、译能力；对于英语专业毕业生，不仅要求英语听、说、读、写、译能力较强，而且还要懂一些专业知识，即具备复合型人才的条件。第二，在中国这个大环境下，无论专业学生还是非专业学生，他们都具备相同的学习特征，相同的学习环境和教学环境，只是学习时间的长短或者说强度不一样，在对他们的英语能力进行检查时，应当采用同一把量尺，专业学生和非专业学生英语水平的差距只是表现他们分别处在这个量尺不同的位置上而已。第三，新的大学英语能力考试必须采用全新的理论框架，以先进的语言测试理论为指导，全面、综合地评测一个人的语言运用能力，不能再在老路子上循环。实践已经证明，以知识和结构为纲的语言测试模式已被历史所淘汰，取而代之的模式应该是：(1)对考生的语言能力，应从听、说、读、写四个方面进行测试，四项技能缺一不可，并且测试都应体现出交际性特征。(2)测试方式以人为本，测试任务以用为主，要能测出考生的真实水平。(3)具有完善的测试方法，保证测试的稳定性、可靠性、公正性和一致性。(4)考试结果要有意义，能够体现出每个学生在现实世界中实际能做什么。从名称上来讲，现在的"四、六级"或"四、八级"考试是按照学期不同设置的考试，体现不出英语能力等级的含义。用百分数报告考试成绩也不合时宜。(5)作为一种从整体上检查、评价我国高校英语教学的手段，考试的设计应充分考虑我国现有的英语教学体制和教学要求，同时也应考虑到我国社会发展对不同层次外语人才的需求。

语言教学的最终目的是教会学生使用一门语言，学生学习语言的目的也是为了掌握这门语言，即学会使用这门语言。语言测试的目的则是看学生会不会用这门语言，用的情况怎么样，据此推断学生语言能力的高低。反过来讲，语言能力是通过语言运用体现出来的。看一项考试是不是真正考核了考生的语言能力,就要看这项考试从多大程度上让考生参与语言运用之中,因此,新的语言测试必须突出体现"用"字。此外,我国多数人掌握英语的目的是将其作为一种学习、工作和对外交往的工具,外语作为一种工具,其运用必然涉及跨文化因素。因此,新的考试应特别重视考查学生运用语言从事跨文化交际的能力。

(本文原载《外语教学与研究》2002 年第 6 期)

从一项调查看大学英语考试存在的问题

一、引言

大学英语考试指"全国大学英语四、六级考试"（以下简称"大学英语考试"），它是用来"检验大学英语教学大纲"落实情况，为教学服务的考试。在语言教学和语言测试两者的关系中，尽管大家都承认，语言教学应该是第一性的，测试是为教学服务的，但不可否认，测试对教学又有着很强的"反拨"作用，成为教学和学习的"指挥棒"。这个"指挥棒"给教学带来多方面的影响，既有正面的，也有负面的。在教学上，它会导致应试教育，[①]导致学生高分低能。在心理上，它会使学生产生焦虑感。但也有人认为它会促进学生语言水平的提高。[②]

日常教学中，考试只是一种工具，用于检测评估教学效果，提供反馈信息，虽然对教学有一定影响，但不至于波及整个教育系统乃至全社会。[③] 影响大的主要是那些用来作出重大决定或会带来重要后果的考试，这样的考试被称

① HERMAN J L,GOLAN S."The Effects of Standardized Testing on Teaching and Schools".*Educational Measurement:Issues and Practice*, 1993,No.12；PARIS S G,LAWTON T A,TURNER J C, ROTH J L."A Developmental Perspective on Standardized Achievement Testing".*Educational Researcher*, 1991,No.5；张尧学：《关于大学本科公共英语教学改革的再思考》，《中国高等教育》2003年第 12 期。

② NOLEN S B,MALADYNA T M,HAAS N S."Uses and Abuses of Achievement Test Scores". *Educational Measurement:Issues and Practice*,1992,No.2.

③ 亓鲁霞：《考试对教学的反拨作用:推动还是阻碍?》// 董燕萍、王初明：《中国的语言学研究与应用》，上海外语教育出版社 2001 年版，第 259—276 页。

为"高赌注"考试。① 大学英语考试显然属于高赌注考试,因为它关系到学生能否毕业,能否拿到文凭,关系到教师的业绩,大学的排名。作为一项重要的教学评估手段,它对教学等方面所产生的巨大影响已为大家所公认。因此,作为一项超大规模的外语考试,它受到关注是理所当然的。谈大学英语教学改革,不可能绕开考试这个话题。

本文主要是在一项有关我国高校英语教学改革现状调查的基础上写就的,调查对象为国内40余所高校1194位英语教师。同时参考了不少外语界学者的相关文献。

二、对全国性统考的评价

该调查涉及教学评估的第一个问题是,如何看待全国大学英语统考。不少教师对全国性统考的作用理解不一致,有的认为统考能促进教学而赞成,也有的认为统考干扰教学而反对。调查中有37.7%的老师认为全国性统考成了"指挥棒",因为学校之间用考试成绩衡量教学水平的高低。62.1%的人不相信统考能促进教学,认为统考不能帮助学生更好地掌握语言基础知识;79.1%的教师不相信统考能从整体上提高教学,72.8%的教师不认为统考能促使大学生从整体上提高英语水平。1/4的人甚至指出,统考鼓励了投机取巧,鼓励学生研究考试技巧和对策。30.6%的教师把高分低能、哑巴英语现象归咎于全国性统考。尽管如此,70%的教师并不希望取消全国性统考,反映了不少教师的矛盾心理。在与院系领导和教师座谈中得知,他们不愿意取消统考,原因之一是不愿意花大量的时间和精力自己命题和改卷。他们说,设计客观题未必超过四、六级;设计主观题改起卷来又自找麻烦。正是这种心理使得统考得以延续下来。这也反映了部分领导和教师对教学性考试缺乏正确的

---

① MADAUS G F."The Influence of Testing on the Curriculum"//.Tanner L N.*Critical Issues in Curriculum*;*Eighty-seventh Yearbook of the National Society for the Study of Education*. Chicago;University of Chicago Press,1988,pp.73-111.

认识。

有统考就有应考,应考必然影响正常的课堂教学。调查发现,41.4%的老师认为大学英语统考对正常的课堂教学干扰较大,认为有一定干扰的占48.3%,认为没有干扰的人很少,仅10.3%。显然,统考"指挥棒"的作用是十分明显的。

当问到如果必须实施全国统考,应该采用什么样的考试时,40%的教师认为全国性统考不应该是成绩考试,而应该是语言水平考试,45.4%的人认为语言考试应该对听、说、读、写技能全部进行评测,以便促进语言能力的全面发展。少数人持各种各样的不同观点,如有的人(2.6%)认为不必考听和说,有的(1.4%)坚持应该强调语言知识,因为语言技能不便于测试,这些看法显然是错误的。

全国性英语统考除大学英语四、六级考试外,还有英语专业四、八级考试、全国公共英语等级考试等。我们试图了解他们对证书与语言能力之间关系的看法,在调查问题后设置了四个选项:(1)证书能证明英语运用能力,(2)不能证明,(3)不一定能证明(因人而异),(4)不知道能否证明。调查显示,认为证书能够证明英语运用能力的仅占8%,认为不能证明英语运用能力的占13.3%,大多数老师(77.9%)认为证书不一定能够证明学生的实际语言运用水平,彻底否定证书与能力的关系的教师也不多。这一调查结果说明,广大教师对现行全国性考试的效度持怀疑态度。如果一门考试失去了效度(哪怕是表面效度),也会使考试失去应有的作用。

大学英语考试及英语专业的全国统考属于教学考试,都是以学期的方式命名的。最低级别的统考(全省统考,大学英语)为三级,最高级别的统考(英语专业)为八级。据调查,四成以上的教师认为目前以学期和专业划分考试的做法有一定的问题,需重新研究并制订统一的英语语言能力标准。绝大多数教师(94.5%)不赞成按照目前的考试分类标准做下去,只有5%左右的人认为可以按照目前的标准做下去。约30%的人认为,现行各级考试混淆视听,大学英语四、六级和英语专业四、八级考试根本不在同一个等量级上,考试名称却差不多,社会上对这种以学期来划分考试的做法不了解,这些分类不甚明了,不同类型考试的级别在社会上产生了混乱。

广大教师的看法表明,现行统考存在一定问题,需要对其进行必要的改革,以便能更好地评估和指导教学。

三、大学英语考试自身存在的问题

大学英语考试是 1987 年开始实施的,设计之初基本上仿照美国 ETS 的托福考试,在内容的排列组合上参考了国内其他英语考试,基本上属于结构主义类型的测试模式,重视语言知识和语言形式,忽视语言能力的实际运用。例如,他们提出用词汇语法选择的方法来测"语言知识的掌握程度",用"综合法"测"语言运用能力"。① 李炯英②指出:(1)四级考试的设计把语言能力看成一个离散的系统,抹杀了语言的本质,因而构卷效度不高。(2)有些题型违背了测试目的,例如带四个选择项的完形填空就不是什么完形填空,很难考核语言综合运用能力。作文题型单一,模式固定,与语言的实用性相距甚远,测试材料缺乏真实性影响由测试成绩所做出的推理。此外,语言能力测试项目不全,比如,作为一项语言考试,口语不是必考项目,不符合语言运用的实际情况。近年来,大学英语考试虽然也开发了一些新的题型,但使用率很低,主要还是采用大量四选一客观题。大学英语考试作为全国规模最大、影响最广的一种外语测试,如果不能跟上测试领域新发展而仍然在走老路,不做本质上的改进,这样的测试系统必将成为一种陈腐的机制而误人子弟。③ 除了设计理念存在问题外,大学英语考试还存在其他方面的问题。

(一) 为求信度牺牲效度

信度与效度是评判测试质量的两个重要标准。语言测试的信度是指测试结果的可靠性和稳定性。效度指"一个测试能测出预定要测量的事物的程度",表明一种相关性,即测试与测试目标的关联程度。根据结构主义测试学

---

① 杨惠中、金艳:《大学英语四、六级考试分数解释》,《外语界》2001 年第 1 期。
② 李炯英:《中国现行大学英语四、六级考试的问题与思考》,《外语教学》2002 年第 5 期。
③ 肖云南、罗晓英:《关于英语测试的改革》,《外语教学与研究》2002 年第 4 期。

家的传统解释:语言测试的效度是指测试是否测了它所要测的东西;一个测试如果测了它所要测的就是有效度的,否则就是没有效度的;语言测试只要测了语言要素(language elements)和语言技能(language skills)就有了内容效度。①而交际测试理论则强调,一个语言测试效度的高低不仅在于它是否考了它要测的,还在于它测的是什么,②语言测试的内容应由那些能充分反映受试者语言能力的语言表现(language performance)和语言行为(language behavior)构成。③ 由于结构主义语言学有关语言本质及语用学习过程的理论本身就有问题,因此结构主义语言测试的结构效度受到怀疑。

按照现代语言测试理论设计或开发一项考试,应考虑语言测试行为与语言的实际使用情况相一致,即语言使用任务和情景的特征及测试任务和情景的特征相一致,这样可提高测试的真实性;测试任务越真实,被测试行为就会发挥得越好,根据测试结果(分数)对被试者语言能力所做的推论就越准确,因而测试的结构效度就越高。

用以上这些标准去衡量大学英语考试,可以看出其效度是令人质疑的。首先,从考的是什么这个问题来看,现在大学英语考试没有考多少语言的运用和产出能力,因为其80%的题是多项选择。"有证据表明,参加多项选择考试的学生能够学习一些应试技巧使自己的分数'人工地'提高许多"。④ 作为一个教学考试,大学英语考试并没有考到大纲上所规定的"交际能力"。

作为大规模的外语测试,大学英语考试效度低的原因是,考试的设计者为了使测试更具有科学性、更符合一些质量标准而积极地追求信度,因为信度被认为是一种最常规的、传统的,并且容易验证和控制的质量标准。对信度的追求自然牺牲另一个难以琢磨和控制但却更有价值的属性——效度为代价。⑤

①　LADO R.*Language Testing:the Construction and Use of Foreign Language Testing*. London:Longman,1961.

②　TYLER L E.*Tests and Measures*. Englewood Cliffs N.J.:Prentice-Hall,1971.

③　BELL R.*An Introduction to Applied Linguistics*. London:Batsford Academic and Educational Ltd,1981.

④　ALDERSON C,BANERJEE J."Language Testing and Assessment(Part I)".*Language Teaching*, 2000,No.34.

⑤　SKEHAN P."Progress in Language Testing:the 1990s"//ALDERSON C,NORTH B.*Language Testing in the 1990s*. London:Macmillan Publishers Ltd,1991,pp.3-21.

其主要表现为:测试内容和形式脱离语言运用的实际,重知识轻能力,注重领会性技能(receptive skills)的考查,忽视产出性技能(productive skills)的考察。这种偏向在测试题型上的表现是测试以客观题为主,从而导致多项选择题的泛滥使用。语言测试的这种偏向在应试教学的作用下给外语教学带来了严重的负面影响,阻碍了交际能力的培养。

为信度而牺牲效度,其必然结果就是使得测试变成了准确测量我们测量目标以外东西的工具。[①] 我们能够使一个高效度的测试增加一些信度,但我们难以使一个高信度的测试更加有效。当然,要提高语言测试尤其是大规模的语言测试的效度,无论采用何种可行的测试题型,与多项选择题相比,都会加重阅卷方面的负担。那么应当如何看待这种负担呢? 我们必须回答这样几个问题:(1)作为检查教学的一项考试,应该是信度第一还是效度第一? 答案不言自明,教学考试不是选拔性考试,看重的是考试对教和学带来的"反拨作用",强调信度必然导致效度降低。(2)作为检查教学的考试,有没有必要搞全国统考? 答案是否定的。我国高校之间存在很大差异,用同一把尺子去衡量和要求全国的大学英语教学是不公平的,因为各高校在学生入学水平、教师教学水平和学校管理水平方面存在很大差异,不承认这种差异,会使考试失去应有的有效性。(3)低效度的大规模语言测试使语言教学所付出的代价是什么? 那种产生消极影响的测试使教学双方在与真正的教学目标并不相关的活动中浪费了大量的时间和精力,如果比较一下为此付出的代价和因缺乏足够具有外语能力的人才给国家经济带来的潜在损失,我们就会得出这样的结论:真正负担不起的是使用低效度的测试所带来的后果。

(二) 对考试分数的解释标准失当

不论实施什么考试,为了使考试的结果有意义,必须确定分数解释的参照标准。依据参照标准的不同,语言测试分为标准参照性测试(criterion-referenced test)和常模参照性测试(norm-referenced test)。这两种参照标准特点

---

① WEIR C. *Communicative Language Testing.* New York:Prentice-Hall,1990.

完全不同,一个语言测试应根据它的目的和实际情况来选取适合的标准。比如说,在传统的英国考试中,总有一定比例的学生要按规定被淘汰掉,这种情况下采用的就是常模参照性测试,原因在于当时教育体制的主要功能是将人们分成不同的群体、接受不同的教育,从而进入不同的社会阶层。① 而我国大学英语考试显然不符合这种情况。作为一个教学考试,其主要目的是评估高校英语教学中存在哪些问题及学生的英语水平是否达到标准,很明显,大学英语考试应采用标准参照性测试。一个标准参照性测试中,考生的分数能清楚地说明该考生运用现有语言能力所能做到的和还不能做到的,并且能明确地反映该考生已经达到的水平。②

现行大学英语四、六级考试被定位为"尺度相关—常模参照性考试",③这是欠妥的。如前所述,既然是教学考试,其主要目的应是诊断教学中存在的问题,检测学生是否达到教学标准,而不是比较和选拔。因此,不应采用常模参照性考试的模式。此外,大学英语考试的常模是在我国6所重点大学几万名本科生基础上产生的,这样的常模在我国上千所大学中到底具有多大的代表性?

四、六级考试没有制订具体的标准,只说"大学英语四、六级考试参照《教学大纲》所规定的要求"。一方面,这一目标并没有实现,因为四、六级考试不能有效测出《教学大纲》所规定的"交际能力"。另一方面,这样的"尺度"太过笼统模糊,不能称其为真正有效的测试标准。"考试标准应该描述的是综合的标准行为,这些行为是真实生活中语言运用的客观标准在测试中的体现",④也就是说考试标准应反映现实生活中的语言能力情况。大学英语考试显然达不到这一要求。

---

① NORTH B.*The Development of a Common Framework Scale of Language Proficiency*. N.Y.:Peter Lang Publishing Inc,2000.

② GLASER R."Instructional technology and the measurement of learning outcomes:Some questions".*American Psychologist*, 1963,No.8.

③ 杨惠中、金艳:《大学英语四、六级考试分数解释》,《外语界》2001年第1期。

④ SKEHAN P."Issues in the testing of English for special purposes".*Language Testing*, 1984,No.1.

四、大学英语统考产生的影响

客观地评价一项测试,很重要的一个方面就是看它所产生的影响。对测试带来的影响,人们用得比较多的概念包括"反拨作用""影响"等,意思基本相同,尽管前者专指考试对教学的影响,涵盖的范围较窄;后者指考试产生的一切影响,包括对整个教育系统乃至全社会的影响。在测试界,"反拨作用"被认为是考试效度不可分割的一部分。弗雷泽里克森和柯林斯(Frederiksen & Collins)①提出,如果一个考试不能促进教学改革,不利于发展学生的认知能力,其效度就成问题。梅西克(Messick)②提出,考试的反拨作用应被视为考试后果效度的一个方面。现在的趋势是把考试的"反拨作用"提到考试效度的高度来研究,③由此可见考试所产生影响的重要性。

前面已经提到,大学英语考试属于高赌注考试,它所产生的影响之大已为大家所公认。我们必须首先清楚认识并客观指出考试所带来的各种影响,然后才能作出正确评价并提出有效的改革思路。

(一) 大学英语考试对教学的影响

自 1987 年推行四、六级考试以来,大学英语考试与大学英语教学的关系越来越密切,后者受前者的影响越来越大。越来越多的大学更加重视英语教学,但与此同时,考试对大学英语教学的负面影响表现得十分突出,最后发展为大学英语教学的"指挥棒"。为了应付四、六级考试,有的学校不惜打乱正常的教学计划,将本该一、二年级开设的课程推迟到三、四年级开设,各种公共基础课、专业基础课全都要给四、六级考试让路甚至被迫缩短课时。④ 有的学

---

① FREDERIKSEN J,COLLINS A."A system approach to educational testing".*Education Researcher*, 1989,No.9.

② MESSICK S."Validity and washback in language testing".*Language Testing*, 1996,No.13.

③ ALDERSON C, BANERJEE J." Language testing and assessment (Part Ⅰ)". *Language Teaching*, 2001,No.34.

④ 谭旭东:《大学英语四、六级考试不宜过热》,《中国高等教育》2001 年第 6 期。

校不顾《大学英语教学大纲》要求,完全根据四、六级考试要求调整英语课程设置,有的大办四、六级考试辅导班,有的利用寒暑假组织学生集中"攻关"。尤其到考前,正常教学几乎完全停滞,而全副精力集中于大做模拟题,搞考前复习、强化训练。据调查,90%以上的高校都或多或少存在着应试教学的现象,到第四个学期就完全抛开教材,讲解各种模拟试卷或历届全真试卷,全面"备战"6月的四、六级统考。学校力图通过教师全方位、多角度的剖析,使学生熟练地掌握和运用各种相关的应试策略与解题思路,提高四、六级考试的通过率。①

我们的调查结果显示,18%的教师认为停课复习备考很有必要,44.1%的教师认为复习备考有一定的用处,只有24.7%的教师认为停课复习备考没有必要。近60%的调查对象表示,他们为学生参加全国性统考进行复习备考的教学内容是讲解历次考试的全真试题及模拟题;约30%的教师帮助学生系统复习词汇语法,练习听力、阅读和写作;约20%的教师使用正式出版的试题集和部分自编试题进行强化训练。这些调查结果充分说明,现在的大学英语教学应试教学非常严重。这种脱离教材、脱离课文去教那些脱离上下文的、语言别扭的、靠猜测作答的试题汇编,是对师生宝贵时间的巨大浪费。

然而,有人认为,②"应试教育不是考试的直接结果","应试教育是对考试的使用不当造成的"。把责任推给了教育行政主管部门及广大师生,暗示师生不重视非应试类型的课堂教学,行政部门搞简单的通过率攀比。该文无法否认我国大学英语教学中存在的问题,承认"事实上问题还不少,其中有老问题,也有新的问题,但说到底是由于经济发展和社会进步所带来的新问题,是由于对人才培养提出了更高的要求带来的问题"。③ 这样推脱是对大学英语教学中出现的应试教学不负责任。把四级考试带来的不良后果——归咎于社会发展、广大师生和教学主管部门的"误用",似乎与考试设计和实施者无

---

① 李炯英:《中国现行大学英语四、六级考试的问题与思考》,《外语教学》2002年第5期。

② 杨惠中:《迎接21世纪挑战,力争我国大学英语教学上一个新台阶》,《外语界》2000年第1期。

③ 杨惠中:《从四、六级考试看我国大学生当前的实际英语能力》,《外语界》2000年第1期。

关。有的学者对此类考试进行了一针见血的批评。如王初明①认为目前的外语考试制度和考试方式对我国外语教学投入大"收效少"负有不可推卸的责任。他指出现行考试的某些题型对学习产生误导作用，应该改革外语考试，宁可牺牲一点信度和区分度，也要把考试重心转移到听、说、读、写技能上。

大学英语统考不仅影响到了教学内容和教育方法，也冲击着英语后续教学。目前大多数学校的大学英语教学都是以四级统考为中心进行教学的，有些学校认为，英语基础阶段的最高教学目标就是使学生通过全国四级统考，凡提前通过四级考试的学生可以不再上英语课，其成绩以全国四级统考成绩乘1.2 计算。② 这样，四级过后，似乎英语教学任务已经完成，以后两年既无具体目标，又无教学计划，甚至放任自流。事实上，学生获得四级证书并不意味着大学英语教学的结束，也绝不能代表已经有了很高的英语水平。

统考强化了大学英语教学中的应试教学，不少学者对四级考试的种种弊端进行过直接或间接的批判，如戴曼纯、③牛强、④李炯英。⑤ 批评的焦点集中在考试的设计上，他们认为四级考试效度不高，没有全面、有效地评估真正反映语言能力的技能部分，不少题型违背测试目的，加剧了应试教学，违背了外语学习的语言输入规律，造成师生严重的考试焦虑和不纯的学习动机。原教育部高教司的岑建君先生⑥针对大学英语教学现状，不无忧虑地指出："应试教学相当严重。有些学校甚至把四、六级考试与毕业证书挂钩，这种教学已是走上了绝路。"这绝不是危言耸听。

（二）大学英语考试对学生英语学习的影响

作为全国规模的外语统考，大学英语四、六级考试对高校学生英语学习的

① 王初明：《正确认识外语学习过程是提高外语教学质量的关键》，《外语与外语教学》2001 年第 10 期。
② 阚跃明、陆琳：《大学英语四、六级统考的正负效应研究》，《云南师范大学学报》2000 年第 2 期。
③ 戴曼纯：《外语测试中的几个问题》，《外语教学与研究》1993 年第 1 期。
④ 牛强：《现行高校英语测试中的问题》，《外语教学与研究》2001 年第 2 期。
⑤ 李炯英：《中国现行大学英语四、六级考试的问题与思考》，《外语教学》2002 年第 5 期。
⑥ 岑建君：《我国高校外语教学现状》，《外语教学与研究》1999 年第 1 期。

影响之大甚至已超过《大学英语教学大纲》这样的纲领性文件。许多学校规定,大学生在校期间必须通过国家英语四、六级统考,否则不授予学位。同时,社会上许多用人单位把四、六级证书作为接纳大学生的一个必备条件。在此双重压力下,广大学生心态浮躁,学风肤浅,被迫在"题海"里拼搏。据调查,①有相当部分的学生,他们学英语的目的仅仅是为了通过四、六级统考,这种学习态度给真正意义上的培养学生掌握英语产生相当大的负面影响。学生不肯踏实、认真地抓基础,却埋头于考试的复习资料中。在课堂上,当教材内容和形式与考试内容和形式无关时,学生对上课内容表现出不关心、不感兴趣。在广西某大学进行的一次调查中,②超过 50%的学生把"心目中好老师"的第一标准定为"努力帮助学生通过四、六级考试",对于"教授好的学习方法"的标准只有 25%的学生认同。而超过 65%的教师认为学生最感兴趣的教学形式是讲评试卷。

与此同时,相当一部分学生都清楚自己更需要的是应试以外的英语学习。但由于时间和考试的缘故,一些非常适合大学生阅读,且对英语学习真正有帮助的英文报纸、杂志以及各种英文小说等,被迫搁置一边。在课下,学生的全部英语学习时间、甚至绝大部分课余学习时间都投入到考试书籍中,他们身边英语方面的书籍几乎百分之百是关于应付考试的模拟试题。还有不少学生反映,准备四级考试所花的时间太多以至于影响了其他学科,尤其是专业课的正常学习。③

既然学生花了这么多的时间在准备考试,通过了四、六级考试,是否就意味着该生具有了实际运用英语的能力呢? 调查结果表明,80%的教师认为四、六级考试不完全反映学生实际运用英语的水平,64%的学生也承认通过了四、六级考试,并不能说明自己已很好地掌握了英语。实际情况是,许多获得了四、六级证书的学生,念起文章来结结巴巴,听不懂、开不了口、写不成文。一

---

① 余军:《谈大学英语四级考试与学生英语能力的提高》,《松辽学刊(人文社会科学版)》2002 年第 3 期。

② 叶翠英:《大学英语考试对教学反拨作用的调查与思考》,《广西教育学院学报》2001 年第 3 期。

③ 钟文:《浅析非英语专业四级考试的正负效应》,《安徽农业大学学报(社会科学版)》2000 年第 2 期。

些手持四、六级证书的学生也常令用人单位大失所望。这又是为什么呢？84%的教师认为应该改革四、六级考试制度和考试内容，以促进教学转向培养学生实际运用英语方面的能力。

四、六级统考给学生带来了巨大心理压力，使之丧失学习兴趣，背上了沉重的包袱。多数学生抱着考试的目的学习，一旦过级便如释重负，英语学习也随之中止。何兆熊教授①的一段话非常发人深思："无论学什么，个人的兴趣是十分重要的，有兴趣才有动力，才能学得轻松，才可能学好；只有一个很实际的目的但却没有兴趣，……学习的过程一定会是十分被动、十分乏味、甚至是苦恼的。一旦那个目的达到了，你就没有动力再往前走了。"这也正是许多高校学生英语学习的真实状况。对于这些学生而言，除了考试这个唯一目的，英语学习并没有长远的目标和规划，而终止在过级考试上，更谈不上大学英语学习可以受益终身。长此以往，提高英语整体水平只能成为空谈。

近年来，社会和外语教育界比较关心、讨论最激烈的是大学生的口头及笔头表达能力。井升华②等对大学生"聋子英语"和"哑巴英语"现象曾进行过严厉的批评，指出是考试体制原因导致这种现象的产生。我们认为其根本原因是口语考试并不是大学英语考试的必考项目，大学英语口语考试的报名资格要求考生的四、六级考试成绩良好，成绩不高者不能报考，没有通过四、六级者更不可能参加考试。这种规定严重地影响了学生语言能力的全面培养和发展。

金艳③指出，"从1999年1月第一次试点考试至今（即2000年），在全国19个省市范围内已有8140名学生参加了CET-SET的考试，其中获得A+或A的考生占9.9%，获B+和B的考生占50.6%，获C+和C的考生占36.3%，未能通过的考生仅占3.1%"。全国才有8000左右的大学生通过四、六级口语考试。与全国大学生相比，这实际上是一个极小的群体。

---

① 何兆熊：《办好英语专业之我见》，《外国语》2003年第2期。
② 井升华：《我国大学英语教学费时低效的原因》，《外语教学与研究》1999年第1期。
③ 金艳：《大学英语四、六级考试口语考试对教学的反拨作用》，《外语界》2000年第4期。

近两年,考生人数有所上升。据金艳、郭杰克①报道的数字,2002 年 5 月的考试,全国四、六级参考人数高达 20590。一半的人数就等于一万左右。试想全国才有一万左右大学生具有一定的英语口头表达能力,能代表整个大学生群体的英语口语能力吗?

然而,这样的状况还没有引起重视。蔡基刚②指出,"如果按照一年两次 4 万考生推算,每年就有 2 万学生具有 A 等和 B 等较强英语表达能力(其中并不包括不少达到这样能力,但没有报考口语考试的人)。每年 2 万,这是一个很可观的数字,在各行各业的对外交际中他们将发挥多么大的作用!"而来自邵永真③的调查显示,用人单位对近几年大学毕业生的英语综合能力普遍感到不满意,对口头及书面表达能力尤其不满,用人单位认为大学毕业生中口语能力强者仅为 5%,差或极差者为 37%。甚至连复旦大学和上海交通大学这样著名高校的学生在 2000 年诺贝尔物理学奖得主基尔比演讲期间用英语提问也无法令对方听懂,而不得不借助翻译。名校学生尚且如此,难道不是对高校英语教学的讽刺吗? 当然,我们不能指望全国大学生的英语能力样样都好,但人为设置口语考试的门槛理论上是站不住脚的。

我国大学生的英语水平整体上有所提高,尤其是在词汇量、语法知识等方面。有人批评大学生的英语写作能力没有取得应有的进步,与应试教学轻视写作有关,有人甚至认为大学生的英语写作能力一直停滞不前。

写作过程是一个创造发现过程,需要调动思维和语言运用体系,而大学英语四级考试大纲对作文的规定仅仅是要求考生在 30 分钟内写出一篇 100 来个单词的短文。虽然大纲要求作文的思想表达正确,意义连贯,无重大语法错误,但短短百十来个词能表达真正有意义的思想吗? 能构成有血有肉的语篇吗?

六级考试与四级的区别仅在于单词数提高到 120,将要求具备"初步能力"改为具备"一般能力"。这种要求显然过低。现行高考英语写作要求是

① 金艳、郭杰克:《大学英语四、六级考试非面试型口语考试效度研究》,《外语界》2002 年第 5 期。

② 蔡基刚:《如何评价大学生的英语口语能力》,《外语界》2002 年第 1 期。

③ 邵永真:《〈大学英语教学大纲〉修订说明》,《外语教学与研究》1999 年第 1 期。

120 个单词,四级才 100 个单词,这等于经过两年大学英语学习后写作能力要求还降低了。

蔡基刚认为,四、六级考试的写作要求和评分标准对教师的写作教学和学生的写作训练"产生了不小的负面影响","中国学生的写作表达能力远远落后于其语法、词汇和阅读能力,究其原因不能不说和四、六级的写作词数要求有一定的关系"。他认为,四、六级考试写作要求的词数不符合写作的实用要求,如此短的文章无法展开思想,考生不能用具体的细节说明自己的观点,写出来的东西空洞无物。有人指出,我国大学生英语作文中最突出的问题就是写作内容贫乏。①

蔡基刚还指出,考试形式与评分标准产生了极大的负面影响。提纲式命题形式至少存在两个问题:(1)提纲几乎是清一色的归纳式结构,不利于克服母语文化思维的负面影响,提高写作能力;(2)提纲造成虚假的连贯,蔡的小实验表明评分者容易受虚假连贯的欺骗,"按提纲写文章,对培养学生有意识地使用衔接手段是不利的"。

此外,一成不变的考试形式往往诱使学生押题、背记所谓的范文;有的教师为了提高通过率,也帮助学生猜测出题范围,参与押题;大学英语写作教学完全变成了应试教学;除了三段式短文,别的东西许多学生一概不会写。可以说,应试教育阻碍了英语写作能力的提高。

教材、教法、考试内容决定了教学内容。受统考影响,有些内容老师想教却不能教,有些内容学生想学却学不到,一切向考试看齐。由于高考属于选拔性考试,从中小学开始师生就注重应试教学,英语基础知识薄弱,进入大学,又有英语统考横在面前,迫使学生背单词、做模拟题,而整体水平少有进步。②应试教育模式的存在使不少教师不遗余力地抓过级率,给学生搞题海战术,训练大量的纸上材料,抓笔头应付能力,对口语采取放羊的态度。所以,我们认为井升华担忧的问题依然非常严重,绝不是有些人坚持认为的那样,大学英语成绩显著,形势大好,大纲不能大改,四、六级考试不能淡化。

---

① 王承露:《大学英语写作教学中的问题与对策》,《中南民族大学学报》2002 年第 22 期。
② 陈宏新:《从四、六级口试谈大学英语口语教学改革》,《山东外语教学》2002 年第 2 期。

（三）大学英语考试对高校英语教师发展的影响

教师的知识水平、教学能力与他的科研工作关系较大。教学为科研提供第一手资料,而科研又进一步为教学提供理论依据,促进教学。然而长期以来,在四、六级统考的"指挥棒"下从事教学工作的教师思想压力大,科研受到很大影响。

调查显示,①由于把通过率的高低作为衡量教师教学业绩的标准之一,而学生起点低,通过率的指标却年年加码,67.2%的教师认为指标过高,83.6%的教师深感压力很大。66.6%的教师认为学生起点低、难达学校统考通过率的要求,是影响课堂教学积极性的主要原因。结果显示大部分教师因其学生过级率难以提高而感到自责或焦虑不安,从而影响其教学的积极性。

由于统考成绩与学历挂钩,通过率与教师业绩挂钩,与大学水平挂钩,学校领导自然非常关心大学英语考试的成绩,教师也花费大量精力钻研考试。不少教师分析研究历年考题胜过教学大纲和教材。有的教师甚至帮助学生猜测出题范围。教师被应试弄得疲于奔命,也缺少钻研如何提高教学的动机。在四、六级统考的重压下,精通考试题目和技巧、善于分析考试特点的老师才受到学生和学校的欢迎。在这种风气下,教师也只好顺应"潮流"。统考有一个众所周知的"贡献",即搞活了国内图书出版业,大量仿造四级考试题的书籍充斥书市,出版商和书商从学生身上谋利。书店里有关大学英语的书籍80%以上是习题集之类的东西,几年下来,有的教师也算得上"著作等身"。这样下去,教师将陷入考试辅助工具的境地,自身能力得不到发展,更谈不上持续发展了。

五、大学英语考试的误用

任何一个考试所能提供的信息都是有限的,而依靠某一个考试的结果所

---

① 叶翠英:《大学英语考试对教学反拨作用的调查与思考》,《广西教育学院学报》2001 年第 3 期。

能做的决定也是有限的。① 大学英语考试本是一项教学考试,如果被用作教学考试以外的用途,或者考试结果的作用被夸大,就出现了误用的情况。大学英语考试的误用主要有三个方面。

(一) 不分地区、不分情况全都采用统一考试

大学英语教学大纲规定,在基础阶段和高级阶段结束时,各高校应该按照大纲的基本要求,自行命题考试或参加全国统一考试。但实际情况是,由于教育行政部门的干预(每年发红头文件至各高校,布置安排四、六级考试事宜),四、六级考试已经演变成为全国各高校必须参加的统考,自行考试的院校寥寥无几。四、六级考试从而确立了它"垄断"的地位。为了通过四级考试,全国各大院校不惜投入了大量人力、物力,如果说这种积极性和愿望是好的,那么其结果则是事与愿违。事实表明,全国各高校发展是不平衡的。由于生源不同,各地经济、文化、科技发展不平衡,各高校的外语教学水平也高低不平。从重点院校到普通院校,从普通院校到民族边远地区的院校,存在着很大差异。无视这些差异,搞一刀切,用一张卷统考,不能不说是违背了"实事求是"的原则。其结果是,这种考试对于重点院校的学生可能过于简单,而边远地区院校的学生要想通过统考,则"难于上青天"。在这种情况下,我们不能不思考全国各校统一用四级考试来评估教学水平和学生英语水平的有效性。

作为改革示范措施,自 1996 年起,教育部允许 9 所重点大学进行四级统考改革,即允许国内 9 所重点大学不参加大学英语四级考试而组织适合自己情况的考试。但其他院校未见动静。改革比例仅占全国高校总数的千分之几。

(二) 把四级考试成绩作为学生毕业的凭证、教师教学的评估标准

作为全国性的统考,大学英语四、六级考试要对某一学生群体的总平均和

---

① ALDERSON C, BANERJEE J. "Language testing and assessment (Part I)". *Language Teaching*, 2001, No.34.

通过率进行数据计算。而这些数字却被误用为公开或不公开的校际排名,从而引起各校之间的"攀比"。为此,许多学校将四级考试成绩与学生毕业挂钩,规定如四年内通不过四级就不能拿学位,甚至不能毕业。① 还有的学校把四、六级通过率作为评价大学英语教学和衡量大学英语教师业务水平和教学效果的唯一指标。② 中国外语网(2002 年 4 月 6 日 9 时 20 分)报道,重庆市高校到 2005 年初步实现要求大学本科生过了六级才能拿到学位。四、六级证书与学位挂钩的情况似乎变得更加严重。这些都违背了考试的初衷,超越了考试作为教学考试的作用,或者说是考试的副作用。

调查显示,③在"公正地评价教学效果的重要指标应该是什么"的问题上,67.4%的教师认为是"课堂教学活动情况好",约 23.8%的教师认为是"平时成绩好"。可见,教师希望自己的教学效果能得到公平的评价,而不是以通过率的高低来衡量自己的教学成绩。也有学者呼吁:变现在的强迫性考试为自愿性考试,即允许学生根据自身的实际情况和整个就业市场的价值规律自主决定是否参加四、六级统考。同时,废除一切将四、六级考试与毕业证书、学位证书挂钩的不合理规定。指出这是摆脱目前各高校外语应试教育的前提条件。④

外语界已清醒地认识到四、六级考试只是在某些方面检测大学生英语水平和教师效果,以及贯彻执行大纲的一种手段,而不是教学目的。所以,不能把统考成绩作为衡量教师教学质量和学生英语水平的唯一标准。"如果学生学英语仅是为了通过 CET,此态度必给真正意义上培养掌握英语这门工具产生负面影响,结果是不太完善的标准化测试,成了教学的'指挥棒',使教学走向片面,导致英语教学实践中的应试教学现象,尤其是在学生基础差的院校。"⑤

---

① 冯梅:《理工科学生英语学习的心理状况调查》,《外语教学与研究》1995 年第 2 期。

② 阚跃明、陆琳:《大学英语四、六级统考的正负效应研究》,《云南师范大学学报》2000 年第 2 期。

③ 叶翠英:《大学英语考试对教学反拨作用的调查与思考》,《广西教育学院学报》2001 年第 3 期。

④ 李炯英:《中国现行大学英语四、六级考试的问题与思考》,《外语教学》2002 年第 5 期。

⑤ 叶菊仙:《大学英语考试对教学反拨作用的调查和思考》,《外语界》1998 年第 3 期。

（三）将大学英语考试成绩作为社会用人标准

大学英语四、六级考试是全国最大规模的外语统考，在高校、学生和教师中影响力之大是毋庸置疑的，但它似乎已超出应该影响的范围。如今，社会各界极其看重毕业生的大学英语考试结果，许多用人单位都把是否拥有四、六级考试合格证书作为招聘的基本条件之一。

然而，既然是教学考试，四、六级所肩负的任务是评价大学英语教学目标是否达到，反映教学中的长处和短处，诊断教学中存在哪些问题，评估学生的英语水平是否达标。绝不是区分优劣、选拔人才的考试。但是，由于人为地提高考试的权威性（把统考成绩与毕业挂钩），考试的社会效用也就越来越大。一项教学考试本是用来评价教学的，"为各级用人部门选拔人才、合理使用人才"不是它的初衷，也不是该考试可以炫耀的优点。

六、结束语

不可否认，大学英语考试在设计原则、质量控制、数据处理、考试信度和效度、实施因素等方面进行了有关论证研究并取得了一定的成果。该考试自20世纪80年代开始实施，至今已有16年。其最大贡献是使全国高校意识到了大学英语教学的重要性，但它所带来的影响是始料未及的。教育部高教司司长张尧学[1][2]在谈到高校英语测试改革时指出："四、六级考试在社会上产生了较大影响，对大学英语教学起到了一定的促进作用。但是，我们不赞成把四、六级考试与毕业证书和学位证书挂钩的做法。""四、六级考试是公共英语教学改革的'指挥棒'……我们应看到四、六级考试所产生的正面作用和巨大影响。但对于四、六级考试中不合理部分和阻碍公共英语教学改革的部分，我们应该坚决地改掉它。为配合新教学模式的改革，也必须对四、六级进行改

---

[1]　张尧学：《加强实用性英语教学，提高大学生的英语综合能力》，《中国高等教育》2002年第8期。

[2]　张尧学：《关于大学本科公共英语教学改革的再思考》，《中国高等教育》2003年第12期。

革。"我们也认为,考试制度、考试方式不改革,教学改革也就无从谈起。彻底改革大学英语的评估系统,是保证这次教学改革成功的关键。我们建议,将来的评估系统应遵循以下 5 条原则:(1)多做形成性评估,少做终结性评估;(2)听、说、读、写、译全面测试,最好加权相等;(3)减少客观题,增加主观题,强调考查语言运用;(4)(要想实现以上 3 条)必须减少全国性考试,多搞数校联考和各校分考;(5)教育系统内部不搞考试产业化。

（本文原载《外语与外语教学》2004 年第 2 期）

外语教师专业能力测评研究

中国英语教师专业能力评价探讨

一、引言

英语教师专业能力是英语教育质量的重要保证,其评价也应成为我国教师资格制度体系的关键环节。英语教师专业能力评价是立足我国英语教育环境,清晰确立评价标准、科学设计评价手段、合理利用评价结果的过程。这一过程不仅关乎教师评价本身,对教师教育和专业发展也具有重要意义。

迄今为止,我国尚未颁布面向英语教师的专业标准,也尚无专门为英语教师设计的评价手段。与此相对,国际上关于英语教师专业能力评价的研究和应用层见叠出,尤其是英美等国研发的英语教师资格认证。这类资格证书多由政府认可的专业机构颁发,通过培训或考试的方式,评价申请者执教英语所具备的专业能力。[①]

考察国外英语教师资格认证的设计和应用,对建设我国英语教师专业能力评价体系具有重要参考价值。本文首先考察英、美、加 3 国较有影响的 5 项教师资格认证,然后对如何开展我国英语教师专业能力评价提出建设性意见。

二、国外英语教师资格证书考察

英语教师资格认证于 20 世纪 60 年代在英国兴起,80 年代至 90 年代逐

---

① HAKEL M D,KOENIG J A,ELLIOTT S W.*Assessing accomplished teaching*:*Advanced-level certification programs*.Washington,DC:The National Academies Press,2008.

渐在其他国家得到应用。①② 较有影响的认证包括剑桥大学考试委员会外语考试部的 CELTA 认证（Certificate in Teaching English to Speakers of Other Languages）、TKT 考试（Teaching Knowledge Test），美国教育考试服务中心的 Praxis-ESOL 考试（Praxis Subject Assessments-ESOL）、ELTeach 证书。一些国际教育机构提供的英语教师资格证书也有一定影响力，如美国 TESOL 教育学会（American TESOL Institute，简称 ATI）的 TESOL 证书、培生教育集团的 ESOL 证书等。加拿大魁北克省实施的 EETC 考试，面向所有学科教师，考查其英语语言能力是否适合授课，是一种特殊的教师语言资格证书考试。本文考察 CELTA、TKT、ELTeach、Praxis-ESOL 和 EETC 这五项具有代表性的资格认证。

（一） CELTA

CELTA 属于剑桥英语教师资格认证系列，由剑桥大学考试委员会外语考试部开发和实施，英国资格及考试管理办公室将其认可为资格与学分框架（Qualifications and Credit Framework，简称 QCF）的第五级。该证书参照《剑桥英语教学框架》（Cambridge English Teaching Framework）设计，主要面向教学经验较少，甚至完全没有教学经验的成人英语教师。③

CELTA 课程包括 120 小时的培训，学员需要参加为期 4 周的脱产培训，也有机构提供半脱产培训，但要求学员必须在一年内完成学习。CELTA 未设单独考试考查学员的专业能力，考评在课程学习过程中实施，考评目标直接体现课程目标，即学员通过课程学习需要提升的各项专业能力，包括英语语言能力、成人英语教学能力和专业发展能力。CELTA 的考评目标包括学习者知识、语言知识、语言意识、语言习得知识、教学策略、教学准备、教学技能，以及

---

① ANGRIST J D，GURYAN J. "Teacher testing，teacher education，and teacher characteristics". *The American economic review*，2004，No.2.

② PULVERNESS A. "A brief history of Cambridge English language assessment teaching qualifications"//.WILSON R，POULTER M.*Assessing language teachers' professional skills and knowledge*. Cambridge：CUP，2015，pp.11-31.

③ Cambridge English Language Assessment. Cambridge English Teaching Frame - work. Cambridge English language assessment website.2014.［2015-11-23］http：//www.cambridgeenglish. org/teaching-english/cambridge-english-teaching-framework/.

专业意识与责任感;考评内容包括课程计划和课堂教学、与课堂教学相关的写作两个部分。该证书重视对成人英语教学能力的培养和考查,学员在培训课程中开展教学实践,并得到培训教师和其他学员的评价,然后据此反思教学。

CELTA 主要用于在英国或其他国家申请教职。目前,70 个国家三百余家培训机构提供该课程。剑桥大学考试委员会外语考试部的数据显示,56 个国家在国际网站上发布的 500 份英语教师招聘广告中,70%要求应聘者提供 CELTA 证书。其中,英国发布的广告中,对 CELTA 证书提出明确要求的高达 91%。① 调查显示,学员获得 CELTA 证书后多在英国、新西兰、澳大利亚和加拿大等国应聘教职,赴非英语国家任教的学员更多地选择西班牙、意大利、土耳其、中国、日本、泰国等国。② 该证书也用于个别国家地方英语教师专业发展培训项目中,如俄罗斯波尔姆市教育局和诺威治语言教育学院合作开设的 CELTA 培训课程。③

CELTA 的开发和推广已历经半个世纪,其顺利实现取决于英国英语教育发展需要,更依赖于该国完善的教师资格制度。英国具有贯穿整个教育系统的教师资格制度体系和专门面向英语教育的教师专业能力标准。这为 CELTA 的发展提供了重要的政策依据和专业保障。该证书的专业化水准和国际影响力主要得益于剑桥大学考试委员会的管理。这一享有国际盛誉的专业化教育考试机构基于实证研究,通过修订该证书的课程和考评大纲,明晰课程目标并规范考评标准,确保认证科学评价英语教师教学实践能力,有效促进英语教师专业能力发展。④

---

① WATKINS P,HARRIS B,PULVERNESS A."Using international teacher education programs in local contexts"//.WILSON R,POULTER M.*Assessing language teachers' professional skills and knowledge*.Cambridge:CUP,2015,pp.306-323.

② GREEN T.*Staying in touch:Tracking the career paths of CELTA graduates*.University of Cambridge ESOL research notes,2005,No.19.

③ WATKINS P,HARRIS B,PULVERNESS A."Using international teacher education programs in local contexts"//.WILSON R,POULTER M.*Assessing language teachers' professional skills and knowledge*.Cambridge:CUP,2015,pp.306-323.

④ PULVERNESS A."A brief history of Cambridge English language assessment teaching qualifications"//.WILSON R,POULTER M.*Assessing language teachers' professional skills and knowledge*.Cambridge:CUP,2015,pp.11-31.

（二）TKT

21 世纪初,许多国家普及英语教育,英语教师需求大增,很多新任教师语言水平达不到 CELTA 证书要求,或无法接受其培训课程的时长和强度要求。① 在这种情况下,2005 年剑桥大学考试委员会外语考试部推出 TKT 考试,考试设计亦参照《剑桥英语教学框架》,职前及在职英语教师、从其他学科转入英语教学的教师均可参加该考试。

TKT 的考试内容为英语教师专业知识,主要考察语言知识、语用知识、语言教学背景知识和语言教学知识。包括 4 个核心模块:语言与语言教学背景知识模块、课程计划制定与教学资源利用模块、课堂管理模块和教学实践模块。应试者可根据自身需求,选择参加不同模块的考试。除教学实践模块外,其他模块的考试均采用选择题形式,要求考生在 80 分钟内完成 80 道题目。TKT 主要为纸笔考试,也提供机考。② 该考试对专业知识的考查有助于引导应试者夯实专业基础,为后续专业发展做准备。

TKT 考试已在 60 多个国家得到使用。该考试已获得多国教育部门认可,如智利、埃及和意大利等,并在其英语教师资格认证中得以使用。③ TKT 还在乌拉圭、日本和泰国等国英语教师教育中占有一席之地,其中以乌拉圭最为典型。该证书在乌拉圭私立教育机构中应用较广,在公立教育教师培训项目中也得到广泛应用。④ 墨西哥、巴西和哥伦比亚等国还将 TKT 成绩与英语教师专业学位相结合,规定英语教师只有达到相应要求才能获得学

---

① ASHTON M,KHALIFA H."A new test for teachers! Cambridge ESOL Teaching Knowledge Test".*Modern English teacher*,2005,No.1.

② Cambridge English Language Assessment.*Syllabus and assessment guidelines*.4th ed.Cambridge English language assessment website. 2015a. [2015 - 11 - 20]. http://www. cambridgeenglish. org/images/21816-cella-syllabus.pdf.

③ PULVERNESS A."A brief history of Cambridge English language assessment teaching qualifications"//.WILSON R,POULTER M.*Assessing language teachers' professional skills and knowledge.* Cambridge:CUP,2015,pp.11-31.

④ WILSON R,POULTER M.*Assessing language teachers' professional skills and knowledge.*Cambridge:CUP,2015.

历认证。① 目前,TKT 在我国北京、上海和广东等 9 个省市设有考点,该证书被用于中小学英语教师培训项目或英语教育机构的教师选聘等。②

TKT 从考试设计至推广应用均体现"需求驱动"的理念。多国英语教育的普及不仅对英语教师数量的需求越来越大,也对英语教师质量提出要求。针对不同国家英语教育实际状况差异及英语教师专业能力水平差距,这一新兴的认证考试依托剑桥大学考试委员会,参照其专业标准,提出较以往同类认证更低的语言能力要求,提供更灵活、更基础的考试设计。虽然它仅考查英语教学专业基础知识,但在满足多样化英语教师资格认证和专业发展需求方面仍具有重要价值。

(三) ELTeach

同 TKT 一样,为应对多国因英语教育起始阶段提前产生的师资需求,美国教育考试服务中心和隶属圣智学习集团(Cengage Learning)的国家地理学习公司(National Geographic Learning)参照相关美国英语教师专业标准和相关国际标准,包括《欧洲语言共同参考框架》(Common European Framework of Reference for Languages),合作研发 ELTeach 证书。

ELTeach 证书包括在线课程学习和测评,学员可在六个月内完成约 100 至 140 小时的在线课程学习和两个模块的考试;考试以课程内容为基础,在指定考点参加机考。ELTeach 考试包括教学英语考试(Test of English-for-Teaching,简称 TEFT)和英语教学专业知识考试(Test of Professional Knowledge for ELT,简称 TPK),考试时间分别为 150 分钟和 90 分钟。TEFT 考查教学英语能力,即教师备课和授课过程中的英语应用能力;TPK 考查英语教师的专业知识,涵盖语言学习、语言教学、英语语言和词汇、语法、听说读写教学方面

① KHALIFA H, PAPP S, VALERO R, VIDAL F. "Measuring the effectiveness of Teaching Knowledge Test(TKT): Mexico case study". *Cambridge English language assessment research notes*, 2014, No.58.

② CHAMBERS L, ELLIOTT M, HOU J. *The Hebei impact project: A study into the impact of Cambridge English Exams in the state sector in Hebei Province, China*. Cambridge English language assessment research notes, 2012, No.50.

的内容。ELTeach 证书依托现代信息技术,学员可在线自主学习并完成测评。

2012 年,ELTeach 在 10 个国家开展试测,目前已在 14 个国家设有考点 (Cengage Learning)。[1] 该证书在智利、中国、哥斯达黎加等国地方性英语教师培训项目中得到应用,在我国,北京、深圳和宁波等地的教育部门将该项目用于中小学英语教师培训;越南将其列入"国家外语教育 2020 计划";巴基斯坦将其用于国家"英语教学改革项目"。近年来,许多国家的英语教育改革将师资培养作为改革重点,ELTeach 围绕这个重点在证书培训项目设计上求新求变。该项目未局限于单一标准,参照多国英语教师专业能力标准;对语言水平提出的要求较低,且培训和测评内容较基础;依托在线平台则突破时间和空间上的局限。创设上述特色的重要保障之一是国际专业化教育考试机构间的合作。这些特色也使该项目得以应用在多国地方性或政策性英语教师专业发展项目中。但是,就其在英语教师专业发展方面发挥的作用而言,ELTeach 在教师资格认证方面发挥的作用迄今尚不明显。

(四) Praxis-ESOL

Praxis-ESOL 考试是 Praxis 系列考试中的一门学科评价考试,参照 TE-SOL/NCATE 标设计,[2]专门面向想在美国从事学前或中小学英语作为第二语言教学的考生。Praxis-ESOL 考查英语教师的基本语言知识和教学知识,包括语言和语言教学,教学计划、实施和管理,教学评价、文化以及与教职相关的专业知识。该考试分听力和阅读两部分,考试时间分别为 30 分钟和 90 分钟,全部为选择题形式,采用机考。[3] 因考试方式灵活,考试内容基础性强,Praxis-ESOL 在美国 ESOL 教师资格认证和学位课程中均作为基准条件得到应用。

目前,美国 47 个州在教师资格认证中采用 Praxis 系列考试,各州具体认

① Cengage Learning.*ELTeach news & events*.Cengage learning website.2015.[2015-11-29].htp://www.elteach.com/news-events/news/? page=2.

② NEWMAN M,HANAUER D."The NCATE/TESOL teacher education standards:A critical review".*TESOL quarterly*,2005,No.4.

③ Educational Testing Service.T*he Praxis study companion:English to speakersof other languages*.ETS website.2014.[2015-11-20].http://www.ets.org/s/praxis/pdf/5361.pdf.

证要求有所不同,但作为全国性考试,考试成绩可跨州使用。此外,一些高等教育机构在教师培训课程中也使用 Praxis 考试。有些教师培训课程将 Praxis 考试成绩作为学生获准参加教学实习的条件。有些州在研究生入学申请时,还将 Praxis 考试成绩作为评价学生学科知识的标准。Praxis-ESOL 能够在美国全国成功推广,主要原因在于美国教育考试服务中心的专业研发、各州在专业标准方面达成的共识,以及考试设计方面提供的便利。但是,作为在教师资格认证中的高利害认证考试,Praxis-ESOL 在考题题目类型多样性和考试内容充分性方面尚存完善空间。

（五） EETC

加拿大魁北克省教育文娱体育部(Ministère de l' Éducation,简称 MELS) 将教师资格认证与语言测试直接挂钩,要求英语教育体系中的教师必须通过 EETC 考试。MELS 对教师核心专业能力提出 12 项规定,EETC 的设计参照其中第二项,即对语言能力的规定。[1] EETC 经 MELS 认可,由 EETC 考试中心 (Center for English Exam for Teacher Certification,简称 CEETC)于 2008 年起实施。

EETC 考查应试者从事教师职业必须具备的英语语言能力,认为教师必须具备高于普通民众的语言能力,特别是教育情境中的语言沟通能力,并能为学生提供语言示范,辨识和改正学生语言错误。[2] 该考试采用机考形式,包括改错和写作两部分,考生必须通过两部分考试才算合格。改错包括两项任务: 句子改错和语法(错误)判断,考试时间 30 分钟。写作也包括两项任务:书信写作和电子邮件写作,考试时间为 90 分钟。EETC 为考试合格者颁发英语语言资格证书(同上)。

EETC 是地方性教师资格制度体系中的重要政策措施,其实施直接影响

---

①   Ministre de L' Education. *Teacher training in vocational education.* Québec:Gouvernement du Québec,2002.

②   Centre for English Exam for Teacher Certificate. *EETC policies.* CEETC website. 2015. [2015-11-26],http://ceetc.ca/wp-content/uploads/2015/09/EETC_Policies_October5_2015.pdf, 2015.

到魁北克省教师英语语言能力整体水平。该考试的实施也证明这样的政策措施只有在政府监管下,交由专业化考试机构负责才能行之有效。由于以政策规定为先导,专业化考试机构的考试设计直接反映出政府对教师语言能力的具体要求,也将对教师专业能力发展产生导向性作用。

三、英语教师专业能力评价探讨

(一) 制定我国英语教师专业能力标准,完善教师资格制度体系。

教师专业能力标准是教师资格制度体系的重要内容,是开发和使用英语教师证书考试、评价教师专业能力的基本依据。它应该与教师资格标准、教师教育课程标准和课程资源标准、教师教育机构资质标准以及教师准入和晋升制度等协调统一。① 建设我国英语教师专业能力评价体系,首先须要制定专门面向英语学科教师的专业能力标准。

考察表明,英、美两国不但颁布全国教师专业能力标准,还制定针对英语教师的专业能力标准。参照这些标准或规范,不同教师教育或评价专业机构出台个性化英语教师专业能力标准,如剑桥大学考试委员会外语考试部推出《剑桥英语教学框架》,为其开展英语教师资格认证提供参照标准;全美教师教育认可委员会和世界英语教师协会共同颁布 TESOL/NCATE 标准,为英语教师专业能力评价提供参照指标。加拿大魁北克省的 EETC 考试突出反映了地方教育管理部门完善的教师资格制度体系,以及对教师语言能力的具体要求。

相比之下,我国英语教师专业能力标准还未建立,教师资格制度体系尚待完善。1995 年,国务院发布《教师资格条例》,教师资格制度建设逐步推进。2011 年,教育部发布《教师教育课程标准(试行)》,对教师教育机构的课程设置

---

① 陈向明:《教师资格制度的反思与重构》,《教育发展研究》2008 年第 Z4 期。

提出基本要求;《小学教师专业标准(试行)》《中学教师专业标准(试行)》也相继颁布。但是,规范的教师资格制度体系尚未完全建立,就英语教育而言,由于缺乏英语教师专业能力标准和英语教师资格标准,英语教师专业能力的评价、认证等缺乏科学依据和统一参照。因此,十分有必要制定我国英语教师专业能力标准,完善教师资格制度体系,以便开展英语教师专业能力评价工作。

(二) 健全政府宏观管理机制,鼓励专业化教育考试机构负责实施

英、美、加三国在英语教师资格认证开发过程中实行"权力下放"的原则,政府或相关职能部门制定标准,宏观管理,专业化教育考试机构负责实施。例如,英国分地区设置教师资格认证管理机构,剑桥大学考试委员会外语考试部经英国资格及考试管理办公室认可,提供英语教师资格认证。美国教师资格认证由各州教育部门管理,NCATE 与各州政府以及其他教师教育机构合作,在教师教育认证标准和教师资格认证标准的规定上实现结盟。① Praxis-ESOL 便是美国教育考试服务中心遵照 TESOL/NCATE 标准,面向全美英语教师提供的英语教师资格认证考试。加拿大的 EETC 考试也由专业化考试机构实施。这些专业化教育考试机构或依托大学,或专门从事考试服务,共同特点是研究基础雄厚,如剑桥大学考试委员会和美国教育考试服务中心,其教育测量研究成果蜚声国际,具有极高的可信度。

我国《国家中长期教育改革和发展规划纲要(2010—2020 年)》明确提出健全教师管理制度,完善并严格实施教师准入制度,严把教师入口关。在这一政策指导下,2011 年教育部师范教育司和考试中心颁布《中小学和幼儿园教师资格考试标准及大纲(试行)》,2015 年教育部办公厅印发《关于进一步扩大中小学教师资格考试与定期注册制度改革试点的通知》,将教师资格考试由地方教育行政部门负责命题和实施的机制,改为由教育部考试中心统一命题,地方教育行政部门负责实施考试的方式。建立统一的教师资格考试制度有利于推动教师专业化进程,但考试和认证仅由教育部考试中心独立实施的

---

① 周钧:《美国教师教育认可标准的变革与发展》,北京师范大学出版社 2009 年版。

做法与国际上通行做法相悖。政府应实施宏观管理和监督,鼓励、支持不同专业化教育机构或考试机构参与,共同承担英语教师资格证书研发工作,推动考试本身的"专业化"发展。

(三) 根据我国英语教育实际需求,科学设计英语教师资格认证

本文考察的 5 项认证主要面向本国或其他国家英语教育改革和发展需求,考查内容各有侧重。CELTA 培训课程和考评方式注重英语教师教学实践能力。TKT 和 ELTeach 主要应对非英语国家英语教师专业化需求,把提高英语教师专业知识视为需要解决的首要问题。Praxis-ESOL 和 EETC 应对本国或本地区教育改革需求,前者将考试内容设定为英语教师基本语言知识和教学知识,后者则重点考查教师的英语语言能力能否在教学中发挥示范作用。

这些资格认证考试给我们的启示是,开展我国英语教师资格考试时,须要考虑我国英语教育的实际需求。例如,要调查基础教育阶段英语教师的发展现状,研究合格的英语教师应该具备的专业知识和能力,以及哪种考查方式最为有效。我们认为,合格的英语教师首先要具备良好的英语语言运用能力,尤其是口笔头表达能力要过关,否则无法给学生提供正确的语言输入;其次,合格的英语教师要具有较强的语言意识,语言意识不足或缺乏,不仅影响其英语教学能力,也影响其指导学生发展语言能力;再次,要具备授课、评价和反思教学等能力,这些能力构成英语教师的核心专业能力,是英语教师资格考试应重点考查的内容。当然,认证考试尚需扎实、系统的研究和验证才能实施。

(四) 评价教师专业能力,严把初入职英语教师质量关

教师准入制度对英语教师专业能力提出要求,也对资格认证考试成绩作出规定,使考试成为教师资格"准入门槛"。通过测评英语教师核心专业能力,认证考试可淘汰专业能力不合格的应试者,以确保师资队伍质量。为把好英语教师质量关,认证考试既可发挥选拔作用,也应发挥促学作用。这一方面须要设定合理的认证考试合格标准,选拔专业能力过硬的教师担任教职;另一方面也须要通过认证考试促进教师专业学习,激励教师达到更高标准。例如,

我国各地开展的国培项目可采用证书考试的方式检验培训效果。

多年来，为弥补义务教育普及带来的师资力量不足，我国实施面向社会的教师资格考试制度。这一制度一定程度上缓解教师数量方面的问题，却带来教师质量方面的问题。就英语教育而言，就是教师专业能力水平难以满足英语教育改革和发展需求。为改变这一现状，有必要系统开展英语教师专业能力标准、资格认证考试以及专业能力评价体系的研发工作，充分发挥"认证考试"在教师质量保障机制中的"防线"和"助推"作用。

四、结束语

通过考察，我们看到英语教师专业能力标准或教师英语语言能力要求为英语教师资格认证考试的开发提供政策保障，也成为英、美、加三国教师资格制度体系的重要组成部分。在政府监管下，不同专业化教育考试机构以此研发认证考试，也为证书的使用、推广给予质量保证。这些资格证书在多个国家和地区用于英语教师专业能力评价，并在教师选聘和发展项目中发挥积极作用。我们认为政府可委托专业化外语教育研究机构，根据我国英语教育的实际状况和发展需求，制定英语教师专业能力标准，健全教师资格制度体系；在政府监管下，由社会化专业考试机构研发英语教师资格认证考试，开展教师专业能力评价，促进教师专业发展，进一步提升我国英语教育质量。

（本文原载《外语学刊》2017 年第 5 期）

外语学习者研究

高校学生英语作文自我评估与
教师评估对比研究

一、研究背景

在大规模外语测试中,限时即兴写作(timed impromptu writing)应用最为广泛,亦是写作测试研究的重点。20 世纪 80 年代以前,研究者最为关注评分员的信度。尔后,研究重心转向该测试的效度。[①] 研究工作主要围绕:1.被试作文的文本特征;2.评分员的评分过程及评分标准;3.评分量表的有效性;4.被试外语写作能力的模型。[②] 其中,对评分过程及评分标准的研究至今仍倍受重视,因其研究结果不仅是制定客观、合理评分标准的基础,且为评分员培训提供有益的指导。

此类研究最常用的方法是分析评分员评判报告的有声思维数据,因该法能为了解评分员评判作文时的所做所想提供最丰富的证据,研究者对评估过程可做直接观察(Connor-Linton,1995)。国外学者依此方法对评分员评判过程作了多角度研究,例如:卡明(Cumming)[③]、米兰诺维奇和萨维尔(Milanovic

① WEIGLE S C.Effects of training on raters of ESL compositions.*Language testing*,2002,No.11.

② CUMMING A.The testing of writing in a second language//.CLAPHAM C,CORSON D.*Encyclopedia of language and education* (*Vol. 7*):*Language testing and assessment*. Dordrecht:Kluwer academic publishers,1997,pp.51-63.

③ CUMMING A,KANTOR R,POWERS D E.*Scoring TOEFL essays and TOEFL* 2000 *prototype writing tasks:An investigation into raters' decision making and development of a preliminary analytic framework*(TOEFL monograph series MS-22).Princeton:Educational Testing Service,2001.

& Saville)①、萨克伊(Sakyi)②、沃恩(Vaughn)等。其中卡明(Cumming)等人对 TOEFL 写作测试改革所作的研究是迄今为止规模最大的,很具参考价值。但有学者指出,此类研究还只是一些孤立的、探索性的研究,目前仍处于初级阶段,③且这些研究均从评分员角度、在评分员内部展开,因此需在更大范围内、从多视角对评分效度进行研究。

韦格尔(Weigle)④指出,写作评估涉及的因素很多,讨论效度时有必要考虑这些因素。其中,被试是写作评估中的重要因素之一。过去二十几年,众多关于外语学习者对自己外语能力评估(以下简称"自我评估")的效度研究表明,自我评估是对自身语言交际能力有效、可靠的测量方式,⑤与其他外界评估一样有效。自我评估,因其基于学习者对自身的认识而非外部间接观察,能为所需评估的内容提供独特的补充信息。由此可见,作为写作评估中的一个重要因素,被试对自己作文的评估可以为验证评分员的评估效度提供一个可靠的外部视角。

本文试从学生自我评估这个外部视角出发,比较学生对自己作文的自评与教师的评判之异同,进而揭示教师评判的有效性。研究问题如下:

1.学生对自己的英语作文进行评价时表现出哪些评判行为? 有何倾向? 教师对学生作文进行评判时表现出哪些评判行为? 有何倾向? 两者有何异同? 有无阅卷经历的教师其评判行为有何异同?

2.三种水平(高、中、低)的学生在作自我评价时表现出来的评判行为与教师对这三类作文的评判行为有何异同? 两类不同经历教师的表现又有何异同?

① MILANOVIC M,SAVILLE N.*An investigation of marker strategies using verbal protocols.*Washington,DC:Language testing research colloquium,1994.

② SAKYI A.Validation of holistic scoring for ESL writing assessment:A study of how raters evaluate ESL composition on a holistic scale//.KUNNAN A J.*Fairness and validation in language assessment.*Cambridge:CUP,2000,pp.129-152.

③ LUMLEY T."Assessment criteria in a large-scale writing test:What do they really mean to the raters?"*Language testing*,2002,No.3.

④ WEIGLE S C.*Assessing Writing.*Cambridge:CUP,2002.

⑤ BACHMAN L F,PALMER A S."The construct validation of self-ratings of communicative language ability".*Language testing*,1989,No.6.

3. 三组人员各自表现出的评判行为对评分结果有何影响?

二、研究设计

(一) 研究对象

参加该项研究的学生来自某大学自动化系二年级。研究者根据他们上一学期英语期末考试成绩,并结合任课教师意见,按好、中、差三个层次挑选了12名学生参加了此次研究(男女各半),年龄在 19—21 岁之间。

研究者邀请了 12 名大学英语教师参加此次研究,目的为了与学生人数相等。①② 其中 6 名教师有四、六级考试阅卷经历,另外 6 名无此经历。无四、六级考试阅卷经历的教师与 12 名学生来自同一所大学,其他 6 名教师来自其他 4 所不同大学。

(二) 研究方法

本研究采用共时有声思维法。为补充或印证参加者的有声思维内容,还采用了访谈手段。

(三) 研究步骤

首先,按四、六级考试写作形式,要求 12 名学生在 30 分钟内用英语完成一篇题为"Could You Live without the Internet for a Week?"的作文。

随后,研究者请学生对自己的作文进行评判,并让其口头报告评判思维过程。此前,对每位学生都按照格林(Green)③提供的方法进行了训练。研究者

---

① BROWN J D. "Do English and ESL faculties rate writing samples differently?" *TESOL quarterly*, 1991, No.25.

② SHI L. "Native-and nonnative-speaking EFL teachers' evaluation of Chinese students' English writing". *Language testing*, 2001, No.3.

③ GREEN A. *Verbal protocol analysis in language testing research : A handbook*. Cambridge : CUP, 1998.

事先未给学生提供评分标准,一是想知道他们自己的标准;二是为了避免评分标准对他们的评判造成束缚。

每位学生对自己的作文作出评判后,研究者根据有声思维内容对其进行了访谈,以澄清他们在口头报告时较模糊的说法及对一些概念的认识。

12 名教师分别对这些学生的作文进行了评判。考虑到教师工作较忙,研究者决定每位教师只需对其中 6 篇作文进行评判。为了让每位教师都有机会接触到不同水平学生的作文,同时为了保证 12 篇作文每篇至少有 4 名以上教师评判,研究者按随机抽样的方法把 12 篇作文分成 A、B、C 三组,每组 6 篇,然后按照从 A 组到 C 组的顺序循环分给不同教师评判。

每位教师单独对 A、B 或 C 组作文进行了评判,并口头报告了自己评判的思维过程。此前他们亦接受了有声思维训练。基于上述原因,研究者也未给教师提供评分标准。

每位教师完成所有评判任务后,研究者对其进行了访谈,目的也是为了澄清口头报告中的一些含糊说法以及对一些概念的认识。

三、数据的收集与分析

研究者以卡明(Cumming)[①]总结的 35 个评判行为蓝本,并按格林(Green)介绍的方法对 12 名教师的有声思维数据进行编码,最后得到包含 38 个评判行为的编码系统。为检验该系统的有效性,研究者请一位中文系在读研究生按此编码系统对部分教师的有声思维数据进行再编码,其结果与研究者的编码吻合率达 90%。编码系统所包含的 38 个评判行为见表 1。

鉴于国内外文献中无现成学生自评行为编码系统,研究者根据教师评判行为编码系统编写了学生自评行为编码系统,对学生的口头报告进行了编码,最终得到包含 23 个评判行为的编码系统。利用该系统对学生口头报告进行

---

① CUMMING A,KANTOR R,POWERS D E.*Scoring TOEFL essays and TOEFL* 2000 *prototype writing tasks:An investigation into raters' decision making and development of a preliminary analytic framework*(*TOEFL monograph series MS-22*).Princeton:Educational Testing Service,2001.

编码的结果与那位中文系在读研究生的编码结果吻合率达 85%。学生自评行为的编码系统见表 2。

最后,研究者利用这两个编码系统对收集的有声思维数据进行了分析。

四、研究结果与讨论

（一）学生、教师评判作文时的评判行为及其异同

为回答此问题,研究者把所有教师和学生的评判行为出现的频率转换成了每个行为在每位教师/学生评判行为总数中所占的百分比。表 1 报告了 12 名教师评判学生作文时表现出来的 38 个评判行为的平均百分比和标准差。表 2 总结了 12 名学生评判自己作文时表现出来的 23 个评判行为的平均百分比和标准差。

表 1　38 个教师评判行为的平均百分比及标准差

评判行为	12 名教师 72 个口头报告 M/SD	6 名有阅卷经历的教师 36 个口头报告 M/SD	6 名无阅卷经历的教师 36 个口头报告 M/SD
理解/参考作文要求	0.6%/0.8	0.6%/0.7	0.6%/1
阅读学生作文(包括细读、跳读、略读)	3.6%/1.7	3.7%/2	3.4%/1.5
推测学生的个人情况	4%/2.5	5.7%/2.3	2.6%/1.7
分析学生写作失败,表达欠妥的原因	2.4%/1.4	2.7%/1.8	2.2%/1
用母语翻译辅助理解学生要表达的意思	4.2%/5.3	2.3%/3.4	6.2%/6.4
对书写不清楚之处进行辨认、推测	1.1%/1.3	1.2%/1	1%/1.5
确认阅读或评分策略	0.8%/1.5	0.7%/1	0.8%/2
浏览作文并作出初步评价	1%/1	0.7%/0.6	1.3%/1
同其他作文或把同一篇作文的不同部分进行比较	1.3%/1	1.6%/1	1%/1.2
参考自己的阅卷经历	1.5%/1.7	2.8%/1.5	0.3%/1.5
参考自己的教学经历	0.3%/0.4	0.3%/0.5	0.4%/0.4

续表

评判行为	12 名教师 72 个口头报告 M/SD	6 名有阅卷 经历的教师 36 个口头报告 M/SD	6 名无阅卷 经历的教师 36 个口头报告 M/SD
评价文章的篇幅	0.4%/0.6	0.4%/0.7	0.4%/0.4
对作文作总评	4.6%/2.5	5.4%/3	3.8%/1.8
考虑格式、卷面、书写	2.2%/2	1.7%/1.7	2.6%/2.3
说明/修改评分决定	5.8%/4.2	8.1%/5	1.5%/5.8
评价自己的评分决定	0.1%/0.2	0.05%/0.1	0.2%/0.3
说明写作应符合的标准或应避免的问题	1%/1.3	0.6%/0.7	1.4%/1.6
辨认文章结构、理解作者思路	3%/2.5	3%/3.4	3%/1.6
总结文章观点	3.5%/3.7	3.1%/3.8	3.9%/3.9
浏览观察文章布局	0.6%/1.2	0.05%/0.1	1.1%/1.6
评估文章的论证推理/逻辑发展	5.9%/3.3	5.7%/3.4	6.1%/3.5
指出文章的重复累赘之处	0.6%/0.6	0.5%/0.5	0.7%/0.7
评估文章部分/整体的连贯、流畅程度	1.6%/2.7	0.5%/0.6	2.6%/3.6
更正文章结构/内容的不妥之处	1.7%/2.3	0.8%/1	2.7%/2.9
说明学生的写作受到母语写作的影响	0.1%/0.2	0.0%/0	0.2%/0.2
考虑文本/语域	0.5%/0.8	0.3%/0.6	0.7%/0.9
评价文章的个别/全部内容或观点	2%/3.6	0.7%/0.8	3.2%/4.9
评价文章结构、作者的构思/写作风格/写作技巧	2.75%/3.4	1.6%/1.9	3.8%/4.4
理解有歧义/不清楚的表达	2.2%/2.5	1.7%/1.1	2.6%/3.5
指出语言错误并归类	4.1%/3	3.1%/2.1	5.2%/3.7
评估文章语言的可理解程度	2.8%/2.3	3.2%/2	2.4%/2.6
对个别措辞/整体语言的使用进行评价	12.9%/4.4	13.6%/4.7	12.3%/4.3
考虑错误的严重性或频率	2.5%/2.2	2.9%/2.6	2.2%/1.9
更正语言错误或语言运用的不妥之处	5.1%/4.1	4.3%/3	5.9%/5.2
说明语言表达受到母语影响	2.4%/2.1	3%/1.5	1.9%/2.6
指出词汇使用错误/不妥之处	2.6%/2	3.7%/2	1.9%/1.9
指出句法/词法使用错误或不妥之处	4.2%/2.5	5.6%/2.5	2.8%/1.7
考虑拼写/标点	3.1%/2.5	4.1%/2.5	2.1%/3.1

表2 23个学生评判行为的平均百分比及标准差

评判行为	12名学生 12个口头报告 M/SD
阅读文章(细读/跳读/略读)	4%/1.6
说明对写作要求的理解	1.2%/3.8
考虑文章的篇幅	0.2%/0.8
考虑卷面/书写/格式	2.4%/2.6
回顾写作时遇到的困难并说明自己的对策	4.6%/5.7
分析自己写作失败/表达欠妥的原因	5%/4.6
参考自己的学习经历	2.3%/2.5
对作文整体/局部作出总结性评价	4.6%/3
评价自己的英语能力/写作水平	2.7%/3
推测阅卷人心理	2%/4
说明写好作文应具备的条件/符合的标准或应避免的问题	4.6%/4.5
作出评分决定	4%/1.6
说明自己的写作构思过程	3.9%/5.6
评价文章的论证推理/逻辑发展	8.4%/6.8
说明文章的结构/观点	14.1%/15.8
指出文章重复累赘之处	1.5%/2
评价文章结构、布局/自己的观点/构思	5%/3.9
考虑拼写/标点	1%/1.8
更正/改进自己认为错误/不妥的表达	1.3%/1.8
指出词汇使用错误/不妥之处	1.9%/4.3
指出句法/词法使用错误/不妥之处	1.1%/1.8
对个别措辞/整体语言使用进行评价	19.5%/8.3
对自己在写作时不确切的语言使用进行反思、推敲	4.6%/6.3

表1显示,教师的评判行为可概括为两大类:理解行为(10个)和评判行为(28个)。

而学生的自评只包括评判行为(23个),因学生是对自己的作文进行评价,无须理解的过程。

通过比较 12 名教师的评判行为,我们发现有阅卷经历的教师有以下倾向:

推测学生的个人情况;说明/修改评分决定;指出词汇使用错误/不妥之处;参考自己的阅卷经历;指出句法/词法使用错误或不妥之处;考虑拼写/标点。

其中"关注语言使用"类行为占 50%,无"关注文章内容、构思和结构"类行为。

而没有大规模考试阅卷经历的教师则倾向于:

用母语翻译辅助理解学生要表达的意思;评价文章的个别/全部内容或观点;评估文章部分/整体的连贯、流畅程度;更正文章结构/内容的不妥之处;指出语言错误并归类;评价文章结构、作者的构思/写作风格/写作技巧。

其中"关注文章内容、构思和结构"类行为占 67%,"关注语言使用"类行为占 17%。

通过比较 12 名教师与 12 名学生各自排在前十位的评判行为,发现他们之间存在以下异同:

(1)学生和教师相同/相似的评判行为有 5 个:对个别措辞/整体语言使用进行评价;对作文整体/局部作出总结性评价;评价文章的论证推理/逻辑发展;作出评分决定;阅读自己的文章(细读/跳读/略读)。

(2)与学生相比,教师有下列倾向:

更正语言错误或语言运用不妥之处;指出句法/词法使用错误或不妥之处;用母语翻译辅助理解学生要表达的意思;指出语言错误并归类;推测学生的个人情况。

其中"关注语言使用"类行为占 60%,无"关注文章内容、构思和结构"类行为。

与教师相比,学生更倾向于:

说明文章的结构/观点;评价文章结构、布局/自己的观点/构思;分析自己写作失败/表达欠妥的原因;说明写好作文应具备的条件/符合的标准或应避免的问题;回顾自己写作时遇到的困难并说明自己的对策;对自己在写作时不确切的语言使用进行反思、推敲。

其中"关注语言使用"类行为占 17%,"关注文章内容、构思和结构"类行为占 33.3%。

为便于总结学生和教师评判时表现出来的不同倾向,研究者按"自我监察""关注文章内容、构思和结构"及"关注语言使用"三大类评判行为对他们各自的行为进行了总结,结果见表3。

表3 三大类评判行为的总平均百分比及标准差对比表

评判行为	12 名学生 12 个口头报告 M/SD	12 名教师 72 个口头报告 M/SD	6 名有阅卷 经历的教师 36 个口头报告 M/SD	6 名无阅卷 经历的教师 36 个口头报告 M/SD
自我监察	37.8%/13.5	35.9%/7.5	39.1%/6.7	32.7%/7.4
关注文章内容、构思和结构	32.8%/17.1	22.2%/13.6	16.2%/8.8	28.2%/15.6
关注语言使用	29.4%/13.6	41.9%/11.7	44.7%/8.4	39.1%/14.5

结果显示,在学生评判行为中,"自我监察"类行为所占比例最高,高出"关注语言使用"类行为 8.4 个百分点,位居第二的是"关注文章内容、构思和结构"类行为,高出"关注语言使用"类行为 3.4 个百分点。总的来讲,这三大类行为在学生的评判中所占比例有一定差距,但不是很大。而此三大类行为在 12 名教师的评判行为中所占比例相差较大。其中"关注语言使用"类行为,超过了占比例最小的"关注文章内容、构思和结构"类行为 19.7 个百分点。可见,与学生相比,教师更倾向于关注语言的使用,学生则比较注重文章的内容和结构。这个结果印证了卡明(Cumming)的部分发现:即以英语为二语/外语的教师更关注对语言的评判。

表3 进一步显示,有阅卷经历的教师无此经历的教师相比,对语言关注的倾向更为明显,两者相差 5.6 个百分点。"关注语言使用"类行为在有阅卷经历的教师的评判行为中所占的比例超过"关注文章内容、构思和结构"类行为 28.5 个百分点。此发现与前面总结的两类教师各自的行为倾向一致。

通过比较标准差发现,有阅卷经历教师之间的差异比学生之间和没有阅卷经历教师之间的差异均小,说明有阅卷经历教师的评判行为更趋一致,这同他们阅卷经历及所受培训有关。许多研究表明,①培训可以缩小评分员之间的差异,提高评分信度,此研究亦证明了这一点。

(二) 三种不同水平学生的自评与教师评判比较

表4报告了12名学生的自评成绩与12名教师打分均分的对比。有3名学生的得分在10分(含10分)以上,10分以上作文可视为高分作文;有3名学生得分在7分以下,其作文被视为低分作文;其余6名学生得分在8—10分,被视为中等作文。

布兰奇(Blanche)②发现,写作中等水平的学生倾向于低估自己的能力。本研究中有6名成绩中等的学生,其中有3人与教师打分相比高估了自己的成绩,另外3人则低估了自己的成绩。由于本研究人数少,代表性不强,不同水平学生自评成绩的准确性不在本研究讨论范围之内。

表4 学生自评成绩与教师评判成绩对比表

文章编号	自评成绩	所有教师的总均分及标准差 M/SD/RN	有阅卷经历教师的总均分及标准差 M/SD/RN	无阅卷经历教师的总均分及标准差 M/SD/RN
1	6—7	6.8/2.3/12	5.5/2.3/6	8.2/1.3/6
2	8	8.8/3.8/4	5.5/0.7/2	12/0.0/2
3	8	8.3/2.6/12	6.5/2.1/6	10/1.8/6
4	11	9.8/3.2/4	7/0.0/2	12.5/0.7/2
5	10	10.3/1.7/12	10.5/2.2/6	10/1.3/6
6	6	8.3/1/4	8.5/0.7/2	8/1.4/2
7	9	5/1.4/4	4.5/2.1/2	5.5/0.7/2
8	10	8.3/1.7/4	9.5/0.7/2	7/1.4/2

---

① WEIGLE S C."Effects of training on raters of ESL compositions".*Language testing*,1994,No.11.

② BLANCHE P."Using standardized achievement and oral proficiency tests for self-assessment purposes:The DLIFLC study".*Language testing*,1990,No.7.

续表

文章编号	自评成绩	所有教师的 总均分及标准差 M/SD/RN	有阅卷经历教师的 总均分及标准差 M/SD/RN	无阅卷经历 教师的总均分及 标准差 M/SD/RN
9	6	6.5/1.3/4	6.5/0.7/2	6.5/2.1/2
10	10	10.5/2.1/4	9.5/2.1/2	11.5/2.1/2
11	8	10.5/1.3/4	10/1.4/2	11/1.4/2
12	11	9.5/1.3/4	9.5/0.7/2	9.5/2.1/2

　　表5、6、7是三种水平学生的自评行为与教师评判行为的对比总结。本次实验中得分最高的三名学生的三大类评判行为比例基本持平。比例最大的是"关注语言使用"类行为,比"关注文章内容、构界和结构"类行为高出2.6个百分点,说明高水平学生自评时对作文的语言和内容、结构给予同样的关注。得分最低的3名学生三大类评判行为比例差别较大,有将近一半行为属"自我监察"类行为,对自己语言使用的关注超过"关注文章内容、构思和结构"7.9个百分点。得分居中的6名学生自评时似乎更关注作文的内容和结构,其比例高出"关注语言使用"12.2个百分点。

　　总之,参加本次实验的三种水平学生在对作文自评时表现出了不同的倾向:高水平学生对作文的语言和内容、结构的关注程度十分接近,中等水平的学生更关注作文内容和结构,而低水平学生更倾向于关注作文的语言。

表5　评判高分作文时三大类评判行为的总平均百分比及标准差

评判行为	3名学生 3个口头报告 M/SD	12名教师 20个口头报告 M/SD	6名有阅卷 经历的教师 10个口头报告 M/SD	6名无阅卷 经历的教师 10个口头报告 M/SD
自我监察	31.4%/12.1	35.5%/1.1	39.7%/9.6	31.3%/11.5
关注文章内容、 构思和结构	33%/17.7	30.2%/16.7	19.3%/9.4	41.1%/15.5
关注语言使用	35.6%/13.7	34.3%/14.7	41%/7.9	27.6%/17.4

表6 评判中等作文时三大类评判行为的总平均百分比及标准差

评判行为	3 名学生 6 个口头报告 M/SD	12 名教师 32 个口头报告 M/SD	6 名有阅卷 经历的教师 16 个口头报告 M/SD	6 名无阅卷 经历的教师 16 个口头报告 M/SD
自我监察	35.8%/13.6	35.2%/5.7	36.9%/4	33.4%/6.9
关注文章内容、构思和结构	38.2%/19.3	20.7%/13.8	16.1%/10	25.4%/16.3
关注语言使用	26%/9.2	41.1%/13.1	47%/9.1	41.2%/16.7

表7 评判低分作文时三大类评判行为的总平均百分比及标准差

评判行为	3 名学生 3 个口头报告 M/SD	12 名教师 20 个口头报告 M/SD	6 名有阅卷 经历的教师 10 个口头报告 M/SD	6 名无阅卷 经历的教师 10 个口头报告 M/SD
自我监察	47.9%/12.9	37%/9.4	41.8%/10.5	32.2%/5.5
关注文章内容、构思和结构	22.1%/10.8	15.9%/14	10.1%/7.2	21.7%/17.4
关注语言使用	30%/22.7	47.1%/14.5	48%/12.5	46.1%/17.5

表 5 显示,12 名教师在评判高分作文时表现出来的三大类行为比例基本一致。位居第二的"关注语言使用"类行为比"关注文章内容、构思和结构"类行为高出 4.1 个百分点。说明教师对高水平作文进行评判时,对作文的语言使用与对内容、结构重视程度相当,这种倾向与高水平学生自评行为倾向一致。但分析两类教师的评判行为发现,有阅卷经历教师的行为与没有该经历教师的行为有很大差别。前者关注的重点是语言使用,这类行为的比例比"关注文章内容、构思和结构"高出 21.7 个百分点;后者更关注文章的内容和结构,这一类行为的比例高出"关注语言使用"类行为 13.5 个百分点。从标准差来看,前者之间的差异明显小于后者,这一结果与前者的阅卷经历和所受培训有关。

表 6 显示,12 名教师在评判中等作文时表现出来的三大类行为比例差异很大。"关注语言使用"类行为高出"关注文章内容、构思和结构"23.4 个百分

点,说明教师在对中等作文进行评判时对语言的关注远远超过内容。这种倾向不同于他们在评判高水平作文时的行为,与中等水平学生的自评行为倾向正好相反。两类教师在面对中等水平作文时,两类行为倾向基本一致,都偏向于关注语言使用。但无阅卷经历的教师对作文内容和结构的关注程度还是高于有该经历的教师,比他们高出 9.3 个百分点。

表 7 显示,12 名教师在评判低水平作文时表现出来的行为倾向与其面对中等作文时的行为倾向基本一致,只是对语言使用的关注程度更高一些。低水平学生虽然关注语言的程度也较高,但与教师相比,他们对作文内容和结构的重视程度较高。两类教师各自的评判行为倾向也与其评判中等作文时一致。同样,无阅卷经历的教师对作文内容和结构的关注程度高于有该经历的教师,两者相差 11.6 个百分点。

综上所述,12 名教师在评判不同水平的作文时表现出了不同倾向。评判高水平作文时,对语言和文章内容、结构的重视程度基本一致,与卡明(Cumming)的调查结果基本相同。面对中、低水平作文时,他们关注的重点是语言使用。其中教师在评判低水平作文时的行为倾向与卡明(Cumming)的调查结果亦相同。需要指出的是,有阅卷经历的教师无论面对什么档次的文章,都表现出过分关注语言使用的倾向。通过对比标准差,发现他们之间的行为差异明显小于没有阅卷经历教师之间的差异,可见阅卷经历对其影响之大。一位参加过四、六级考试阅卷的老师说,语言是评判时唯一可以量化的指标,所以也就成了他们保证自己的评分与其他教师评分一致的基础。另一名有阅卷经历的老师更直接指出,对语言使用的评判是她在评判四、六级考试作文时的唯一标准。一位多次参加四、六级考试阅卷的老师说,他们平均每天要批阅大约 500 份作文,对大部分作文基本都是简单浏览。由此可见,大规模阅卷时对评分信度的要求以及庞大的工作量造成了有阅卷经历的教师在批阅学生作文时过于关注语言使用。

(三) 三组人员各自的评判行为对评分结果有何影响?

表 4 显示,3 名学生的自评和教师的评判相差很大。他们分别是 2 号、4 号和 7 号。研究者以 2 号为例来探讨这一问题,因为 2 号作文是三组(学生、

有阅卷经历的教师和无该经历的教师)打分差异最大的一篇。2 号学生自评
8 分,两名有阅卷经历教师的平均分是 5.5 分,两名无该经历教师的平均分是
12 分。

2 号学生对自己作文的评判是:

……第一句……引出那个主题来,……点明了网络在生活中的重要作
用。……然后下面用自问自答的方式引出自己的、自己对这个话题的看
法。……我想下一段肯定要写的就是为什么生活离不开网络……第二段就写
了这方面的原因。……嗯,这一句我觉得用词不是很准确简练。……这儿我
用到一个定语从句,我觉得能体现出自己作文的一点文采。……哦,看到这儿
发现自己写错了,应该写成"could not"而不是"I have not to"……噢,这一句跟
前面一句(意思上)有点重复。……我写英文作文的时候,总是 3 段。我觉得
这样结构就比较符合逻辑。最后一段就是再次阐明自己的观点……应该能够
把自己的观点总结一下吧……

2 号学生的自评显示,他对作文有较全面的评判。无论是文章的语言、内
容,还是结构、逻辑关系,都经过认真分析。最后自评分为 8 分。

有阅卷经历的教师 10 号和 8 号对 2 号作文进行了评判。10 号教师的打
分是 5 分。她对 2 号作文的评判如下:

……好,这篇、这个文章呢,从第二段可以看出这个作文就属于那种想到
哪儿写到哪儿,他自己没有一个条理……整个大结构还可以,但是条理非常不
清楚,没有逻辑性,逻辑性很差,而且语法错误也有一些,所以,所以我给他
5 分。

可见 10 号教师的主要评分理由是 2 号作文的逻辑性差,而且有语法
错误。

8 号教师给 2 号作文的打分为 6 分。她对 2 号作文的评判如下:

……书写呢,字写得还比较整齐,但是呢,这个,一个句子应该有几个主
句,几个从句分不清。……然后呢,呃,这个第一段好像是提出了一个主要观
点,最后一段好像是呼应了一下,但都是很口头(指语言上)。中间这段好像
是提出一个论据,但是呢,说得不清楚。……只说了我干了什么什么,但是他,
这都是哪几方面的? 有没有代表性、归纳性? 没有。所以这篇文章呢,6 分左

右吧。

可见 8 号教师的评判也把重点放在了逻辑性和语言的使用上,这似乎是 2 号作文得分低的主要原因。

3 号没有阅卷经历的教师给 2 号的打分是 12 分,她主要从语言使用和文章结构进行评判。其评判如下:

……这个学生的整篇文章,我觉得写得,就是最起码句子是非常通顺的,而且就是说,很少出现语法错误。……而中间的表达也比较清楚,他有开头呀,有结尾呀,……我觉得这篇文章要是这个开头空格,就比较完美了。所以我可能会给他,呃,给他一个 12 分吧。

4 号没有阅卷经历的教师给 2 号的打分也是 12 分。她对二号作文的评判如下:

……那么,他第一段呢,开头开得很好,然后第二段和第一段的过渡也很自然。最后一段呢总结也比较简洁,所以整篇文章的结构还可以。……他在表述上用词用得比较好,语言流畅基本没有太多语法错误,而且中心比较明确,这篇文章我应该给他 12 分。

4 号教师与 3 号一样均从语言使用和文章结构方面对 2 号作文进行评判。不难看出,与前面分析的教师表现出来的评判行为倾向相一致,4 名教师在评判时均未全面考察 2 号作文各方面的情况,只偏重关注学生作文的某一个或两个方面,这是造成他们评分差异或评分不恰当的原因。与此相反,2 号学生在对自己的文章进行评判时,能考虑到各方面的优缺点(这也与前面分析的学生表现出来的评判行为倾向相吻合),尽管没有评分经验,其自评分还算比较恰当(2 号学生的自评分与 4 名教师的总均分大致一致,只差 0.8 分。根据目前四、六级考试中采用的综合评分法的要求,他的自评分应该更接近自己的真实水平)。

汉普—里昂斯(Hamp-Lyons)[①]指出,ESL 学习者的作文在语言、内容、结构等等各方面的表现是不同的,因此,教师在评分时如果只关注其中的一两个

---

① HAMP-LYONS L."Rating nonnative writing:The trouble with holistic scoring".*TESOL quarterly*,1995,No.4.

方面,必然无法对学生的作文能力做出合理、客观的评判。卡明(Cumming)①也指出,把学生作文中所犯的语言错误简单相加不足以反映学生的二语/外语写作水平。许多其他方面,如修辞结构、冠词的使用、超语段标记、词汇、句型结构等,评判时都应一并考虑。当然,作文内容、作者所要表达的思想也是不容忽视的重要方面。总之,教师在对学生英语作文进行评判时,应综合考虑各个方面情况,才有可能作出恰当的评价。

五、结论

本研究旨在透过学生自我评估这一外部视角对教师评估作文的有效性进行验证与核查,通过对比分析他们评判时的有声思维数据,并结合访谈内容,得出如下结论:

1. 教师在评判作文时,关注语言使用倾向明显;学生自评时,虽倾向于关注作文内容和结构,但对作文语言、内容和结构三个方面的关注程度比较均衡。与无大规模阅卷经历教师相比,有阅卷经历的教师更加关注学生语言的使用,且他们之间表现出的行为差异较小。

2. 一三种写作水平的学生在对自己作文进行评判时表现出来的行为倾向不一致。高水平学生对语言和内容、结构的关注程度基本一致。中等水平学生更关注自己作文的内容和结构,而低水平学生倾向于关注自己作文的语言使用。12 名教师在评判不同水平的作文时也表现出了不同倾向。评判高水平作文时,他们对语言和内容、结构的重视程度基本一致。面对中、低水平的作文时他们关注的重点是语言使用。有阅卷经历的教师无论面对何种水平的作文,都表现出过度关注语言使用的倾向。通过比较标准差,发现他们之间的行为差异明显小于没有阅卷经历教师之间的差异。尽管存在内部差异,12 名

---

① CUMMING A.The testing of writing in a second language//.CLAPHAM C,CORSON D.*Encyclopedia of language and education* (*Vol.*7):*Language testing and assessment*.Dordrecht:Kluwer academic publishers,1997,pp.51-63.

学生对作文的语言、内容、结构等各方面的关注程度总体上比教师对这些方面的关注程度均衡。

3.评判作文时的行为倾向对评判结果会产生很大影响。

本研究的启示是:鉴于许多教师在评分过程中往往偏重评判标准的某一个或两个方面而忽视其他方面,研究者建议:四、六级考试写作部分的评分应由总体评分法改为解析评分法(analytic scoring method)。这不仅有助于教师从多个角度对学生的作文进行全面、客观、恰当的评判,而且报告出来的结果有助于学生全面了解自己的英语作文水平,为后续学习指明方向。

本研究不足之处:1.被试人数较少,且限于某一个学校,代表性不强;2.主要研究工具——共时有声思维——由于自身的缺陷无法保证被试提供数据的完整性;3.受样本数量所限,只能对数据的特征进行描述,不能用于进一步的分析。因此结论只是暂时的,希望将来能够扩大样本的容量,得出更具价值的推论。

(本文原载《外语界》2007 年第 5 期)

中学生英语学习态度、动机及其影响的城乡比较

一、引言

《国家中长期教育改革和发展规划纲要(2010—2020年)》第四章(义务教育)第九条(推进义务教育均衡发展)指出,要"……加快缩小城乡差距。建立城乡一体化的义务教育发展机制,在财政拨款、学校建设、教师配置等方面向农村倾斜。率先在县(区)域内实现城乡均衡发展,逐步在更大范围内推进……"以上均为义务教育均衡发展的宏观层面。而学生作为学习过程的主体,亦需得到密切关注,学习者层面的均衡发展不可忽视。

英语是义务教育中的主要科目之一,研究城市和乡镇中学生在英语学习中的特点对于推进义务教育均衡发展有着重要的意义。学习者个体因素(态度、动机等)在英语学习中起重要作用,研究城乡学生在英语学习态度和动机方面的特点、描述其基本状况,是促进均衡发展的基础。鉴于此,本文对城乡中学生的英语学习态度、动机及其影响进行了初步调查,并进行了比较。

二、研究背景

目前,对中学生英语学习动机的研究,主要以城市学生为对象,而对农村

学生展开的调查则不多见。彭秀华①通过问卷调查发现,农村中学生能认识到英语学习的重要性,但有的学生不爱学英语。教师对学生的态度是造成后者动机下降的主要原因。范明淑②的调查发现,中学生的自信心、学习兴趣、成就动机等因素对于学习效果有显著影响。姜英欣③的调查发现,大部分农村学生表现出较强的工具型动机,而且女生比男生的工具型动机更强、对英语更感兴趣;大部分学生把成败归因于努力程度和学习策略等因素,部分学生把失败归因于学习环境及语言学习能力等不可控因素;传统的教学方式降低学生的学习动机;学习资料的不足及教学设备的匮乏影响学生的学习动机。原文惠④的调查结果显示,在农村普通高中生的英语学习中,内部动机起着主导作用;以内部动机为主的学习者比以外部动机、工具型动机和综合型动机为主的学习者的自主学习能力略胜一筹。

高文梅⑤比较了城乡学生的英语学习动机,并发现城乡学生都有很强烈的英语学习动机,农村学生有更明显的工具型动机倾向,城市学生对英语课的评价则明显高于农村学生。眭文娟⑥通过对城乡高中英语教学资源配置情况的调查分析,发现城乡高中学校在教学资源(学校硬件、地理位置、师资、生源、教学经费)的配置方面存在明显的城乡差异,并导致英语教学成效的不平衡。王有智⑦对西北地区城乡中小学生的调查发现,由附属性动机到威信性动机、认知性动机、再到成就性动机的渐增变化是城乡中小学生学习动机发展的基本趋势;成就性动机是支配其学习的优势动机;学习动机总强度表现为城

---

① 彭秀华:《农村中学学生英语学习动机和英语教学》,《浙江师范大学学报(社会科学版)》2003年专刊第1期。

② 范明淑:《初二学生英语学习动机调查研究》,辽宁师范大学硕士学位论文,2005年。

③ 姜英欣:《农村高中学生英语学习动机研究》,河北师范大学硕士学位论文,2006年。

④ 原文惠:《农村普通高中生英语学习动机和自主学习的研究》,《现代中小学教育》2010年第4期。

⑤ 高文梅:《城乡高中英语教学对学生学习动机及策略使用影响的研究》,浙江大学硕士学位论文,2008年。

⑥ 眭文娟:《论丹阳市城乡高中英语教学资源和成效的不平衡性》,苏州大学硕士学位论文,2008年。

⑦ 王有智:《城乡中小学生学习动机差异的比较研究》,《陕西师范大学学报(哲学社会科学版)》2003年第2期。

市小学生高于农村小学生、农村中学生高于城市中学生。

城乡中学生上外教课已经不是什么新鲜事物。学界认为,外教课形式多样,颇受学生欢迎;对促使我国教师转变教学观念、改进教学设计、提高教学效果有诸多启示,当然也有一定问题。① 相比之下,乡镇学生上外教课机会较少,这可能会影响他们的英语学习态度和动机。课外辅导对于城乡学生也是司空见惯的事,但对乡镇学生而言相对较少,②这也和学生的态度与动机相关。而目前为止,鲜有对外教课及课外辅导与英语学习动机的关系的研究。

目前对于中学生英语学习动机的研究普遍以既有的动机分类为基础,考察不同动机类型对中学生课内英语学习结果的影响。整体来看,对英语学习态度的调查相对薄弱,而态度又是动机的前提条件。个别研究对城乡学生的学习动机进行了比较,但是由于关注点不同,得出的结论也不相同。笔者认为,有必要从英语学习态度和动机的角度,同时考察城乡学生的差异,并深入探讨其对学生课外辅导产生的影响。

本文主要研究以下问题:

问题1:城乡学生在英语学习态度和动机上有无差异?

问题2:英语学习态度和动机不同的城乡学生在接受校外辅导方面有无差异?

三、研究方法

(一) 研究工具

本文使用的研究工具为自编的调查问卷"中学生英语学习调查问卷"。③除人口学信息外,问卷主体由五个分量表构成:英语语言态度、学习态度、教学

---

① 吴洪亮:《中小学外教课存在的问题及对策》,《教育探索》2008年第10期。

② 孙璐:《国内外关于中小学生课外辅导的研究述评》,《科教文汇》2010年第4期。

③ 韩宝成、许宏晨:《中学生英语学习态度—动机调查问卷的信效度分析》,《河北师范大学学报(教育科学版)》2010年第10期。

态度、学习动机和学习目标,共计 25 个题目。本次研究将前三个分量表合并成"态度量表";将后两个合并为"动机量表"。问卷实测信度检验结果见表1。

表1 问卷信度

量表名称	项目数量	Cronbach α 系数
态度量表	14	0.921
动机量表	11	0.874
总量表	25	0.940

由表 1 可知,各分量表及总量表信度均在 0.70 以上,[1]问卷信度良好,是可靠的测量工具。

(二) 调查对象

本次调查城市、乡镇学生共计 4225 人。调查对象基本情况见表2。

表2 调查对象基本情况

	性别		年级						城乡分组	
	男生	女生	初一	初二	初三	高一	高二	高三	城市	乡镇
有效	1960	2236	678	683	572	821	710	750	2375	1850
合计	4196		4214						4225	
缺失	29		11						0	
总计	4225		4225						4225	

由表 2 可知,调查对象在性别、年级以及城乡分组变量上分布比较均匀,有效数据与总数的比例均在 99% 以上。

(三) 数据统计

根据数据性质及研究问题,本文首先使用独立样本 T 检验考察城乡学生

---

① 秦晓晴:《外语教学问卷调查法》,外语教学与研究出版社 2009 年版。

在英语学习态度及动机上的差异。根据被试在态度和动机上的得分,笔者将其分为高分组和低分组,并使用卡方检验考察他们在校外辅导情况等方面的差异。

四、研究结果与讨论

(一) 城乡学生在英语学习态度及动机上的差异

城乡学生在英语学习态度以及学习动机上的差异见表3。

表3 英语学习有关态度及学习动机的城乡差异

	城市学生			乡镇学生			MD	t	df
	n	M	SD	n	M	SD			
态度	1951	3.73	1.18	1509	3.99	1.18	-0.26	-6.43**	3458
动机	2161	4.30	1.13	1644	4.48	1.01	-0.18	-5.14**	3706

* $p<0.05$, ** $p<0.01$

基于表3数据的独立样本 T 检验结果显示,城乡学生在英语学习态度及学习动机上均有显著差异,且城市学生的平均分显著低于乡镇学生。两者相差最大的是态度均值 [$MD=-0.26$]。根据问卷题目,乡镇学生更喜欢外语课,觉得它比其他科目有趣,也喜欢学校里老师教英语的方法,在英语课上精力更加集中;他们认为英语学习更吸引人、更有意思;认为英语在国际生活中具有重要作用。城乡学生在英语学习动机上的差异位居第二 [$MD=-0.18$]。与城市学生相比,乡镇学生学习英语的主要动力来自为将来作准备,觉得英语很新鲜,愿意学,想在国外学习和生活,而且觉得自己讲好英语会显得比别人棒。这与王有智①的研究结果类似。乡镇学生更想达到能用英语与他人交流

---

① 王有智:《城乡中小学生学习动机差异的比较研究》,《陕西师范大学学报(哲学社会科学版)》2003 年第 2 期。

的目的。

值得一提的是,城乡学生在英语学习动机上的标准差(SD)有显著差异($F=28.98, p<0.05$),城市学生群体的异质性较大,而乡镇学生的异质性小。这说明乡镇学生在动机方面的趋同,也体现了城市学生在这方面的多元。

笔者认为,产生以上结果可能是因为乡镇学生的工具型动机更强所致。姜英欣[①]调查发现,大部分农村学生表现出较强的工具型动机,很多学生把回报家长作为学好英语的重要动力之一。由于教育资源分布不平衡,乡镇学生只有通过自身努力才能在激烈的人才竞争中脱颖而出,走进城市,实现梦想。英语是他们前进路上的敲门砖。因此,他们的语言学习态度得分较高。在学习过程中,他们普遍能接触到的只有学校课堂日常教学,没有其他教学资源可比,因而对此评价较高。[②] 相比之下,城市学生拥有更多的学习资源,对学校课堂教学更为挑剔,因此对教师教学的批评更多。为进一步考察态度和动机对城乡学生英语学习的影响,笔者考察了态度和动机水平不同的学生在校外辅导方面的差异。

(二) 城乡学生在英语课外辅导上的差异

态度和动机得分不同的城乡学生在课外辅导上的差异见表4和表5。

表4 态度分组—课外辅导—城乡分组列联表

态度分组			城乡分组		行总计
			城市学生	乡镇学生	
低分组	课外辅导	复习已学课本	54(50)[1]	25(29)	79
		提前学习课本	8(10)	7(6)	15
		学习其他教材	27(22)	7(12)	34
		尚未参加辅导	137(145)	92(84)	229
列总计			226	131	357

---

① 姜英欣:《农村高中学生英语学习动机研究》,河北师范大学硕士学位论文,2006年。
② 高文梅:《城乡高中英语教学对学生学习动机及策略使用影响的研究》,浙江大学硕士学位论文,2008年。

续表

态度分组			城乡分组		行总计
			城市学生	乡镇学生	
高分组	课外辅导	复习已学课本	111(120)	130(121)	241
		提前学习课本	44(42)	41(43)	85
		学习其他教材	196(145)	95(146)	291
		尚未参加辅导	174(218)	264(220)	438
列总计			525	530	1055

[注:表4至表7中括号内数字为理论频数(expected counts)。]

基于表4数据的卡方检验结果显示,英语学习相关态度低分组中,城乡学生在英语课外辅导上无显著差异($\chi^2_{(低分组)}= 6.50, df = 3, p > 0.05$);高分组中有显著差异($\chi^2_{(高分组)}= 55.13, df = 3, p < 0.05$)。城市学生在课外辅导中,主要参加学习其他教材类,或者提前学习课本类的辅导班。相比而言,乡镇学生不参加任何课外辅导,或者参加提前学习课本内容的辅导班。城市学生的课外辅导呈现两极化趋势:一类学生集中在课内学习内容上,另一类集中在课外学习内容上。乡镇学生的课外辅导则体现了单维化特点:参与课外辅导的学生以复习课本内容为主。

中学生英语课外辅导已是一种普遍的社会现象,也是一种必然现象。随着就业压力不断增大,英语成为职场竞争中越来越重要的筹码。升学压力是就业压力在学习阶段的集中体现,而英语成绩在升学考试中占有重要地位,所以不论学生还是家长都非常关注英语学习。课外辅导是除课内学习之外提高英语成绩的主要手段,故一直很"热"。就城市学生而言,学其他教材的学生可能是英语学习基础较好的学生,他们在学好学校课程的基础上,还有精力为自己充电,继续学习课本之外的其他内容,或者提前学习课本内容。乡镇学生的课外辅导主要是复习课本内容,这可能是因为乡镇的英语学习资源有限,课本是主要的学习资源,而各类重要的考试又以课本为依据,所以,学好课内知识就成为当务之急。乡镇学生与城市学生相比,不参加任何课外辅导的人数更多。这可能和英语态度不够积极、学习资源匮乏有关,也可能和学生家庭收入有关。

表5　态度分组—外教课—城乡分组列联表

态度分组			城乡分组		行总计
			城市学生	乡镇学生	
低分组	外教课情况	有外教课	38(37)	22(23)	60
		无外教课	194(195)	118(117)	312
列总计			232	140	372
高分组	外教课情况	有外教课	216(144)	77(179)	293
		无外教课	342(414)	498(426)	840
列总计			558	575	1133

基于表5数据的卡方检验结果显示,英语学习态度低分组中,城乡学生在外教课上无显著差异($\chi^2_{(低分组)}$ = 0.029, df = 1, p>0.05);高分组中有显著差异($\chi^2_{(高分组)}$ = 94.680, df = 1, p<0.05)。城市学生上外教课的人数高于乡镇学生。很明显,这与外教普遍在城市任教有关。乡镇中外教少,外教课也少,学生没有机会上外教课。这再次说明城乡外语学习资源的不平衡。

表6　动机分组—课外辅导—城乡分组列联表

动机分组			城乡分组		行总计
			城市学生	乡镇学生	
低分组	课外辅导	复习已学课本	101(99)	51(53)	152
		提前学习课本	13(16)	12(9)	25
		学习其他教材	55(47)	17(25)	72
		尚未参加辅导	274(281)	158(151)	432
列总计			443	238	681
高分组	课外辅导	复习已学课本	131(125)	101(107)	232
		提前学习课本	36(38)	35(33)	71
		学习其他教材	183(138)	72(117)	265
		尚未参加辅导	213(262)	271(222)	484
列总计			563	479	1042

基于表 6 数据的卡方检验结果显示,英语学习动机低分组中,城乡学生的课外辅导情况无显著差异($\chi^2_{(低分组)}$ = 6.576, df = 3, p>0.05);高分组中有显著差异($\chi^2_{(高分组)}$ = 52.733, df = 3, p<0.05)。动机强的城市学生要么参加复习课本的辅导班,要么参加学习其他教材的辅导班。相比之下,动机强的乡镇学生要么提前学习课本,要么不参加任何课外辅导。城市学生上外教课的人数高于乡镇学生。学习动力强的城市学生以学习其他英语教材为主,可能与他们学有余力,想更多地汲取英语知识有关。课本内容学习欠佳的学生以补习为主,意在更好地理解课内知识。学习动机强的乡镇学生多数尚未参加任何辅导,可能因为课外学习资源少,也可能因为课内学习内容掌握得好,不需要额外补习。如果参加课外辅导,也是参加提前学习课程内容的辅导班。

表 7　动机分组—外教课—城乡分组列联表

动机分组			城乡分组		行总计
			城市学生	乡镇学生	
低分组	外教课情况	有外教课	85(83)	44(46)	129
		无外教课	370(372)	207(205)	577
列总计			455	251	706
高分组	外教课情况	有外教课	210(149)	66(127)	276
		无外教课	389(450)	444(383)	833
列总计			599	510	1109

基于表 7 数据的卡方检验结果显示,英语学习动机低分组中,城乡学生在外教课上无显著差异($\chi^2_{(低分组)}$ = 0.144, df = 1, p>0.05);高分组中有显著差异($\chi^2_{(高分组)}$ = 72.084, df = 1, p<0.05)。这与表 5 统计结果一致:城市学生上外教课的人数高于乡镇学生。这还是由于乡镇中外教资源稀少所致,即便学生有较强的学习动机,但没有这样的机会。

五、结语

综上所述,城乡学生在英语学习态度和英语学习动机上有显著差异,乡镇学生的均值显著高于城市学生。态度和动机高分组中的城乡学生在课外辅导上也有显著差异,总体说来,城市学生上外教课、学习课本以外教材的比例更大;乡镇学生不参加课外辅导的人数更多,参加课外辅导的乡镇学生以学习课本内容为主。根据本文的调查结果,笔者认为,应当首先对态度和动机低分组的学生进一步研究,找出原因,以便整体改善这类学生的学习态度,增强学习动力,缩小城乡差距。其次,课外辅导最好分为两个层次:兴趣型和学业型。前者针对学有余力的学生,发挥其英语学习特长,扩展英语学习范围,加深加强对英语及英语文化的体验;后者则针对学习吃力的学生,以课内基本知识为主要内容,提前预习或者复习巩固课程内容,帮助他们打好基础。

整体而言,教学资源,尤其是教师以及学习资料方面的差异,是城乡学生英语学习差异的重要表现。因此,实现城乡中学生英语学习平衡发展的重要途径便是提供师资和符合学生心智发展的、高质量的教学资料(韩宝成,2010)。[①]

(本文原载《山东师范大学外国语学院学报》(基础英语教育)2011 年第 2 期)

[①] 韩宝成:《关于我国中小学英语教育的思考》,《外语教学与研究》2010 年第 4 期。

中学生英语学习态度动机
调查问卷的信效度分析

一、引言

在外语教学研究中,问卷调查法是一种常用的数据收集方法。[1][2] 问卷的质量直接影响研究的质量,因此在正式调查之前,通常要对问卷进行信度和效度检验。信度和效度有内部和外部之分,但内部信度和内部效度尤为重要。Cronbach α 系数是内部信度的重要指标之一,结构效度是内部效度的主要检验方法之一。因此,一份问卷的质量如何主要从这两方面考量。

(一) 文献回顾

从信度和效度的角度看,目前国内有关中学生学习动机的问卷呈现以下几个特征,有的方面值得借鉴,有的方面应该改进。

问卷结构和项目主要来自国外已有的经典量表,直接借用相关的理论观点。有的使用比格斯(Biggs)"学习过程问卷"中的维度和项目,[3]有的使用国

---

① GARDNER R C.*Social psychology and second language learning:The role of attitudes and motivation*.London:Edward Arnold,1985.

② DÖRNYEI Z.*Research methods in applied linguistics:Quantitative,qualitative,and mixed methodologies*.New York:OUP,2007.

③ 侯杰泰、温忠麟、成子娟:《结构方程模型及其应用》,教育科学出版社 2004 年版。

内较为成熟的学习动机量表,①②也有将国内外以往研究所使用的问卷结合起来的研究。③ 概括说来,常用的动机理论有自我效能理论、归因理论、成就动机理论、目标理论和需求层次理论等。直接借鉴国外现有理论便于操作,但弊端在于,问卷项目多从外语翻译而来,缺少来自被试者熟悉的题项陈述,问卷题目不便于被试理解,可能会导致信度和效度降低。此外,自我效能理论和归因理论基本上是关于态度的理论,或关于自我,或关于他人及外部环境;而成就动机理论、目标理论和需求层次理论从根本上说是关于动机或目标的。因此,笔者认为,就语言学习动机而言,可以用态度—动机两个维度进行高度概括。

现有中学生学习动机的问卷多是普遍意义上的动机研究,并不针对某个学科。④ 英语学习与其他科目不同。它不只是掌握语言知识和训练语言技能的过程,更主要的是学习异国文化的过程。这涉及学生对英语语言的态度,而普遍意义上的动机问卷无法测量这种特殊性质。刘宏刚和高晶⑤根据高一虹等人⑥的问卷,以高中生为被试设计了高中生英语学习动机量表,并通过探索性因素分析检验了其结构效度。但是,他们的问卷以高一虹等人问卷的框架为基础进行设计,因此,并非真正意义上的高中生英语学习动机"探索性"分析。赵俊华⑦的问卷题项虽然是自下而上的"探索性"分析,但是并没有包括态度这个维度。因此,笔者认为,有必要设计专门针对中学生英语学习态度和动机的问卷。

---

① 葛炳芳:《关于中学生英语学习动机、观念、策略关系的一项实证研究》,《国外外语教学》2006 年第 1 期。

② 蒋炎富:《高中生英语学习动机的调查报告分析》,《中小学英语教学与研究》2005 年第 11 期。

③ 王有智:《西北地区城乡中学生学习动机发展特点研究》,《心理科学》2003 年第 2 期。

④ 边玉芳:《学习自我效能感量表的编制与应用》,华东师范大学博士学位论文,2003 年。

⑤ 刘宏刚、高晶:《高中生英语学习动机量表的编制》,《中学课程辅导·教学研究》2007 年第 9 期。

⑥ 高一虹、赵媛、程英、周燕:《中国大学本科生英语学习动机类型》,《现代外语》2003 年第 1 期。

⑦ 赵俊华:《中学生英语学习动机的发展特点及性别差异研究》,《中小学英语教学与研究》2002 年第 11 期。

评价问卷的标准以内部信度为主,但上述国内研究多报告问卷的内部信度,只有少数报告了内部效度的检验结果。还有的研究没有报告内部信度。未报告问卷效度,就无法使读者知道研究人员所用问卷的有效性。信度对问卷固然重要,"但是,可信的问卷可能无效"。[①] 因此,还要对问卷的效度,尤其是结构效度进行检验。这种检验可通过探索性因素分析实现(Exploratory Factor Analysis,EFA),也可通过验证性因素实现(confirmatory factor analysis,CFA),[②]但目前的研究多使用 EFA 而非 CFA。笔者认为,在研究人员事先已经确定问卷维度的前提下,可以只用 CFA 进行结构效度检验。

现有动机问卷的问题之四是设计过程中的测量次数较少。多数研究通过考察重测信度对问卷进行了至少两次测试,[③]有的进行了两次以上的问卷测量,[④]有的并未报告是否有过问卷预测或重测。[⑤] 增加问卷测量次数往往受到客观条件限制,如需要重新选取被试、重新印刷问卷、重新录入数据等。因此,笔者设想,是否可以在尽可能穷尽问卷题目的情况下,大范围抽取一个千人以上的大样本进行调查。之后,再从这个大样本中随机抽取一定比例的人数(如 10%或 20%)构成若干个子样本,用这些子样本对同一问卷的不同组合结构进行检验。从理论上说,这等于对不同版本的问卷进行了若干次测量。

(二) 研究问题

综上所述,本文的研究问题如下:中学生英语学习态度与动机问卷是否由态度和动机两大维度构成? 该问卷的内部一致性信度如何? 问卷的结构效度如何?

---

① HUGHES A.*Testing for language teachers*.New York:CUP,1989.

② 秦晓晴:《外语教学问卷调查法》,外语教学与研究出版社 2009 年版。

③ 李宜霞:《学习动机量表在初中生中的信效度研究》,湖南师范大学硕士学位论文,2007 年。

④ 边玉芳:《学习自我效能感量表的编制与应用》,华东师范大学博士学位论文,2003 年。

⑤ 王有智:《西北地区小学生学习动机发展特点的研究》,《心理发展与教育》2003 年第 1 期。

二、研究方法

（一）问卷结构

根据以往文献及英语学习的特殊性,笔者认为中学生英语学习态度与动机问卷由五个部分构成:学生对英语语言的态度、对英语学习的态度、对英语教学的态度、他们的学习目标以及他们的学习动机。为此,我们访谈了部分中学生,尽量使用他们的原话进行项目设计。问卷采用里克特量表(Likert scale),1代表完全不同意,6代表完全同意。各维度及原始问题如下:

英语语言态度分量表(7个题目):问题涉及学生对英语整体的看法(1、4、17、18)、对英语发音、语法及重要性等看法(2、3、19)。英语学习态度分量表(10个题目):问题涉及英语学习整体过程的态度(5、6、21、39、40、49)、英语作为必修课的态度等(7、8、11、20)。英语教学态度分量表(10个题目):问题涉及对英语课程的总体态度(9、22、46)、对教学法的态度(10、23、24、38、41、47、50)。学习目标分量表(8个题目):问题涉及理解英文电影(14)、文学原著(31)、新闻(16)、歌曲或戏剧(29),以及日常会话(13、15、30、32)等内容。学习动机分量表(14个题目):问题涉及工具型动机(25、26、27、28、33、34、35、42、48)和融合性动机(36、37、43、44、45)。

（二）实测过程

本次调查在北京市的一所重点中学和两所普通中学进行。参加调查的人数有五千余人。问卷采用不记名方式在课堂教学时间内填答完毕并当场收回。在正式数据录入之前,笔者剔除了空白以及规律性填答的问卷,剩余的有效问卷为4774份。

（三）统计方法

笔者以题—总相关系数(corrected item-total correlation)、正—反向题目意

义的相似性以及项目间的共线性三个方面为参考标准,确定量表项目。具体做法如下:

首先,笔者用均值替代法替换了原始数据中的缺失值。之后,采取放回抽样的方法做了 5 次随机抽样,每次抽取原始数据的 10%(477 人左右)构成一个子样本,并以它们为基础进行 CFA。这样做是因为样本容量在 200 到 500 之间时,模型比较稳定,样本容量对结构方程模型拟合指数,尤其是对卡方值的影响较低,不至于迫使研究人员拒绝理论模型。[①]

然后,笔者考察题—总相关系数,将系数低于 0.40 的项目排除在外,不使用其进行 CFA。这是因为这些项目会降低量表的信度,同时也会在一定程度上影响量表的效度。

在此基础上,笔者继续考察意义相似的正—反向题目,并尽量不使用反向题目进行 CFA。这样做能够降低 CFA 中项目之间的共线性,使模型更简洁、解释力更强。之后,使用 AMOS 17.0 软件对量表进行验证性因素分析(CFA)。

各分量表结构效度确定以后,笔者用 SPSS 13.0 计算了量表的 Cronbach α 系数,以考察量表的内部信度。

三、结果与讨论

(一) 英语语言态度量表的结构效度

在该分量表中,18 题与 3 题均为反向表述题目,意义相近,共线性会高。相比之下,3 题的表述更准确,因此剔除 18 题。1 题与 4 题的意义较为接近,但 4 题的表述更具体,因此剔除 1 题。用 2、3、4、17、19 作为观测变量,建立"英语态度"潜变量的测量模型(图 1)。用五个随机抽样的子样本与之拟合,结果见表 1。

[①] 侯杰泰、温忠麟、成子娟:《结构方程模型及其应用》,教育科学出版社 2004 年版。

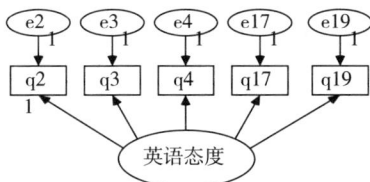

图 1　英语语言态度的测量模型

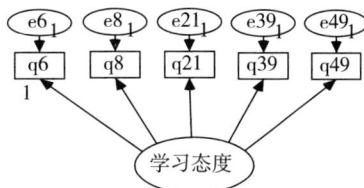

图 2　英语学习态度的测量模型

表 1　英语语言态度测量模型的拟合指数

	CMIN/DF	GFI	AGFI	CFI	RMSEA	RMR
样本 1 ($n=453$)	1.889	0.992	0.967	0.991	0.044	0.061
样本 2 ($n=431$)	0.858	0.996	0.988	1.000	0.000	0.041
样本 3 ($n=502$)	1.264	0.995	0.985	0.997	0.023	0.051
样本 4 ($n=522$)	1.054	0.996	0.987	1.000	0.010	0.044
样本 5 ($n=473$)	1.783	0.993	0.978	0.992	0.041	0.053

$^*p<0.05$, $^{**}p<0.01$

由表 1 可知,英语语言态度的测量模型拟合指数均已达到惯例的要求,[①]此外,路径负荷均在 0.30 以上,且达到显著水平,因此,模型合理,可以接受。

(二) 英语学习态度量表的结构效度

该分量表中,5 题是 6 题的反向题目,故保留 6 题;7 题和 11 题是 8 题的反向题目,故保留 8 题;20 题是 21 题的反向题目,故保留 21 题;40 题测量的是英语学习行为,故将其排除在模型之外;39 题和 49 题保留在模型之内,英语学习态度的测量模型见图 2,其拟合指数见表 2:

① 许宏晨:《结构方程模型在国内外应用语言学研究中的运用比较》,《外语教学理论与实践》2009 年第 1 期。

表 2　英语学习态度测量模型的拟合指数

	CMIN/DF	GFI	AGFI	CFI	RMSEA	RMR
样本 1 ($n=453$)	3.137**	0.987	0.962	0.991	0.069	0.056
样本 2 ($n=431$)	1.043	0.995	0.986	1.000	0.010	0.034
样本 3 ($n=502$)	2.038	0.992	0.976	0.996	0.046	0.042
样本 4 ($n=522$)	0.579	0.998	0.994	1.000	0.000	0.023
样本 5 ($n=473$)	0.536	0.998	0.993	1.000	0.000	0.023

* $p<0.05$, ** $p<0.01$

表 2 中,样本 1 与模型拟合的程度不够好:卡方值与自由度的比值大于 3,RMSEA 大于 0.06。除此之外,其余拟合指数都已达到要求,且路径负荷也均在 0.30 以上,并达到显著水平,故该模型可以被接受。

(三) 英语教学态度量表的结构效度

该分量表中,10 题的题—总相关系数低于 0.40,故将其排除在外;50 题的意义与 10 题相似,且过于具体,故也将其排除在外;38 题和 46 题的表述并非特指课堂教学环境,故也将其排除在外;46 题是 23 题的同义反向题目,按理说应该保留 23 题,可它与 24 题具有高共线率,相比之下,24 题的表述更清晰,故保留 24 题,排除 23 题。英语教学态度分量表的测量模型见图 3,其拟合指数见表 3:

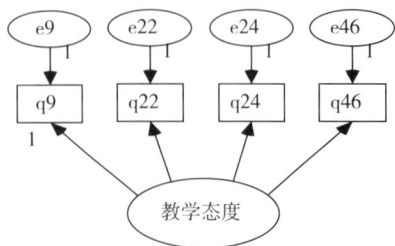

图 3　英语教学态度的测量模型　　　　图 4　英语学习目标的测量模型

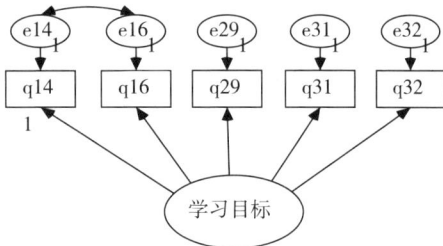

表3 英语教学态度测量模型的拟合指数

	CMIN/DF	GFI	AGFI	CFI	RMSEA	RMR
样本1 ($n=453$)	3.734[*]	0.992	0.961	0.990	0.078	0.055
样本2 ($n=431$)	0.540	0.999	0.994	1.000	0.000	0.027
样本3 ($n=502$)	1.887	0.996	0.981	0.997	0.042	0.037
样本4 ($n=522$)	1.788	0.997	0.983	0.997	0.039	0.040
样本5 ($n=473$)	1.566	0.997	0.983	0.998	0.035	0.042

[*] $p<0.05$, [**] $p<0.01$

表3显示,样本1与该模型拟合得不够完好,卡方值与自由度的比值大于3,RMSEA大于0.06。但其他拟合指数均以达到惯例标准,且所有路径负荷都在0.30以上,并达到显著水平,故可以接受该模型。

（四）英语学习目标量表的结构效度

该分量表中,13题和15题表述过于概括,与其他题目高度共线,故将其排除在模型之外;30题的意思被包含在32题中,故保留32题。经检验,14题与16题相关,故在模型中使其误差相连。英语学习目标的测量模型见图4,其拟合指数见表4:

表4 英语学习目标测量模型的拟合指数

	CMIN/DF	GFI	AGFI	CFI	RMSEA	RMR
样本1 ($n=453$)	0.532	0.998	0.993	1.000	0.000	0.017
样本2 ($n=431$)	1.092	0.996	0.985	1.000	0.015	0.025
样本3 ($n=502$)	1.070	0.997	0.987	1.000	0.012	0.034

	CMIN/DF	GFI	AGFI	CFI	RMSEA	RMR
样本 4 ($n=522$)	2.317	0.993	0.974	0.997	0.050	0.036
样本 5 ($n=473$)	0.594	0.998	0.992	1.000	0.000	0.022

$^* p<0.05$, $^{**} p<0.01$

表 4 显示,英语学习目标的测量模型拟合指数都已达到惯例要求,且所有路径负荷均在 0.30 以上,并且达到显著水平,故该模型可以被接受。

(五) 英语学习动机量表的结构效度

在该分量表中,26 题及 35 题的意义被包含在 25 题中,故保留 25 题;27 题、28 题、34 题以及 48 题的题—总相关系数均低于 0.40,故将其排除在模型之外;37 题与 45 题意义接近,故保留其一即可,45 题的题—总相关系数高于 37 题,故保留 45 题。36 题、42 题、43 题和 44 题的题—总相关系数均大于 0.40,且各具代表性,故将其保留在模型中。英语学习动机的测量模型见图 5,其拟合指数见表 5:

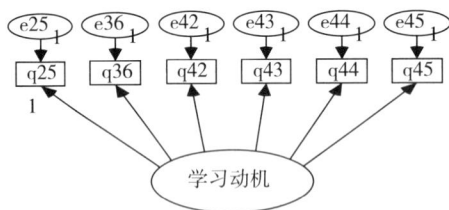

图 5　英语学习动机的测量模型　　　　图 6　总量表的测量模型

表 5　英语学习动机测量模型的拟合指数

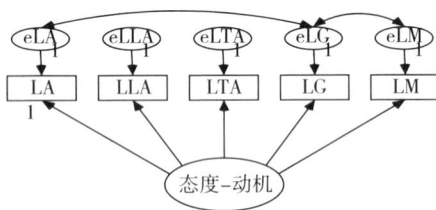

	CMIN/DF	GFI	AGFI	CFI	RMSEA	RMR
样本 1 ($n=453$)	3.473**	0.979	0.951	0.966	0.074	0.095
样本 2 ($n=431$)	2.490**	0.983	0.959	0.975	0.059	0.091

续表

	CMIN/DF	GFI	AGFI	CFI	RMSEA	RMR
样本 3 ($n=502$)	1.386	0.992	0.982	0.995	0.028	0.055
样本 4 ($n=522$)	1.772	0.991	0.978	0.992	0.038	0.060
样本 5 ($n=473$)	1.900*	0.988	0.973	0.988	0.044	0.063

* $p<0.05$, ** $p<0.01$

表 5 的结果显示,卡方值与自由度的比值有时超过 3,达到显著水平,迫使研究人员拒绝理论模型。相应地,有的 RMSEA 大于 0.06,RMR 大于 0.08。尽管如此,模型与数据的其他拟合指数均达到惯例要求,且绝大多数 RMSEA 及 RMR 的值也均达到统计检验的最低要求。因此,笔者认为英语学习动机的测量模型还是可以被接受的。

(六)总量表的结构效度

基于以上检验结果,笔者计算出了英语语言态度(LA)、英语学习态度(LLA)、英语教学态度(LTA)、英语学习目标(LG)和英语学习动机(LM)的均值,并以它们为观测变量、以"态度—动机"为潜在变量构建了整个量表的测量模型(图 6)。其拟合指数见表 6:

表 6 总量表测量模型的拟合指数

	CMIN/DF	GFI	AGFI	CFI	RMSEA	RMR
样本 1 ($n=453$)	1.069	0.997	0.986	1.000	0.012	0.013
样本 2 ($n=431$)	2.370	0.993	0.967	0.997	0.056	0.029
样本 3 ($n=502$)	0.253	0.999	0.997	1.000	0.000	0.009
样本 4 ($n=522$)	1.855	0.996	0.979	0.998	0.041	0.018
样本 5 ($n=473$)	1.911	0.995	0.975	0.998	0.044	0.019

* $p<0.05$, ** $p<0.01$

表 6 显示,所有拟合指数均已达到惯例要求,并且所有路径均在 0.30 以上,且达到显著水平。AMOS 软件检验结果提示:英语态度(eLA)与学习目标(eLG)、学习动机(eLM)与学习目标(eLG)相关。笔者觉得这两条相关路径可以得到合理的解释。语言态度与学习目标的相关性在早期的语言学习动机研究中得到过证实。加德纳和兰伯特(Gardner & Lambert)①的研究结果显示了语言态度(包括对语言社团的态度)影响学习者的语言学习目标设定。因此,两者可以相关。学习目标和学习动机是一个问题的两个方面:目标具有拉动学习者学习行为的作用,在这个意义上讲,目标和动机具有相似性。问卷设计过程中,笔者用"我希望……"的形式表达学习目标,其中暗含了学习动机,用"我学英语是为了……"的形式表达学习动机,其中也包含了学习目标,因此两者也可以相关。所以说,"态度—动机"的测量模型可以接受,总量表具有稳定、合理的结构效度。

(七) 量表的内部一致性检验

内部一致性信度检验(Cronbach α 系数)指标见表 7:

表 7　量表信度

量表名称	项目数量	Cronbach α				
		样本 1 ($n = 453$)	样本 2 ($n = 431$)	样本 3 ($n = 502$)	样本 4 ($n = 522$)	样本 5 ($n = 473$)
英语态度	5	0.750	0.740	0.726	0.744	0.752
学习态度	5	0.878	0.876	0.875	0.890	0.874
教学态度	4	0.784	0.786	0.747	0.760	0.809
学习目标	5	0.859	0.878	0.858	0.880	0.861
学习动机	6	0.788	0.760	0.791	0.807	0.795
总量表	25	0.941	0.940	0.935	0.941	0.942

---

① GARDNER,R C,LAMBERT,W E.*Attitudes and motivation in second language learning*.Rowley,Mass:Newbury House,1972.

表 7 数据显示,调整后的总量表及各分量表的信度均在 0.70 以上,①这说明量表具有很高的内部一致性,测量的可信程度也很高。

四、结论与启示

通过验证性因素分析,笔者发现,英语语言态度分量表由 5 个项目构成;英语学习态度分量表由 5 个项目构成;英语教学态度分量表由 4 个项目构成;英语学习目标分量表由 5 个项目构成;英语学习动机分量表由 6 个项目构成。各分量表及总量表的信度在调整前后均在 0.70 以上。各量表测量模型的卡方—自由度比值绝大多数都小于 3,且尚未达到显著水平($p>0.05$);拟合指数均大于 0.90;绝大多数 RMSEA 值都低于 0.06,RMR 值低于 0.08,模型可以接受。问卷结构合理,是一个可信、有效的测量工具。

该测量工具的开发过程显示,在工具设计之初,应尽可能地包含有关的项目,并设计正向、反向题目,以备后续检验时使用。最好采用被试熟悉或惯用的表达方式作为题项,减少研究者的主观影响。研究者可以采取大样本方式,一次性收集数据。之后,在这个大样本中根据需要再随机选取一定容量的若干个子样本(本文选择了 5 个),用这些子样本考察问卷的信度和效度。这相当于增加了预测的次数。虽然这种方法无法使研究人员再次给问卷增加新题项,但在题数充足、覆盖面广的情况下,这样做可以节省问卷预测的频率和周期、省时省力,用最为快捷且科学的方式考察测量工具的信度和效度。

(本文原载《河北师范大学学报》(教育科学版)2010 年第 10 期)

---

① 秦晓晴:《外语教学问卷调查法》,外语教学与研究出版社 2009 年版。

学位论文撰写

《应用语言学论文写作指导： 实证研究报告的撰写》评介

一、简介

　　《应用语言学论文写作指导：实证研究报告的撰写》①的作者约翰·比奇纳(John Bitchener)是应用语言学博士，现在奥克兰理工大学任教，研究领域包括二语习得、课堂教学、学术文献体裁(语言风格)等，发表论文和专著多项，已小有名气。该书为他 2010 年所作，颇得好评。加州大学的德纳·费理斯(Dana Ferris)写道："该书表达清楚易懂，内容可靠实用，对研究生及其导师极具参考价值，甚至对博士后论文出版的润色工作也会有所帮助。我期盼与我的学生使用它，也乐意推荐给其他人。"

　　该书是为应用语言学硕士生和博士生编写的，指导他们如何写实证性毕业论文，也适用于其他文科专业的研究者。读者群如此宽泛是因为它是一本入门性的书，一切从头讲起，娓娓道来。大致有三方面内容：首先是论文的主要章节(摘要、引言、文献综述、研究方法、研究结果、讨论、结论)，然后是每章的呈现方式和顺序，最后是各章的语言风格。这三项基本上构成了学术文献的规范，对于"圈外"人来说，遵从规范就是"入场券""敲门砖"。如果说前两项是"硬件"，语言风格则好像"软件"，更加难以掌握。作为研究生，论文写作

---

① BITCHENER J.*Writing an applied linguistics thesis or dissertation：A guide to presenting empirical research*.Houndmills-Basingstoke，New York：Palgrave Macmillan，2010.

过程中如果能够严格按照该书的要求去做,就等于入了门。

全书共八章,除了第一章为该书引言外,其他七章分别介绍了论文的七个组成部分:摘要、引言、文献综述、研究方法、研究结果、讨论、结论。每章的组织结构相同:先是简介,然后论述该组成部分的目的和作用,接着介绍几个可供选择的大步骤(moves)和小步骤(sub-moves)。然后,以一篇硕士/博士论文为例,分析、讲解为何选用了某些步骤,它们起何种作用,以及如何组织和呈现手中的材料。在讲解实例时用双栏呈现,左边是论文文本,右边是分析讲解。应该说,这一部分对写论文的新手来说,非常实用。实例分析之后,还指出论文该组成部分的语言特征,如:常使用什么语气,什么人称,什么形容词,什么动词,什么时态,什么结构,如何注意前后连接和衔接,等等。每章后面附有练习活动,学生自己可以挑选感兴趣的尝试一下;单单把练习读一遍,就会大大开阔你的思路。各章最后是参考书目。

该书通俗易懂,内容实用,章节分明,为读者考虑得十分周到。研究生写论文之前,可以拿来大概浏览一遍,然后着手准备。以后写到哪一章再返回来细读相关章节。该书也给导师提供了大量现成的材料,有讲课提纲,有案例分析,用起来得心应手。

二、各章主要内容

该书每章的结构相同,包括:(1)所介绍论文组成部分的功能、作用或任务;(2)实现这些功能/作用的步骤;(3)论文实例分析——选取一篇硕士/博士论文的相关章节来做示范,逐段分析、总结;(4)该论文组成部分有什么值得注意的语言特征(体裁);(5)学生经常问的问题;(6)其他练习活动;(7)参考书目。导读将着重介绍上述(1)—(5)部分。

(一) 第二章 如何写"摘要"

第二章主要讲论文摘要的功能、内容和结构。摘要的功能就是简明扼要地指出:(1)研究目的;(2)研究背景;(3)所用的研究方法;(4)主要发现;(5)本研究对该领域的贡献。要实现以上这些功能,可以采用简介、目的、方法、结果、结论这 5 个大步骤。每个大步骤下还包含一些小步骤:(1)简介:(a)提供研究的背景;(b)指出研究目的;(c)阐明研究意义;(d)点出研究的空白或研究的深化之处。(2)目的:(a)讲明研究目的、问题或假设;(b)深化研究目的、问题或假设。(3)方法:(a)讲明为什么采用此种方法;(b)设计中的关键方面;(c)数据来源和参数;(d)数据分析程序。(4)结果:(a)呈现关键问题的主要发现;(b)呈现次要问题的主要发现。(5)结论:(a)指出研究发现的理论或实践意义;(b)指出可能的实际应用或研究应用。

随后,作者逐句分析了一篇硕士论文和一篇博士论文中的摘要,分析之中肯和细腻令人佩服,读者定会从中受益。接着又比较了这两篇论文摘要的异同,最后讲写摘要时最常遇到的语言问题和时态问题。具体来说,就是用现在进行时介绍研究背景;用现在完成时说明论文继承了何种传统;用过去时报告某项活动;用一般现在时概括已有结果。

该章最后回答了学生经常问的问题:(1)摘要写多长?答:350—500 字。(2)何时写摘要?答:最后写,或先写个初稿,最后再定稿。(3)每个小步骤需要做到多么详细?答:因人而异,因文而异;博士论文偏长,新领域的研究偏长。(4)所有研究结果都要在摘要中出现吗?答:关键结果必须出现;主要问题的结果应该出现;特别有趣的其他结果也可以出现。(5)谈到意义和应用时,应该多么具体?答:因人而异。(笔者按:我们自己的学生经常犯的毛病是把摘要写得过长,不会提炼要点、精华。例如,在报告一项实证研究时,最重要的是指出在某种理论框架指导下,何年何地,对多少被试进行了什么变量的调查,用了什么统计软件处理数据,得到什么结果,它说明了什么。其他细节都可适当精简。)

(二) 第三章 如何写"引言(绪论/引论)"

引言的功能是什么?(1)描写你感兴趣的问题;(2)综述研究背景,包括本领域的现存文献;(3)点出本领域的研究空白;(4)解释如何填补空白;(5)简述你的研究,包括界定研究范围;(6)简述研究意义;(7)简述论文内容和结构。

撰写引言时可采取以下三个大步骤及其小步骤：（1）界定研究领域：（a）阐述你的研究如何重要、有趣、有争议等；（b）提供该领域的背景知识；（c）介绍/综述相关的前人研究；（d）给有关概念/术语下定义。（2）指出研究空白：（a）找出前人研究中的空白；（b）就前人的研究提出问题；（c）发现问题或研究的必要；（d）扩展已有的知识。（3）说明研究贡献：（a）简述你的研究目的、目标；（b）具体说明所研究的问题或假设；（c）简述其理论框架或立场；（d）描写研究的方法和设计；（e）界定研究范围/规模；（f）解释你的研究对该领域的贡献；（g）简介章节框架。

以上可算作理论介绍，接下来作者详细分析了一篇硕士论文的引言。作者逐段分析了引言的各个部分，每个部分之后，小结一下其写作特点。之后讨论的几个语言特征值得注意，如：各个部分使用什么时态，何时使用被动语态，形容词的使用要注意什么，能否使用第一人称，如何运用对比词汇，如何使用元话语（meta-discourse）和元文本（meta-text）来帮助读者预见下文。（笔者按：我国学生常在时态、人称上出问题。主要是用"我"太多，一句现在时、一句过去时。有的不太会用承上启下的转折短语，用来进行比较的手段也不多。所以，读一读这部分的语言知识，能给自己吃个定心丸。）

第三章最后回答学生经常问的问题。（1）引言应该写多长？答：很难说。应用语言学硕士论文的引言约12500字。（2）引言是否也要提及参考文献？答：本领域的关键、经典著作应该提及，但不可过多引用。大量引用出现在"文献综述"部分。（3）先写引言再写其他章节吗？答：导师一般会鼓励学生先写个引言草稿，等全文写得差不多了再回头润色。此事因人而异，但通常都要多次修改。（4）硕士论文和博士论文的引言有何不同？答：博士论文的引言会长些，因为涉及领域大些，设计更复杂，涉及文献也更多些。（5）引言里概念和术语的定义应做到什么程度？答：通常是新概念第一次出现就立刻加以解释。但是引言中不会出现全部新概念和术语，更多的术语出现在文献综述中；有关科研方法和统计方法的术语可等后面再界定。

（三）第四章 如何写"文献综述"

"文献综述"是写论文时最早动手、最晚完成的一部分，中间需多次决定取舍和详略,迟迟不能定稿。下面就讲文献综述的用途,以及如何决定文献的取舍和详略。

文献综述通常包括以下内容:(1)综述为你的研究提供背景的非研究性(即理论性的)文献;(2)综述支撑你的研究的理论框架;(3)综述相关的研究文献;(4)综述中有批判:一是找出支持和反对某些问题的不同观点,二是找出理论、思想、设计、方法、结论中的价值和优缺点;(5)从已有知识中找出空白或缺欠;(6)讲清楚为什么填补这项空白很重要;(7)以上几条自然支撑着你的项目设计和实施——恰恰是文献综述提供了研究问题和假设,同时提供了方法论和设计框架。第三章有 50 页左右,几乎占全书四分之一的篇幅,可见文献综述的重要性和难度。文献综述往往包括几个部分,每个部分围绕着一个主题来展开,有时一个主题还包含几个小题目。准备写每个题目之前都得先积累材料,在阅读材料时注意收集以下几个方面的信息:某年某人做了何种研究,其设计、被试、数据收集、方法、主要发现、局限性、与他人的异同等。有人把自己掌握的研究文献列表呈现,然后再总结出主题路线图,进而写出这个主题的提纲。每个主题的提纲都完成了,文献综述部分的提纲也就大功告成。这时即可以着手各个主题的写作。一个主题的结构,类似综述的整体结构,无非是呈现重要理论、理念、观点,发现里面的空白或缺欠,然后表明你如何能够填补这个空白或弥补其缺欠。

综述文献时,一个重要任务是评价和批评已有的研究成果。(笔者按:这是费力的活,我们的学生往往看不出问题;不会批评,就找不出知识空白或欠缺,也就很难有创意。)书中提供了一串问题可帮助你深入反思某项研究是否有毛病。如:研究问题是否讲清楚了?背景交代得够不够?研究是否有足够的合理性?问题或假设措辞是否贴切?研究方法是否合理或充分?收集数据的方法能否保证数据的有效性?研究工具是否合适?变量界定是否清楚?数据分析规范吗?研究发现是否回答了所提的问题或假设?所得结论是否基于研究结果?研究意义是否基于研究结果(不可牵强)?读者用这一串问题不仅可以评价别人的研究,也可以不时地审视自己的研究。学会这种思考会使人受益终生。

书中详细分析了多种文献综述,既有理论性综述,也有实证研究性文献综述。都是逐段分析，指出哪几段、哪几句达到了何种目的。通读一遍，会有不少实际体会。语言特征部分讨论了如何总结别人的文献（既要释义，又保留衔接），如何综述多种文献（表述多个观点，保持连贯流畅），如何报告别人的成果（作者名字出现在正文或在括号内），如何评价/批评别人的成果（用什么样的动词），你要不要讲明自己的立场/态度（是暗示，拐弯抹角，还是直言不讳，是温和点，还是强硬点？）。在这几个问题上，书中都提供了不同选择和实现选择的词汇、短语、结构等。写文献综述时学生常问的问题有：(1)文献综述需要写多长？答：博士论文要2—3章，硕士论文一章即可。它往往是论文中最长的一章。(2)如何决定应该包括哪些文献？答：你的研究问题和假设应该可以告诉你综述哪些文献。问自己两个问题心里就有底了：这一文献与我的论文哪个方面相关？综述它能增加什么新内容吗？(3)文献综述中，要不要提到方法论的文献？答：关于方法的综述通常放在研究方法一章。不过，评价他人研究时，有时遇到方法的问题，所以也会涉及研究方法文献。这种情况一般发生在博士论文中。(4)如果在我的研究领域里持相同观点的研究者很多，我该综述几个人？答：三四个人即可；但一定保证要提到最有影响的人和最新的研究成果。（笔者按：中国学生经常犯的毛病是，把别人的话原封不动地抄在那里，最后弄得像几页语录，张三说，李四说，王五说，就是自己什么也没说。其实就是没有把文献加以消化，没有自己的看法，不能把众人的研究串起来，作者和文献综述是两张皮，看不到作者的影子。比方说，你若能写出"关于这个问题的研究分三大派，一派以某某为首，主张什么什么；另一派以某某为首，主张什么什么；第三派……"一看就知道你消化了，有看法了，你把自己融入其中了。更重要的是，你为读者做了事，理出个思路。文献综述，没有几易其稿，是完不成的。往往是等着把结论部分写完，再回来修改文献综述。因为到那时你才发现，你的结果与某某人的结果或同或异，要跟他争论一番，而前面还没有提到他。另外，用来支持你的选题或观点的文献，一定来自一流的杂志和著名出版社出版的专著，不要引用载在不登大雅之堂的学报上的文章，那些出版物权威性差一些。）

（四）第五章 如何写"研究方法"

研究方法一章起什么作用？（1）描写你准备采用的研究方法，而且要说清楚为什么所用方法最适用于你的研究问题和假设。（2）讲清楚你的设计是合理的。（3）讲清楚你收集数据的具体办法和过程是合理的。（4）说明如何保证你的数据有效可靠。（5）保证你的数据分析过程是合理的。

写好研究方法一章要把三个步骤讲清楚：(1)测量你的研究变量的工具和过程；(2)数据收集过程；(3)数据分析过程。每个步骤又包含几个小步骤：

（1）变量的测量：(a)宏观描写方法论上的考虑。(b)测量变量的方法：着重定义和具体描写。(c)使别人确信你的方法合理、适用、有先例可借鉴。

（2）数据收集过程：(a)描写你的抽样：地点，样本大小，特征，背景情况，如何保证其效度和信度。(b)描写收集数据的工具：所用工具或材料是什么，如何保证其效度和信度。(c)描写收集数据的每一个步骤。(d)论证你的数据收集过程是合理的。

（3）数据分析：(a)列举研究中所使用的分析软件；(b)论证运用这些分析软件是合乎规范的；(c)预示研究结果。

接着，书中分析了一篇论文的研究方法一章。分析过程是按该章的几个部分逐节逐段进行的。第一节是引言：说明为什么选择所用的方法框架。第二节是方法本身：先讲述质的方法，然后讲量的方法，再讲二者相结合，最后用了五段讲多角核查。第三节是数据收集：被试、测量工具、访谈、数据信度、数据效度、数据分析、道德问题。第四节是全章小结。希望读者别错过各章的示范分析，"解剖麻雀"的作用不可低估。

第五章的语言特征部分集中讲时态和语态。用了几个实例示范了现在完成时、简单过去时、过去完成时、一般现在时等都常用于描写什么。被动语态为何常用，主要是因为不好用"我"当主语，被动语态比较完美地绕过了这个困难。学生常问的问题有：(1)"方法论（methodology）"和"方法（methods）"有何不同？答："方法论"多指理论视角或理论框架。如，你需要解释为什么选用质的方法而不选量的方法，还要引证他人也曾用过此方法。"方法"则更具体些，如你采用的工具（试卷、访谈、调查问卷等）、实验材料；并说出为什么它们适用于你的研究问题和假设。方法都有这样或那样的局限性,你必须说明是如何克服那些缺陷的。(2)何时写研究方法这一章? 答:通常从研究项目开始就要写出研究方法的草稿,然后在项目进行中不断完善,每进行一步就可以描写所采用的方法及过程。所以学生往往有个日记本,随时记下研究中的方法细节。(笔者按:要写好这一部分,第一要熟悉科研方法和统计方法,不然会闹出大笑话。有的学生一听说统计就头痛,怕数学,怕计算公式,一见开方号就放弃了。其实统计并没有那么可怕。实在不会,你可以请计算机系的同学帮忙。对于人家来说,这点统计是小菜一碟。但是,你必须能告诉人家进行何种计算——相关关系分析,回归分析,卡方检验,结构方程模型等;你还必须知道所得结果如何解释。就是说,最后得到个.56 意味着什么。而且,自己要亲自参与每一步的调查研究,详细记录过程和问题。这些在解释数据时可能都会有用。)

(五) 第六章 如何写"研究结果"

第六章讲如何呈现你的研究结果。有些论文把结果的呈现和对结果的讨论放在同一章。该书将二者分开讨论,把讨论放在下一章。

研究结果这一章要达到以下目的:(1)呈现与研究问题和假设相关的结果或发现;(2)解释这些结果意味着什么;(3)呈现支持你的发现的证据;(4)回顾方法论的细节及研究背景;(5)引出下节对结果的讨论。

本章有两大步骤:一是提供元文本信息,二是呈现结果。元文本信息包括:背景信息(用图表列出其他人的结果);方法论中的细节;预示结果的讨论;提供章节联系。

呈现结果时的小步骤有:(1)重提研究问题/假设;(2)讲述生成结果的过程;(3)一个接一个地呈现结果;(4)提供证据(统计结果、例证、表格、数字);(5)解释每项结果意味着什么。

在论文实例分析中,所引章节先有个简短引言,介绍各种结果将如何呈现,即按照回答研究问题一和二的顺序。呈现分两大部分,第一是量的研究结果,第二是质的研究结果和问卷结果。先回答第一个研究问题,然后回答第二个研究问题。分析仍是逐段进行,并充分利用图表,最后还谈到影响变量的各种原因,对读者颇有启发。

学生常问的问题有:(1)需要把分析过的结果都呈现吗? 答:简单说,不用。通常只呈现回答你的研究问题/假设的结果。如果你有出乎预料的有趣结果,也可以添加一个研究问题,然后给出结果。这一点应跟你导师商量。(2)哪种结果应该用图表呈现? 答:如果你只有一项统计数据(如平均分),就不要列表了。如果有多项数据(如多个变量的平均数对比),就可以列表。如果有一系列变量和测试结果,那可以曲线图、一览图、条形图、饼形图等同时使用。总之,数据越复杂,读者越难懂,越需要帮助。但不可用图表过多,使页面杂乱。(3)图表需要多么详细的解释? 答:有了图表,无须再过多使用描写性文字,可以用通俗的语言指出观察到的有规律性的东西,并解释为什么它回答了你的研究问题/假设。(笔者按:很多学生往往把统计软件生成的数据结果不经编辑,一股脑全部复制到论文当中,这样做既不规范,也不好看。统计软件往往会给出一些多余的信息,报告结果时应该把那些无用的信息删除。)

(六) 第七章 如何写"结果讨论"

该书是把"研究结果""讨论""结论"分开三章来介绍。不少论文(尤其是硕士论文)把"结果"和"讨论"合并为一章,也有的把"讨论"和"结论"合并为一章。这些选择跟学科规矩有关,也跟题目性质有关,与作者爱好也不无关系。不过读者不用担心,分开讲解,有助于你了解各部分的重点,将来你想合并哪两部分都很容易。

结果讨论一章写些什么呢? (1)概括研究目的,回顾研究问题/假设。(2)小结研究的理论背景和科研背景。(3)小结调查每个问题/假设的研究方法。(4)讨论你的结果/发现对现存理论或实践的贡献(即其重要意义)。(5)有时也可以分析结果的含义(与他人的结果比较,说明为何相同或不同等)

结果讨论一般分三大步骤:(1)提供背景信息;(2)简单陈述结果;(3)评估/评论结果/发现。三大步骤又有自己的几个小步骤:

(1)背景信息:简单地重提(a)研究目的、问题/假设;(b)关键文献;(c)你的研究方法。

（2）陈述结果：（a）重新简述关键性研究结果。（b）详述一项重要结果。

（3）评估/评论：（a）解释为什么会出现这种结果。（b）预料中的和意料外的结果都可以评论一番。（c）与以往的研究结果进行比较。（d）举例说明。（e）演绎推理：从结果中能推导出什么结论/假设。（f）应该用前人研究来支持你的推论。（g）对今后研究提出建议。（h）论述进一步研究的必要性。

实例分析是学生论文中的"讨论"一章。先有个引言，点出本章围绕四个研究问题展开讨论。内容重点是与其他研究的结果进行对比。实例分析中引用了学生论文中讨论问题一和问题四的有关段落，分析很详细，每段都证明了书中列出的步骤。最后分析了几段结论性的文字。

结果讨论部分的语言特征：讨论结果时我们需要推导出某些理论意义或实践意义。这时讨论的只是可能的东西，不是十分有把握。所以，句子里常有"可能""似乎""看来"等修饰语；英语中，常出现的有 may、could、seem、appear、possible 等。有这些词的句子读起来比较舒服，也给自己留有余地。（笔者按：有研究表明，中国人写的英语论文中，这类词的使用频率远远低于英语本族语者。正是这个原因，我们的论文读起来比较生硬、强势，有强加于人之感。）

学生经常问的问题有：（1）在讨论结果时，还能引进新的文献吗？答：简单回答是不行。不过有时也出现从没料到的重要发现，这时你又返回来查阅有关文献。在这种情况下，你应该把相关文献加到文献综述里去。（2）把我的研究结果与他人的相比时，我应该提到多少别人的研究？答：只提文献综述中有关的部分。比较结果时，只提及结果那部分；比较方法时，就只提方法那部分。（3）讨论结果时提出的思想、观点，在多大程度上要以文献综述为基础？答：用来支持你提出的新观点的推理，出现意外发现的原因，都应该在文献综述里已有体现或暗示。

（七） 第八章 如何写"结论"

前面讲过，"结论"可以是单独一章，也可以与"讨论"结合为一章。无论如何，"结论"都是为论文总目的服务的：就是阐述该研究的目标是什么，取得了什么成果，有什么方面没做到，其重要理论和实践意义何在。写"结论"一章要做以下五件事：（1）提醒读者本文的研究目的（研究问题和假设），以及研究方法；(2)小结研究的发现；(3)评估研究的重要性(评论其理论贡献，指出局限性)；(4)讨论实践意义；(5)对今后研究提出建议。

接着是几页的实例分析。所分析的学生论文中的"结论"一章，有一段开场白，十几段的"对教学的启示"，几段是对今后科研的建议，接着是论文的局限性，最后还有个结论(很像全文的摘要)。分析同样是逐段分析，细致入微。

结论部分的语言特征：(1)情态动词的使用：提出建议时，要比推理肯定一些，常用 should，而不用 could、may 等。(2)从句的使用：表述局限性时，会用到让步从句，如："虽然我们……，但是……"。

学生经常问的问题有：(1)"结论"与"小结"有何区别？ 答：如果"结论"一章包括小结，那是对主要发现的小结。而结论则是关于研究发现的意义的陈述。如果你在前一章讨论过结果，那里的讨论是发现的具体意义，在"结论"中应该更准确地概括/重申该发现对本领域的理论贡献。(2)"结论"一章能否包含新的信息？ 答：不太可能包含重大新信息。不过，你可以站得更高一些，把成果放在更大背景下审视，对其意义进行升华性的概括。

三、读后感

(1)这是入门性的书，通俗易懂，对刚刚学写论文的硕士生来说，非常实用，非常好用。不用老师讲课，自己读读就完全可以了。

(2)如果你没时间读一遍，就直接去读该书的 Appendix，那里列出论文每个章节的大步骤和其下面的小步骤，一目了然。如果连读完几页的时间都没有，就先看关于某章的步骤好了。如果仅仅读了步骤又不放心，就去找那一章的例子分析。现读一章，现写一章，也不失为一种实用的策略。

(3)如果对自己的语言没有把握，时态较乱，找不到合适的动词/形容词等，或对口气把握不准，或不知道如何转折，如何行文更得体，请你读读各章后面的"语言特征"一节。

(4)对教师而言，讲课提纲，可参考各章的大步骤、小步骤；案例分析有现成的段落供你选用。

（5）该书作者宣称，博士生也可以用。但在我看来，对博士生有些简单了。如果博士生还不知道这些，那么他的硕士论文是如何出炉的呢？

（6）作者不厌其烦地讲解各种细节，唯恐读者看不懂，结果有些地方略显重复，叫人有些唠唠叨叨之感。

总之，这是一部值得推荐的好书，应用语言学的研究生们，手中有了它，对写论文会大有裨益。

（本文原载《中国外语教育》2012 年第 3 期）

后　记

　　本文选共收录 25 篇文章,大体反映了 21 世纪以来笔者对外语教育教学中一些问题的思考和研究。这些论文主要涵盖外语教学理论研究、外语课程研究和外语测评研究,旁及语言能力量表研制及教师专业能力测评研究等。重读这些文字,深刻体会到科学研究就是解决疑问、不断探寻答案的过程,故文选取名《外语教育新探》。

　　这些文章主要是本人承担的多个科研项目的成果,包括国家社科基金一般项目、全国教育科学"十一五"规划教育部重点课题、教育人文社科重点研究基地重大项目和教育人文社科重点研究基地"十三五"重大项目。感谢全国哲学社会科学工作办公室、全国教育科学规划领导小组办公室和教育部社科司的经费支持,感谢所有参与这些项目的成员以及中国外语与教育研究中心和外国语言研究所各位同事给予的支持和帮助。

　　收入本文选的文章发表在不同期刊,其行文格式、体例和所引用的文献格式均按照不同期刊的要求完成。此次结集出版,按照出版社要求做了统一处理,除一篇文章恢复了发表时因篇幅限制而删节的内容之外,其余文章均保持原貌。书中疏漏和谬误在所难免,恳望读者专家指正。

　　最后,感谢《北京外国语大学新时代学术文库》组织者的支持。中国外语与教育研究中心博士后梁海英、魏兴和外国语言研究所博士生黄永亮、王佳雨助我辑成此书,在此表示感谢。

韩宝成

2020 年 3 月 29 日

于北京外国语大学

统　　筹:张振明　孙兴民
责任编辑:武丛伟
封面设计:徐　晖
版式设计:王　婷
责任校对:张红霞

图书在版编目(CIP)数据

外语教育新探/韩宝成 著. —北京:人民出版社,2021.9
(新时代北外文库/王定华,杨丹主编)
ISBN 978-7-01-022846-4

Ⅰ.①外…　Ⅱ.①韩…　Ⅲ.①外语教学-教学研究　Ⅳ.①H09

中国版本图书馆 CIP 数据核字(2020)第 249525 号

外语教育新探

WAIYU JIAOYU XINTAN

韩宝成　著

人民出版社 出版发行
(100706　北京市东城区隆福寺街 99 号)

北京新华印刷有限公司印刷　新华书店经销

2021 年 9 月第 1 版　2021 年 9 月北京第 1 次印刷
开本:710 毫米×1000 毫米 1/16　印张:20.5　插页:1 页
字数:312 千字

ISBN 978-7-01-022846-4　定价:88.00 元

邮购地址 100706　北京市东城区隆福寺街 99 号
人民东方图书销售中心　电话 (010)65250042　65289539